总第99辑（2024.3）

中国审判指导丛书



# 民事审判指导与参考

最高人民法院民事审判第一庭　编

人民法院出版社

**图书在版编目（CIP）数据**
民事审判指导与参考. 总第99辑 / 最高人民法院民事审判第一庭编. -- 北京 : 人民法院出版社, 2025. 5.
(中国审判指导丛书). -- ISBN 978-7-5109-4452-9
Ⅰ. D925.118.2
中国国家版本馆CIP数据核字第2025SX1392号

**民事审判指导与参考　2024 年第 3 辑（总第 99 辑）**
最高人民法院民事审判第一庭　编

---

**责任编辑**　丁丽娜
**出版发行**　人民法院出版社
**地　　址**　北京市东城区东交民巷 27 号（100745）
**电　　话**　（010）67550608（责任编辑）　67550558（发行部查询）
65223677（读者服务部）
**客服 QQ**　2092078039
**网　　址**　http://www.courtbook.com.cn
**E - mail**　courtpress@sohu.com
**印　　刷**　河北鑫兆源印刷有限公司
**经　　销**　新华书店

---

**开　　本**　787 毫米×1092 毫米　1/16
**字　　数**　246 千字
**印　　张**　16.5
**版　　次**　2025 年 5 月第 1 版　2025 年 5 月第 1 次印刷
**书　　号**　ISBN 978-7-5109-4452-9
**定　　价**　68.00 元

---

# 《民事审判指导与参考》
## 编辑委员会

## 特约通讯员

| | |
|---|---|
| 北京高院 | 代　彬 |
| 天津高院 | 段昊博 |
| 河北高院 | 郭　涛 |
| 山西高院 | 张华峰 |
| 内蒙古高院 | 党宏艳 |
| 辽宁高院 | 郝　宁 |
| 吉林高院 | 岳　航 |
| 黑龙江高院 | 边世民 |
| 上海高院 | 洪　波 |
| 江苏高院 | 秦岸东 |
| 浙江高院 | 陈逸群 |
| 安徽高院 | 王惠玲 |
| 福建高院 | 杨　静 |
| 江西高院 | 吴玉萍 |
| 山东高院 | 陈东强 |
| 河南高院 | 刘　寒 |
| 湖北高院 | 王　艳 |
| 湖南高院 | 胡翔俊 |
| 广东高院 | 楚惠如 |
| 广西高院 | 张　芳 |
| 海南高院 | 麦　琳 |
| 重庆高院 | 明　鹭 |
| 四川高院 | 曾扬阳 |
| 贵州高院 | 龙　龑 |
| 云南高院 | 王俊杰 |
| 西藏高院 | 旦增罗布 |
| 陕西高院 | 滕欣燕 |
| 甘肃高院 | 刘建军 |
| 青海高院 | 王　徽 |
| 宁夏高院 | 宋成祥 |
| 新疆高院 | 马忠雄 |
| 兵团法院 | 张志伟 |
| 军事法院 | 田昕鑫 |

# 目　录

## 【民法典婚姻家庭编司法解释（二）专题】



## 【老年人权益保护专题】



## 【劳动者权益保护专题】

## 【企业名誉权保护专题】



## 【地方法院案件解析】



## 【热点问题调研】



## 【民一庭法官会议纪要专题】

# 【农村集体经济组织法贯彻实施专题】

最高人民法院　农业农村部

## 关于做好《中华人民共和国农村集体经济组织法》施行相关工作的通知

2025年2月25日　　法〔2025〕26号

**各省、自治区、直辖市高级人民法院，解放军军事法院，新疆维吾尔自治区高级人民法院生产建设兵团分院；各省、自治区、直辖市农业农村（农牧）厅（局、委），新疆生产建设兵团农业农村局：**

《中华人民共和国农村集体经济组织法》（简称《农村集体经济组织法》）已由第十四届全国人民代表大会常务委员会第十次会议通过，将于2025年5月1日起施行。为切实做好《农村集体经济组织法》贯彻实施，现就有关事项通知如下：

### 一、提高政治站位，深刻认识颁布实施《农村集体经济组织法》的重大意义

习近平总书记强调，要巩固和完善农村基本经营制度，发展新型农村集体经济。党的二十届三中全会提出，要构建产权明晰、分配合理的运行机制，赋予农民更加充分的财产权益。颁布《农村集体经济组织法》是为促进农村集体经济发展壮大奠定良好法治基础的重大举措，对维护

农村集体经济组织及其成员的合法权益，规范农村集体经济组织及其运行管理，促进新型农村集体经济高质量发展，巩固和完善农村基本经营制度和社会主义基本经济制度，推进乡村全面振兴，加快建设农业强国，促进共同富裕，具有重要意义。

各级人民法院、农业农村部门要坚持以习近平新时代中国特色社会主义思想为指导，提高政治站位，坚持以人民为中心，准确把握《农村集体经济组织法》的立法精神，充分认识法律颁布施行的重大意义。工作实践中，要遵循立法原意，准确适用法律，切实依法行政和依法裁判，确保政治效果、社会效果和法律效果有机统一。

## 二、强化法治意识，认真做好《农村集体经济组织法》学习培训与宣传

各级人民法院、农业农村部门要切实扛起责任，加强组织领导，将学习《农村集体经济组织法》和相关法律法规作为近期和今后一个时期的重要工作。尤其是要充分利用法律施行前的窗口期，通过个人自学、单位集体学习、案例剖析、研讨交流、集中培训等方式，扎实深入开展学习宣传，强化执法司法的历史思维、辩证思维、底线思维。鼓励和支持各级人民法院和农业农村部门组织同堂培训、联合调研、专题讲座、共同研讨，强化针对辖区内农村集体经济组织的普法宣传工作，营造学法研法守法用法的浓郁氛围。

## 三、密切协同联动，切实保障《农村集体经济组织法》顺利有效实施

各级人民法院、农业农村部门要对照《农村集体经济组织法》的规定，全面梳理和认真评估本单位制定、发布的规范性文件，不符合法律规定的，要及时调整或废止；发现本地其他单位、部门制定的文件存在前述情形的，要及时向有关单位、部门提出意见建议，积极配合解决，确保政令畅通、促进法制统一、维护法律权威。要做好预研预判，摸清

探准实践中可能妨碍法律顺利施行的因素和相关矛盾纠纷的底数，加强问题短板排查，积极总结有益经验，提前谋划、周密部署，充实备足“工具箱”，形成有效预案。要密切协同联动，建立相关工作联席联动机制，针对新情况、新问题及时沟通研究，共同推动解决重大疑难问题。

## 四、充分发挥职能，深入推进矛盾纠纷实质化解

要坚持和发展新时代“枫桥经验”，以求极致的精神做实定分止争，充分发挥执法司法职能，守土有责、守土尽责，杜绝程序空转，促进矛盾纠纷实质化解。当事人对确认农村集体经济组织成员身份有异议，或者农村集体经济组织因内部管理、运行、收益分配等发生纠纷，向县级人民政府农业农村部门申请调解解决的，农业农村部门要履职尽责，及时积极化解矛盾纠纷。农业农村部门要推动建立健全农村土地承包仲裁机构，指导帮助农村土地承包仲裁机构加强仲裁员业务培训，提高仲裁员法律政策水平，提升仲裁工作质效。各级人民法院要高度重视和发挥调解、仲裁在化解纠纷中重要作用，完善人民调解、行业调解、行政调解同司法调解、诉讼衔接联动机制，推动仲裁裁决依法执行。要依法保护当事人诉权，《农村集体经济组织法》施行后，当事人依据该法第五十六条提起诉讼的，人民法院应当依法受理。

各级人民法院、农业农村部门要支持乡镇人民政府、街道办事处依法调解农村集体经济组织及其成员权益纠纷，支持农村土地承包仲裁机构依法调解、仲裁。要高度重视农村集体经济组织发展中各类深层次矛盾，坚持把非诉讼纠纷解决机制挺在前面，主动融入党委领导下的共建共治共享的社会治理体系，完善诉调对接、诉裁衔接、信息共享等工作机制，推进纠纷靠前解决和实质化解。上级人民法院、农业农村部门要加强对下指导，采取恰当方式有效解决基层困难和问题，认真总结推广有益的经验。

## 五、加强组织领导，努力打造护航“三农”铁军

各高级人民法院、各省级农业农村部门要充分认识贯彻落实《农村

集体经济组织法》的重大意义，加强组织领导，认真指导辖区内条线单位更加注重系统集成，不断优化工作机制。各级人民法院要统筹“枫桥式人民法庭”创建示范、一站式诉讼服务中心升级等工作，发挥解纷整体效能，切实做到案结事了、政通人和。

各级人民法院、农业农村部门要配齐配强涉农村集体经济组织纠纷调处团队，为纠纷妥善解决提供有力人才支撑。中级、基层人民法院和县级农业农村部门要将具有较强法律适用能力、政策把握能力、沟通协调能力和群众工作能力的干警干部配备到一线岗位，确保群众的“身边人”也是群众的“知心人”和说理解纷的“能干人”，打造一支护航“三农”工作蓬勃健康发展的铁军。

各地在贯彻实施《农村集体经济组织法》过程中的经验做法、困难问题，请及时层报最高人民法院和农业农村部。

# 【预付式消费民事纠纷司法解释专题】

## 最高人民法院
## 关于审理预付式消费民事纠纷案件适用法律若干问题的解释

法释〔2025〕4号

（2024年11月18日最高人民法院审判委员会第1932次会议通过
2025年3月13日最高人民法院公告公布
自2025年5月1日起施行）

为正确审理预付式消费民事纠纷案件，保护消费者和经营者权益，根据《中华人民共和国民法典》《中华人民共和国消费者权益保护法》《中华人民共和国民事诉讼法》等法律规定，结合审判实践，制定本解释。

**第一条** 在零售、住宿、餐饮、健身、出行、理发、美容、培训、养老、旅游等生活消费领域，经营者收取预付款后多次或者持续向消费者兑付商品或者提供服务产生的纠纷适用本解释。

**第二条** 不记名预付卡的持卡人起诉请求经营者承担民事责任的，人民法院应当依法受理。记名预付卡的实际持卡人与预付卡记载的持卡人不一致，但提供其系合法持卡人的初步证据，起诉请求经营者承担民事责任的，人民法院应当依法受理。

消费者提供其与经营者存在预付式消费合同关系的其他初步证据，

起诉请求经营者承担民事责任的，人民法院应当依法受理。

**第三条** 监护人与经营者订立预付式消费合同，约定由经营者向被监护人兑付商品或者提供服务，监护人因预付式消费合同纠纷以被监护人名义起诉，请求经营者承担民事责任的，人民法院应当向监护人释明应以其本人名义起诉。

被监护人因接受商品或者服务权益受到损害，起诉请求经营者承担责任的，人民法院应当依法受理。

**第四条** 经营者允许他人使用其营业执照或者以其他方式允许他人使用其名义与消费者订立预付式消费合同，消费者请求经营者承担民事责任，经营者以其并非实际经营者为由提出抗辩的，人民法院对其抗辩不予支持。

**第五条** 同一品牌商业特许经营体系内企业标志或者注册商标使用权的特许人与消费者订立预付式消费合同，消费者因权益受到损害请求被特许人承担民事责任，存在下列情形之一的，人民法院应予支持：

（一）被特许人事先同意承担预付式消费合同义务；

（二）被特许人事后追认预付式消费合同；

（三）特许经营合同约定消费者可以直接请求被特许人向其履行债务；

（四）被特许人的行为使消费者有理由相信其受预付式消费合同约束。

消费者与被特许人订立预付式消费合同后，因权益受到损害请求特许人承担民事责任的，参照适用前款规定。

不存在前两款规定情形，但特许人对消费者损失产生或者扩大有过错，消费者请求特许人根据其过错承担民事责任的，人民法院应予支持。

**第六条** 商场场地出租者未要求租赁商场场地的经营者提供经营资质证明、营业执照，致使不具有资质的经营者租赁其场地收取消费者预付款并造成消费者损失，消费者请求场地出租者根据其过错承担民事责任的，人民法院应予支持。

场地出租者承担赔偿责任后，向租赁商场场地的经营者追偿的，人民法院应予支持。

**第七条**　经营者收取预付款后因经营困难不能按照合同约定兑付商品或者提供服务的，应当及时依法清算。经营者依法应当清算但未及时进行清算，造成消费者损失，消费者请求经营者的清算义务人依法承担民事责任的，人民法院应予支持。

**第八条**　经营者未与消费者就商品或者服务的质量、价款、履行期限、履行地点和履行方式等内容订立书面合同或者虽订立书面合同但对合同内容约定不明，依照民法典第五百一十条、第五百一十一条等规定对合同内容可以作出两种以上解释，消费者主张就合同内容作出对其有利的解释的，人民法院应予支持。

**第九条**　消费者依照消费者权益保护法第二十六条、民法典第四百九十七条等法律规定，主张经营者提供的下列格式条款无效的，人民法院应予支持：

（一）排除消费者依法解除合同或者请求返还预付款的权利；

（二）不合理地限制消费者转让预付式消费合同债权；

（三）约定消费者遗失记名预付卡后不补办；

（四）约定经营者有权单方变更兑付商品或者提供服务的价款、种类、质量、数量等合同实质性内容；

（五）免除经营者对所兑付商品或者提供服务的瑕疵担保责任或者造成消费者损失的赔偿责任；

（六）约定的解决争议方法不合理增加消费者维权成本；

（七）存在其他排除或者限制消费者权利、减轻或者免除经营者责任、加重消费者责任等对消费者不公平、不合理情形。

**第十条**　无民事行为能力人与经营者订立预付式消费合同，向经营者支付预付款，法定代理人请求确认合同无效、经营者返还预付款的，人民法院应予支持。

限制民事行为能力人与经营者订立预付式消费合同，向经营者支付预付款，法定代理人请求确认合同无效、经营者返还预付款的，人民法院应予支持，但该合同经法定代理人同意、追认或者预付款金额等合同内容与限制民事行为能力人的年龄、智力相适应的除外。

经营者主张从预付款中抵扣已经兑付商品或者提供服务价款的，人民法院依法予以支持，但经营者违反法律规定向未成年人提供网络付费游戏等服务的除外。

**第十一条** 消费者转让预付式消费合同债权的，自债权转让通知到达经营者时对经营者发生法律效力。债权转让对经营者发生效力后，受让人请求经营者依据预付式消费合同约定兑付商品或者提供服务的，人民法院依法予以支持。受让人请求经营者提供预付卡更名、修改密码等服务的，人民法院依法予以支持。

预付式消费合同约定经营者在履行期限内向消费者提供不限次数服务，消费者违反诚实信用原则，以债权转让的名义让多名消费者行使本应由一名消费者行使的权利、损害经营者利益，经营者主张债权转让行为对其不发生效力的，人民法院应予支持。

**第十二条** 经营者与消费者订立预付式消费合同后，未经消费者同意，单方提高商品或者服务的价格、降低商品或者服务的质量，消费者请求经营者按合同约定履行义务并承担相应违约责任的，人民法院应予支持。

**第十三条** 消费者请求解除预付式消费合同，经营者存在下列情形之一的，人民法院应予支持：

（一）变更经营场所给消费者接受商品或者服务造成明显不便；

（二）未经消费者同意将预付式消费合同义务转移给第三人；

（三）承诺在合同约定期限内提供不限次数服务却不能正常提供；

（四）法律规定或者合同约定消费者享有解除合同权利的其他情形。

预付式消费合同成立后，消费者身体健康等合同的基础条件发生了当事人在订立合同时无法预见、不属于商业风险的重大变化，继续履行合同对于消费者明显不公平的，消费者可以与经营者重新协商；在合理期限内协商不成，消费者请求人民法院变更或者解除预付式消费合同的，人民法院应予支持。

**第十四条** 消费者自付款之日起七日内请求经营者返还预付款本金的，人民法院应予支持，但存在下列情形之一的除外：

（一）消费者订立预付式消费合同时已经从经营者处获得过相同商品或者服务；

（二）消费者订立预付式消费合同时已经从其他经营者处获得过相同商品或者服务。

当事人就消费者无理由退款作出对消费者更有利的约定的，按照约定处理。

**第十五条** 预付式消费合同解除、无效、被撤销或者确定不发生效力，消费者请求经营者返还剩余预付款并支付利息的，人民法院应予支持。返还预付款本金应为预付款扣减已兑付商品或者提供服务的价款后的余额。

预付式消费合同解除、无效、被撤销或者确定不发生效力，当事人依照民法典第一百五十七条、第五百六十六条等规定请求赔偿其支付的合理费用等损失的，人民法院应予支持，但当事人因不可抗力或者情势变更解除合同的除外。

经营者支付给员工等人员的预付款提成不属于前款规定的合理费用。

**第十六条** 当事人对返还预付款利息计付标准有约定的，按照约定处理。没有约定或者约定不明，因经营者原因返还预付款的，按照预付式消费合同成立时一年期贷款市场报价利率计算利息；因消费者原因返还预付款的，按照预付式消费合同成立时中国人民银行公布的一年定期存款基准利率计算利息。

经营者依照行政主管部门要求已将预付款转入监管账户，消费者请求按被监管资金的实际利率计算应返还的被监管部分预付款利息的，人民法院应予支持。

**第十七条** 预付式消费合同解除、无效、被撤销或者确定不发生效力，消费者请求返还预付款的，自合同解除、被确认无效、被撤销或者确定不发生效力时起计算利息。

当事人就返还预付款利息起算时间作出对消费者更有利的约定或者法律另有规定的，按照当事人约定或者法律规定处理。

**第十八条** 非因消费者原因返还预付款的，人民法院按下列方式计算已兑付商品或者提供服务的价款：

（一）经营者向消费者提供折扣商品或者服务的，按折扣价计算已兑付商品或者提供服务的价款；

（二）经营者向消费者赠送消费金额的，根据消费者实付金额与实付金额加赠送金额之比计算优惠比例，按优惠比例计算已兑付商品或者提供服务的价款。

当事人就已兑付商品或者提供服务折价作出对消费者更有利的约定的，按照约定处理。

**第十九条** 因消费者原因返还预付款，经营者向消费者提供折扣商品、服务或者向消费者赠送消费金额的，人民法院应当按商品或者服务打折前的价格计算已兑付商品或者提供服务的价款。

消费者主张打折前的价格明显不合理，经营者不能提供打折前价格交易记录的，人民法院可以按照订立合同时履行地同类商品或者服务的市场价格计算已兑付商品或者提供服务的价款。

当事人就已兑付商品或者提供服务折价作出对消费者更有利的约定的，按照约定处理。

**第二十条** 按折扣价或者优惠比例计算已兑付商品或者提供服务的价款未超出消费者预付款，但按打折前的价格计算已兑付商品或者提供服务的价款超出消费者预付款，经营者请求消费者支付按打折前的价格计算超出预付款部分价款的，人民法院不予支持。

**第二十一条** 经营者向消费者赠送商品或者服务，消费者在预付式消费合同解除、无效、被撤销、确定不发生效力后请求返还剩余预付款，经营者主张消费者返还或者折价补偿已经赠送的商品或者服务的，人民法院应当综合考虑已经赠送的商品或者服务的价值、预付式消费合同标的金额、合同履行情况、退款原因等因素，依照诚实信用原则对是否支持经营者主张作出认定。

**第二十二条** 预付式消费合同约定经营者在履行期限内向消费者提供不限次数服务，消费者请求按合同解除后的剩余履行期限与全部履行期限的比例计算应予返还的预付款的，人民法院应予支持。

经营者在预付式消费合同解除前已经停止提供商品或者服务，消费者请求按经营者停止提供商品或者服务后的剩余履行期限与全部履行期限的比例计算应予返还的预付款的，人民法院应予支持。

消费者因自身原因未在合同约定履行期限内要求经营者提供服务，请求返还预付款的，人民法院不予支持。

**第二十三条** 经营者收取预付款后终止营业，既不按照约定兑付商品或者提供服务又恶意逃避消费者申请退款，消费者请求经营者承担惩罚性赔偿责任的，人民法院依法予以支持。

经营者行为涉嫌刑事犯罪的，人民法院应当将犯罪线索移送公安机关。

**第二十四条** 消费者请求经营者对尚有资金余额的预付卡提供激活、换卡等服务的，人民法院应予支持。

消费者请求经营者对尚有资金余额的记名预付卡提供挂失和补办服务的，人民法院应予支持。

**第二十五条** 经营者控制合同文本或者记录消费内容、消费次数、消费金额、预付款余额等信息的证据，无正当理由拒不提交，消费者主张该证据的内容不利于经营者的，人民法院可以根据消费者的主张认定争议事实。

**第二十六条** 本解释所称预付卡为单用途商业预付卡，包括以磁条卡、芯片卡、纸券等为载体的实体卡和以密码、串码、图形、生物特征信息等为载体的虚拟卡。

因多用途预付卡产生的纠纷不适用本解释。

**第二十七条** 本解释自2025年5月1日起施行。

# 最高人民法院关于发布《最高人民法院关于审理预付式消费民事纠纷案件适用法律若干问题的解释》的新闻发布稿

2025 年 3 月 14 日，最高人民法院举行新闻发布会，发布《最高人民法院关于审理预付式消费民事纠纷案件适用法律若干问题的解释》及涉预付式消费典型案例，并回答记者提问。最高人民法院民一庭庭长陈宜芳、民一庭副庭长吴景丽、民一庭二级高级法官谢勇出席发布会，并回答记者提问。发布会由最高人民法院新闻局副局长姬忠彪主持。发布会上，最高人民法院民一庭庭长陈宜芳发布了预付式消费司法解释及涉预付式消费典型案例。

《最高人民法院关于审理预付式消费民事纠纷案件适用法律若干问题的解释》（以下简称《解释》）已于 2024 年 11 月 18 日由最高人民法院审判委员会第 1932 次会议审议通过，自 2025 年 5 月 1 日起施行。

## 一、《解释》的制定背景和起草过程

党的二十大报告指出，着力扩大内需，增强消费对经济发展的基础性作用和投资对优化供给结构的关键作用。党的二十届三中全会提出，完善激发社会资本投资活力和促进投资落地机制，完善扩大消费长效机制。2024 年中央经济工作会议将“大力提振消费，提高投资效益，全方位扩大国内需求”作为今年的重点任务。2025 年 3 月，中央发布的《提振消费专项行动方案》提出，以高质量供给创造有效需求，以优化消费环境增强消费意愿，针对性解决制约消费的突出矛盾问题。为深入贯彻落实党中央决策部署，充分发挥预付式消费缓解经营资金困难、促进投资和降低消费成本、促进消费的作用，打通消费堵点，回应社会关切，最高人民法院制定并发布《解释》。《解释》起草过程中多次征求有关国家机关、专家学者、部分消费者和生产经营者等各方意见，并于2024年6月6日向社会公开征求意见。在综合各方意见的基础上，经过多次论证、修改，经最高人民法院审判委员会审议通过。

## 二、《解释》起草的基本原则和思路

在起草《解释》过程中，最高人民法院坚持贯彻落实党中央关于提振消费、促进投资、扩大内需的决策部署，助力形成消费和投资相互促进的良性循环，助推消费品质提升行动；立足立法精神，遵循立法本意，确保《解释》符合相关立法宗旨和目的；坚持问题导向，解决人民群众反映集中的"卷款跑路"、"霸王条款"、收款不退等问题。正确处理保护消费者合法权益与促进经济持续健康发展的关系、保护合同自由与实现合同公平的关系、加强权利保护与促进诚实守信的关系以及司法审判与行政监管的关系。

## 三、《解释》的主要内容

《解释》共27条，就适用范围、责任主体认定，合同的解释、效力和解除，预付款的返还和赔偿责任、"卷款跑路"的责任，经营者提供其控制证据的责任等问题作出规定，主要内容包括以下几点。

一是明确《解释》的适用范围。除《解释》第一条列举的生活消费领域外，家政、养生、托育等生活消费领域产生的预付式消费纠纷也适用《解释》，但消费者付款后一次性接受商品或服务以及多用途预付卡产生的纠纷不适用《解释》。

二是明确常见预付式消费交易模式下的责任主体。《解释》第四条规定，经营者虽未签订预付式消费合同，但允许他人使用其营业执照或者以其他方式允许他人使用其名义与消费者订立预付式消费合同的，应依法承担责任，解决经营者"名实不符"情况下的责任主体认定问题。第六条明确商场场地出租者对租赁场地经营者资质的形式审查义务和过错责任，解决租赁商场场地的经营者收款"跑路"后应找谁担责的问题。适用本条规定时，应当严格依法，避免不当加重商场场地出租者责任。

三是明确规制"霸王条款"。《解释》第九条规定，收款不退、丢卡不补、限制转卡等"霸王条款"应依法认定无效。针对合同格式条款约定仲裁，但仲裁机构仲裁费最低收费标准远高于消费者支付的预付款，妨碍消费者获得权利救济问题，《解释》规定，约定的解决争议方法不合理增加消费者维权成本的"霸王条款"无效。

四是保护消费者依法转让预付卡的权利。《解释》第十一条规定，消费者转让预付卡只需通知经营者即对经营者发生效力；同时明确消费者转让不限服务次数的计时卡时，不应违反诚实信用原则，以债权转让的名义让多名消费者行使本应由一名消费者行使的权利，规制滥用权利行为，保护经营者权益。

五是规定消费者解除预付式消费合同的权利。《解释》第十三条规定，经营者"迁店"给消费者接受商品或者服务造成明显不便、未经消费者同意将合同义务转移给第三人、出售不限消费次数的计时卡却不能正常提供服务等情况下，消费者有权请求解除合同。消费者因身体健康等自身客观原因致使继续履行合同对其明显不公平的，有权依法解除合同。

六是明确消费者七日无理由退款的权利。《解释》第十四条规定，消费者自付款之日起七日内有权请求经营者返还预付款本金，解决消费者与经营者之间信息不对称问题，规制过度劝诱、欺诈营销行为，引导经营者通过提高商品和服务质量来吸引消费者，但也同时规定了例外情形，消费者订立预付式消费合同时已从经营者处或其他经营者处获得过相同商品或者服务的，不能七日无理由退款。

七是规定当事人赔偿损失责任。《解释》第十五条对预付式消费合同解除等情况下当事人的赔偿损失责任作了规定，并明确经营者支付给员工等人员的预付款提成不属于消费者应当赔偿的合理费用，目的是遏制经营者“套路式、劝诱式”营销，规制“重售卡、轻服务”的不诚信行为。

八是规定返还预付款的规则。《解释》区分消费者原因和非消费者原因导致的退款，并在退款金额计算、退款利率确定等方面分别作出对经营者和消费者有利的规定，引导双方当事人诚实守信、遵守合同。例如，如果因经营者原因退款，应按折扣价、合同约定的优惠比例计算已兑付商品或者提供服务的价款，并按照合同成立时一年期贷款市场报价利率计算利息，应返还消费者的预付款本金和利息就会更多。

九是规制“卷款跑路”行为。《解释》第二十三条规定，经营者收取预付款后终止营业，既不按照约定兑付商品或者提供服务又恶意逃避消费者申请退款，构成欺诈的，应当依照消费者权益保护法的相关规定承担惩罚性赔偿责任；涉嫌刑事犯罪的，人民法院应当将犯罪线索移送公安机关，依法追究经营者刑事责任。通过严肃追责打击遏制“卷款跑路”行为。

十是明确经营者提交其控制证据的责任。预付式消费合同文本或者记录消费内容、次数、金额及预付款余额等信息的证据通常由经营者控制，消费者面临“举证难”的问题。《解释》第二十五条规定，如果经营者控制上述证据却无正当理由拒不提交，可以根据消费者的主张认定争议事实。

与《解释》一同发布的还有六个涉预付式消费典型案例。案例体现了《解释》的司法理念和裁判规则，是对《解释》规定的生动诠释，有助于人民群众理解《解释》内容；并对当前引起社会关注的“背债人”帮助逃债、“职业闭店”等问题作了回应，引导经营者依法诚信经营。

下一步，最高人民法院将继续加强与行政主管部门的沟通协作，有效规制预付式消费领域损害消费者权益、扰乱市场秩序的行为，通过发布典型案例等方式，引导经营者诚信经营，保护消费者权益，让人民群众拥有更多获得感、幸福感、安全感。

# 最高人民法院民事审判第一庭负责人就《最高人民法院关于审理预付式消费民事纠纷案件适用法律若干问题的解释》答记者问

2025 年 3 月 14 日，最高人民法院举行新闻发布会，发布《最高人民法院关于审理预付式消费民事纠纷案件适用法律若干问题的解释》（以下简称《解释》）及涉预付式消费典型案例，并回答记者提问。

**问：预付式消费是消费者权益受到损害较为集中的领域之一。请问《解释》解决了消费者面临的哪些痛点以及制约消费的突出矛盾问题？**

**答：**预付式消费有利于解决经营者尤其是广大中小微企业“融资难、融资贵”问题，也有利于降低消费成本，是消费者广泛采用的消费方式，本是“双赢”之举。但是，经营者在预付式消费中的融资行为也会使消费者面临较高的违约风险，“卷款跑路”、“霸王条款”、收款不退等问题成为消费堵点和痛点。《解释》着力解决以下问题。

第一，解决追责主体认定难。一是明确借名发卡的行为责任。经营者允许他人使用其营业执照或者以其他方式允许他人使用其名义与消费者订立预付式消费合同的，消费者有权依法向其追责。二是规定特许经营中经营者承担责任的情形。在事前同意、事后追认、特许经营合同有明确约定、消费者形成合理信赖以及特许人存在过错情况下，消费者有权向未与其签订预付式消费合同的特许人或被特许人追责。三是明确商场场地出租者的过错责任。消费者可向有过错的商场场地出租者追责，防范无经营资质的经营者利用商场场地收款后“跑路”逃债。四是明确“卷款跑路”者的责任。针对经营者收取预付款、遇到经营困难后“跑路”，与消费者玩“躲猫猫”，明确“卷款跑路”经营者应承担的惩罚性赔偿责任和刑事责任，遏制“卷款跑路”行为。不依法及时清算，清算义务人亦应依法承担责任。在这里，要提醒广大消费者的是，办理预付卡时要充分了解经营者情况并保留证据，避免发生纠纷后对责任主体举证不能。

第二，解决退卡难问题。一是规定消费者有权解除合同的情形。《解释》在规定排除消费者依法退卡权利的“霸王条款”无效的基础上，进一步规定，在经营者“迁店”造成消费者明显不便、“转店”未经消费者同意、出售计时卡却不能正常提供服务等情形下消费者有权依法解除合同、请求退款。二是明确身体健康原因可作为消费者退款理由。例如，因生病没有头发不再需要理发服务、因残疾不再需要健身服务、因病重住院不再需要养老服务等。三是规定消费者享有七日无理由退款权利。防范经营者欺诈、“套路”消费者办卡的行为。四是规定退款本金和利息计算方法。解决退款本息如何计算的问题。

第三，解决转卡难问题。一是明确关于限制转卡的“霸王条款”无效；二是规定消费者转让预付卡只须通知经营者就对其发生效力。受让人既享有原持卡人的权利，还享有请求经营者更名、修改密码的权利，解决转卡难和受让人用卡难问题。

第四，解决举证难。一是明确对消费者有利的合同解释规则，如果经营者未与消费者订立书面预付式消费合同，应当作出消费者有利的解释，引导经营者主动订立书面合同。二是规定经营者提供证据的责任。经营者控制合同文本或者记录消费内容、次数、金额及预付款余额等信息的证据却无正当理由拒不提交的，可以根据消费者的主张认定争议事实。这都有利于解决消费者维权时面临的“举证难”问题。同时，消费者也要注意在消费合同履行中保留证据。

**问：保护消费者权益固然重要，但实践中还存在消费者滥用权利损害经营者权益的情形，《解释》在维护诚实守信、保护经营者权益、持续优化营商环境方面采取了哪些举措？**

**答：**最高人民法院高度重视正确处理保护消费者合法权益与促进经济持续健康发展的关系、加强权利保护与促进诚实守信的关系。《解释》从以下五方面维护诚实守信、加强经营者权益保护。

一是防范滥用权利的不诚信行为。首先，旗帜鲜明地弘扬诚实守信，对于消费者转让计时卡的行为，不应以债权转让的名义让多名消费者行使本应由一名消费者行使的权利，转卡应遵守诚实信用原则。其次，在认定是否应向经营者返还或折价补偿已赠送的商品或服务时，规定应综合考虑已经赠送的商品或服务的价值、合同标的金额、履行情况及退款原因等因素。低价值的赠品发挥广告功能，一般无须返还或折价补偿，同时要贯彻诚实信用原则，防范获得赠品和赠送服务后立即请求退款等不诚信行为。

二是引导当事人遵守合同。首先，规定消费者因身体健康原因解除合同应以健康问题属于“重大变化”“继续履行合同对于消费者明显不公平”为条件，而且消费者在解除合同前应先与经营者协商。其次，在明确消费者七日无理由退款权利的同时，还规定该权利的享有以消费者订立预付式消费合同时未“获得过相同商品或者服务”为条件。最后，在确定退款金额和利息时，《解释》规定要考虑是因谁的原因退款，防止违约方通过违约获利。

三是助力降低经营成本。首先，消费者七日无理由退款时，只退本金。其他情况下，因消费者原因返还预付款的，按一年定期存款基准利率计息；资金被监管的，按实际利率计息。其次，退款自合同解除、被确认无效、被撤销或者确定不发生效力时起计算利息，目的是在合同履行期间，平等保护消费者享受优惠价格和经营者无偿使用资金的权利，实现“双赢”目标。

四是避免不当加重市场主体责任。在向社会广泛征求意见的基础上，

《解释》对征求意见稿作了修改完善，在充分保护消费者权益的同时也避免不当加重经营者责任。例如，关于商场场地出租者责任，只规定了其对租赁场地经营者资质的形式审查义务，避免不当加重其责任。

五是保护经营者预期。《解释》施行后订立的预付式消费合同产生的纠纷才适用《解释》，施行前订立合同产生的纠纷不适用，充分保护市场主体预期，更好发挥法治固根本、稳预期、利长远的作用。

**问：《解释》规定消费者七日无理由退款的背景是什么，是否存在滥用权利的可能，与七日无理由退货是什么关系？**

**答：**首先，我先介绍一下《解释》的起草背景。

《解释》起草过程中，多方建议对消费者七日无理由退款权利作出规定，经研究采纳了这一建议，主要基于以下考虑。

一是从法理依据看，与网络购物类似，预付式消费存在较为突出的信息不对称问题，有的经营者过度劝诱、重售卡轻服务，甚至欺诈营销、套路消费者，故可借鉴消费者权益保护法关于七日无理由退货的规定，明确七日无理由退款规则，贯彻诚信原则，保护消费者权益。

二是从调研情况看，北京、江苏等地已较长时间实行消费者七日或者十五日无理由退款，效果较好。部分经营者已经采用无理由退款制度，在售卡后短期内进行无理由退款。并且，七日时间较短，只退本金，不会增加经营者财务成本或者对经营造成干扰。

三是从市场导向看，有利于倡导诚信经营，引导经营者将竞争着力点放到提高商品和服务的质量上来，也有利于改变重售卡轻服务的商业模式。

四是从保护消费信心看，七日无理由退款有利于增强消费者购卡信心，促消费、扩内需。

其次，七日无理由退款不会造成权利滥用。

一是对退款权利作了合理限制。需要特别强调，《解释》规定七日无理由退款的目的是解决信息不对称问题，如果消费者订立预付式消费合同时获得过相同商品或者服务，说明其对商品或者服务已有充分了解，就不能七日无理由退款。我们在保护消费者利益的同时，也维护商家依法正常经营，促进合同履行。在这里特别提醒消费者理性消费，办卡前先了解清楚商家经营情况、商品和服务信息。

二是无法从滥用退款权利中获利。《解释》规定消费者主张七日无理由退款的，只退本金，不退利息。

三是无理由退款针对的是过度劝诱、欺诈营销等行为。如果经营者重售卡轻服务，让消费者觉得"货不真、价不实"，就会想退款。诚信经营者提供的商品和服务"实价优质"，消费者不会产生先办卡后退款的动机。表面上看，消费者是"无理由"退款，但退款背后其实还是有"理由"的，就是存在过度劝诱、欺诈营销等行为。

最后，关于七日无理由退款与七日无理由退货的关系。

七日无理由退款与七日无理由退货都是为解决消费者与经营者之间信息不对称问题，但二者在退款条件、起算时间、法律后果等方面均不相同。

一是退款条件不同。七日无理由退款适用于预付式消费，不适用于消费者订立预付式消费合同时已获得过相同商品或者服务的情形；七日无理由退货适用于通过网络、电视、电话、邮购等方式销售商品行为，不适用于消费者定作商品、鲜活易腐商品等不适宜退货的商品。

二是"七日"的起算时间不同。七日无理由退款自消费者支付预付款时起算；七日无理由退货自消费者收到商品时起算。消费者购买预付卡用于网上购物，付款七日后不再享有七日无理由退款权利，但在兑换商品时仍享有七日无理由退货权利。

三是法律后果不同。七日无理由退款，将产生合同解除的效果；七日无理由退货，不一定导致合同解除，因商品瑕疵而退货的，经营者可另行提供合格商品，继续履行合同。

# 涉预付式消费典型案例

## 目　录

## 案例一

# 培训机构单方改变培训地点给消费者造成明显不便的，消费者有权解除合同

### ——黄某诉重庆某公司教育培训合同纠纷案

**【基本案情】**

2020 年 4 月 3 日，黄某与重庆某公司签订培训合同约定，黄某自 2020 年 4 月 19 日至 2021 年 4 月 18 日在重庆某公司处接受舞蹈培训，培训费 3000 元。当天，黄某即向重庆某公司交纳全部培训费。合同签订后，黄某在重庆某公司开设于重庆市两江新区金开大道的培训场所接受培训至 2020 年 6 月 21 日。2020 年 6 月 22 日，重庆某公司向接受培训的消费者发出《消费者告知函》称，位于重庆市两江新区金开大道的培训场所停止教学，消费者应于 2020 年 6 月 30 日前选择新的培训地点。因消费者个人原因不到场培训的，重庆某公司不承担任何责任，消费者不得以此为由变更或解除合同、要求赔偿。黄某认为其决定选择该培训机构的主要因素是接受培训的便利程度，原培训地点紧挨其住所，更换后的三个培训地点离黄某居住地很远，导致其签订合同的目的无法实现，遂起诉请求解除合同并由重庆某公司退还培训费用。

**【裁判结果】**

审理法院认为，消费者权益保护法第五十三条规定：“经营者以预收款方式提供商品或者服务的，应当按照约定提供。未按照约定提供的，应当按照消费者的要求履行约定或者退回预付款；并应当承担预付款的利息、消费者必须支付的合理费用。”黄某与重庆某公司签订的培训合同合法有效，当事人应按约定履行义务。重庆某公司单方更换的培训地点离黄某的住所都很远，使黄某获得培训服务的时间和交通成本明显增加，

导致黄某就近接受舞蹈培训的合同目的不能实现。黄某要求解除合同，应予支持。故判决重庆某公司返还黄某培训费 2473. 97 元。

**【典型意义】**

预付式消费已成为培训领域消费者广泛采用的消费方式。培训地点的远近和交通便捷性对消费者决定是否订立预付式消费合同有重要影响。经营者变更培训地点对消费者影响较小的，一般不会产生争议。但是，如果培训地点的变更给消费者接受培训造成明显不便，显著增加消费者在途时间和交通成本，导致消费者在工作、生活之余就近接受培训服务的合同目的不能实现的，消费者有权请求解除合同。

**案例二**

## 计时型预付式消费合同因经营者停业解除的，应按实际未履行期限认定退款金额

——白某诉李某服务合同纠纷案

**【基本案情】**

李某系个体工商户“某宝宝儿童乐园”游乐场的经营者。2021 年 10 月 25 日，白某通过微信转账的方式向李某支付 800 元，用于办理上述游乐场的年卡会员。双方口头约定，年卡会员有效期为 2021 年 10 月 25 日至 2022 年 10 月 25 日，在此期间白某可不限次数地进入游乐场享受娱乐服务。2022 年 2 月 1 日，该游乐场停业。白某遂起诉请求解除与李某口头订立的服务合同，由李某返还剩余的预付服务费用。

**【裁判结果】**

审理法院认为，消费者权益保护法第五十三条规定：“经营者以预收

款方式提供商品或者服务的，应当按照约定提供。未按照约定提供的，应当按照消费者的要求履行约定或者退回预付款；并应当承担预付款的利息、消费者必须支付的合理费用。”李某在与白某订立服务合同、收取预付款后停业，白某无法再获得服务，有权解除合同并请求李某返还剩余履行期限对应的预付款。白某系通过诉讼方式解除合同，停止服务与合同解除之间存在较长时间间隔，应当自游乐场停业时起计算剩余履行期限，并按剩余履行期限与全部履行期限的比例计算应返还的预付款。故判决李某向白某返还预付款 599 元。

【典型意义】

预付式消费合同可分为计时型合同和计次型合同。计时型合同应当依据合同剩余履行期限计算应返还的预付款金额。合同的剩余履行期限一般应自合同解除时起算，但是经营者停业引发纠纷的，自经营者停业至合同解除这段时间，消费者无法获得服务，该期间亦应计入合同剩余履行期限。审理法院以经营者停业后未实际履行的剩余履行期限为计算应退预付款的依据，对于保护消费者权益、敦促商家诚信履约具有积极意义。

**案例三**

## 经营者违约导致预付式消费合同解除的，应按合同约定的优惠方案计算已提供服务的价款

——张某诉某健身公司服务合同纠纷案

【基本案情】

2023 年 7 月 2 日，张某因个人健身需要与某健身公司签订《健身入会申请表》，约定张某在某健身公司处办理会员卡，业务类型为次卡 50

次，起始日期2023年7月3日，截止日期2024年7月2日，入会费2000元，同时备注“赠送10次，不退不换”。当日，张某向某健身公司支付全部费用。2023年8月，某健身公司终止提供服务。张某在该健身公司消费12次，尚有48次未使用，遂起诉请求某健身公司返还剩余健身服务费1600元。

【裁判结果】

审理法院认为，消费者权益保护法第五十三条规定：“经营者以预收款方式提供商品或者服务的，应当按照约定提供。未按照约定提供的，应当按照消费者的要求履行约定或者退回预付款；并应当承担预付款的利息、消费者必须支付的合理费用。”张某办理会员卡后，某健身公司在合同履行期内终止服务，应当向张某返还服务费。双方约定某健身公司提供50次健身服务，另赠送10次服务。在正常履约情况下，消费者能够享受60次服务，应将60次服务而非50次服务作为2000元入会费的合理对价。在经营者违约解除合同的情况下，对消费者的保护不应低于合同正常履行情况下所能获得的利益，审理法院遂判决某健身公司退还张某会员卡剩余费用1600元［2000元×（48/60）］。

【典型意义】

预付式消费中，经营者向消费者赠送服务的情况较为常见。在合同正常履行的情况下，消费者既能享受购买服务又能享受赠送服务。经营者违约导致预付式消费合同解除的，消费者有权请求经营者退还剩余预付款。在计算已提供服务的价款时，如果不考虑合同约定的优惠方案，将经营者赠送服务排除于经营者义务之外，将导致多计算已提供服务的价款，应返还消费者的剩余预付款减少，经营者违约可能获得比合同正常履行情况下更大的利益，既缺乏法律依据也不符合公平原则。因此，在经营者违约导致合同解除的情况下，应当保护消费者的履行利益，按合同约定的优惠方案计算已提供服务的价款，充分保护消费者权益，引导经营者信守合同、诚信经营。

## 案例四

# 经营者不提供证据证明其提供服务的数量和价款的，人民法院可根据消费者主张结合案情作出认定

——杨某诉某健康管理公司服务合同纠纷案

### 【基本案情】

杨某自 2013 年起在某美疗馆接受美容美体、养生按摩等服务，共支付预付服务费 1016124.6 元，双方未签订书面合同。2020 年底，某美疗馆更名为某健康管理公司。公司更名后，要求杨某再交纳 5000 元服务费才能继续享受服务，且原有的很多服务项目不再提供。杨某称，某美疗馆的项目总是更新，上一次充的钱还没花完又得买新项目，钱越存越多，项目越做越乱，不接受某健康管理公司提出的处理方案，要求退还剩余款项。该公司表示杨某预付款仅剩 1 万余元。因双方就杨某预付款余额、剩余服务项目次数等均不能达成一致，杨某遂起诉请求某健康管理公司退还服务费 547794 元。

### 【裁判结果】

审理法院认为，杨某与某健康管理公司存在服务合同关系。杨某提供的银行卡对账单、部分充值档案照片和销售凭证证明其支付的预付服务费为 1016124.6 元。某健康管理公司作为服务提供方，应就其向杨某提供服务的内容、次数、金额承担举证责任，但是其作为客户档案和交易资料的持有方，在法院释明举证责任后仍未提供完整的客户充值记录和

消费记录。审理法院综合考虑杨某的诉讼请求和本案实际情况，根据杨某预付服务费的总金额、部分客户消费记录记载的合同履行频次、部分充值档案照片载明的服务项目单价，酌情确定某健康管理公司退还杨某服务费50万元。

**【典型意义】**

预付式消费中，合同文本以及记载消费金额、次数、预付款余额等信息的证据，多由经营者掌握。消费者经常面临“举证难”的维权困境。如果经营者掌握相关证据，拒不向人民法院提交，人民法院可根据消费者的主张、综合全案证据认定剩余预付款金额等事实。本案中，某健康管理公司存在不与消费者签订书面合同、用其他公司POS机代收款、收费核销账目混乱等不规范经营行为，拒不提供完整的记载消费金额、次数、预付款余额等信息的证据，引发预付款退费难问题，影响案件事实查明。在此情况下，审理法院根据消费者的诉讼请求，结合全案证据对应返还的预付款金额作出认定，有利于引导经营者诚信、规范经营，为消费者安心消费提供司法保障。

**案例五**

## “职业闭店人”以虚假材料注销公司的，应依法向消费者承担民事责任

——王某诉薛某清算责任纠纷案

**【基本案情】**

王某系某公司名下瑜伽店充值会员，该店闭店时其仍有8260元未消费。刘某为某公司法定代表人及唯一股东。薛某多次在朋友圈发送“高价收购经营不善店铺会员”“帮助消耗负债”“死客激活”等信息，自称

提供前述中介服务，收取服务费用。2023 年 9 月 13 日，刘某将某公司股权全部转让给薛某。次日，薛某变更登记为该公司法定代表人及唯一股东。2023 年 9 月 28 日，薛某申请注销某公司。注销材料显示债权债务已清理完毕，但案涉瑜伽店会员大约有 200 人，还有 40 万元左右的预付款未消费。薛某称已将会员转给另外一家美发店，王某不同意去美发店消费，遂起诉请求薛某返还剩余预付款 8260 元。

**【裁判结果】**

审理法院认为，薛某通过“闭店”牟利，其作为公司唯一股东，在明知有大量会员债权未进行清算的情况下，仍作出债权债务已清理完毕的《清算报告》，并向市场监管部门申请注销公司，属于未经依法清算，以虚假清算报告骗取公司登记机关办理法人注销登记的行为。该行为导致王某无法在合法的清算程序中申报债权，使其债权无法受偿，王某有权主张薛某对公司债务承担相应民事责任。故判决薛某退还王某未消费金额 8260 元。

**【典型意义】**

近年来，预付式消费领域频现“跑路”逃债现象。有人以帮助“闭店”为业，恶意帮助经营者逃避债务，从中牟利。公司股东滥用公司法人独立地位和股东有限责任，逃避债务，严重损害消费者等公司债权人利益的，或者一人公司股东不能证明公司财产独立于股东自己的财产的，应当对公司债务承担连带责任。“职业闭店人”与公司股东恶意串通，帮助公司股东逃避债务，损害消费者等债权人权益的，应当与公司股东共同向消费者等债权人承担责任。消费者有权选择向公司原股东或者帮助逃债的“职业闭店人”“背债人”主张权利。本案中，消费者自愿选择起诉有偿债能力的薛某承担返还预付款责任，薛某已根据人民法院生效判决向王某还款 8260 元。经营者与“职业闭店人”恶意串通逃避债务，不仅不能达到逃债的效果，反而让“职业闭店人”也成为责任主体。本案对“职业闭店人”帮助经营者逃避债务的行为给予法律上的否定性评价，有利于提振消费者消费信心、规范公司经营行为，营造诚实守信的法治化营商环境。

## 案例六

# “职业闭店人”以欺诈为目的诱使消费者充值构成犯罪的，应依法追究刑事责任

——郑某顺等诈骗案

### 【基本案情】

被告人郑某顺在各地物色意欲转让且未被认定实施过诈骗犯罪的店铺，先与店主签订转让协议、支付部分转让费用、变更注册登记，再由被告人颜某玉、郝某玮带领团队人员进驻被收购的店铺，由崔某鑫、王某、曹某月等作为店铺业务人员电话联系原店铺会员，介绍周年庆充值赢大奖活动，才某钧担任小组长帮助业务员与客户商谈充值业务，邢某娇负责实际操控积分排名系统，门某鹏负责前期门店对接、采购办公用品、发放员工工资。各被告人组成分工明确、协作配合的专业化、职业化“闭店”团队。

2023 年 2 月，被告人郑某顺伙同被告人颜某玉为诱骗消费者进行预付款充值实施诈骗，接手宁波市海曙区一摄影店，并在摄影店不具备经营条件的情况下，以门店开展周年庆活动回馈客户为名，虚假承诺待活动结束后会将充值款返还，诱使被害人进行现金充值，后又召集被害人举办颁奖仪式，以现场充值刷排名诱导被害人再次充值。活动结束后，被告人郑某顺、颜某玉、郝某玮、才某钧、邢某娇、门某鹏等关店失联，共骗取被害人孙某、杨某、王某雯等人人民币 146 万余元。

【裁判结果】

审理法院认为，被告人郑某顺、颜某玉、郝某玮、门某鹏、才某钧、邢某娇、崔某鑫、王某、曹某月等人以非法占有为目的，结伙采用虚构事实、隐瞒真相的手段骗取他人钱财，数额特别巨大，其行为均已构成诈骗罪，且系共同犯罪，对各被告人以诈骗罪判处有期徒刑，并处罚金。

【典型意义】

“职业闭店”在实践中主要表现为两种形式：一是出谋划策，通过安排“背债人”等方式帮助经营者逃债，并通过收取经营者支付的报酬获利；二是直接参与经营，利用店铺原有的客户资源，以抽奖、充值返现等噱头诱骗消费者继续充值，收到预付款后闭店，“卷款跑路”，后者通常涉嫌诈骗罪等刑事犯罪。本案属于后一种类型。犯罪分子自称此类犯罪行为为“充值案”。人民法院对此类“职业闭店人”依法判处刑罚，有力惩治犯罪，震慑犯罪分子。同时审理法院将该案涉及的问题向市场监管部门反映，由相关部门对当地预付式消费市场加强监管，从源头上防范化解风险，净化市场环境，提振消费信心，为消费者安心消费、经营者公平竞争营造良好法治化营商环境。

# 《最高人民法院关于审理预付式消费民事纠纷案件适用法律若干问题的解释》的理解与适用

陈宜芳* 吴景丽** 谢 勇***

《最高人民法院关于审理预付式消费民事纠纷案件适用法律若干问题的解释》（以下简称《解释》）已于2024年11月18日由最高人民法院审判委员会第1932次会议审议通过，将自2025年5月1日起施行。本文就《解释》的制定背景、起草过程、基本思路和主要内容进行说明，以便于在司法实践中准确适用。

## 一、《解释》的制定背景和起草过程

党的二十大报告指出，着力扩大内需，增强消费对经济发展的基础性作用和投资对优化供给结构的关键作用。党的二十届三中全会提出，完善激发社会资本投资活力和促进投资落地机制，形成市场主导的有效投资内生增长机制。完善扩大消费长效机制。2024年中央经济工作会议将“大力提振消费，提高投资效益，全方位扩大国内需求”作为2025年重点工作任务。2025年3月，中央发布的《提振消费专项行动方案》提出，以高质量供给创造有效需求，以优化消费环境增强消费意愿，针对

* 最高人民法院民事审判第一庭庭长。
** 最高人民法院民事审判第一庭副庭长。
*** 最高人民法院民事审判第一庭二级高级法官。

性解决制约消费的突出矛盾问题。一方面，预付式消费既有利于解决经营资金困难，促进投资，也有利于降低消费成本，促进消费，已成为消费者广泛采用的消费形式。例如，某省消费者权益保护委员会调查发现，逾九成的消费者有预付式消费经历，常见于美容美发、文化娱乐、餐饮、商超零售、教育培训及体育健身等行业，94.4%的消费者预付金额在5000元以下。另一方面，预付式消费所具有的融资属性使消费者面临较高的违约风险。调研发现，预付式消费中“卷款跑路”、“霸王条款”、收款不退等问题，是消费者反映较为集中、对消费者权益损害较大、对消费信心打击较大的问题。近年来，预付式消费领域纠纷呈现快速增长趋势。由于涉案金额小，维权成本高，不少消费者在权益受到损害后都自认倒霉，吃“哑巴亏”。预付式消费中存在的问题已引起社会广泛关注。

为深入贯彻落实党中央决策部署，充分发挥预付式消费缓解经营资金困难、促进投资和降低消费成本、促进消费的作用，打通消费堵点，回应社会关切，最高人民法院在长期、深入调研的基础上，于2023年正式启动《解释》立项工作。起草过程中多次征求有关国家机关、专家学者、消费者、生产经营者等各方意见，并于2024年6月6日向社会公开征求意见。在综合各方意见的基础上，经过多次论证、修改，形成送审稿，最高人民法院审判委员会已经审议通过。

## 二、《解释》起草的基本原则和思路

《解释》起草过程中，坚持三个工作原则：一是贯彻落实党中央精神原则。《解释》制定过程中，始终贯彻落实中央关于着力扩大内需，增强消费对经济发展的基础性作用和投资对优化供给结构的关键作用的要求，激发有潜能的消费，扩大有效益的投资，助力形成消费和投资相互促进的良性循环。二是坚持合法性解释原则。《解释》制定过程中，立足于体现立法精神、遵循立法本意，确保《解释》符合相关法律的立法宗旨和目的。三是坚持问题导向原则。《解释》制定过程中，从审判和行政执法一线、消费者保护组织、预付卡发行企业、全国人大代表、全国政协委员、群众代表等多方面开展调研论证，立足审判实践，解决人民群众和经营者密切关注的现实问题。

《解释》起草过程中，坚持以下基本思路：一是正确处理保护消费者合法权益与促进经济健康持续发展的关系。《解释》关系广大消费者和经营者的切身利益。一方面，始终坚持将消费者权益保护放在首位，努力解决人民群众普遍关切的问题，切实增强人民群众的获得感、幸福感、安全感；另一方面，牢固树立和贯彻落实新发展理念，在加强消费者权益保护的同时，保护经营者合法权益和合理预期，充分发挥预付式消费降低融资成本、促进社会投资的功能，服务和保障预付式消费市场健康持续发展。二是正确处理合同自由与合同公平的关系。《解释》保护和鼓励交易，促进和提升市场活力。同时，积极克服预付式消费中交易信息不对称、缔约地位不平等、风险承担不对等的问题，引导建立规范的市场秩序，在坚持合同自由的基础上维护合同公平。三是正确处理权利保护与促进诚信的关系。《解释》在保护消费者、经营者权利的同时，坚持诚信原则，在制度设计上提高违法成本、避免当事人通过不诚信行为获利，引导经营者诚信经营、消费者严守合同。四是正确处理民商事审判与行政监管的关系。加强与2024年施行的《消费者权益保护法实施条例》等行政法规、部门规章的协调，在法律框架下，使司法审判与行政监管形成合力，维护好消费者权益，促进经济社会高质量发展。同时，全面了解行业习惯做法，注重发挥预付式消费经营模式的优势。

## 三、《解释》的主要内容

《解释》共27条，就《解释》的适用范围，责任主体认定，预付式消费合同的解释、效力和解除，预付款的返还和赔偿责任，“卷款跑路”的责任，经营者提供其控制证据的责任等问题作出规定，主要内容如下。

### （一）明确《解释》的适用范围

关于哪些消费形式属于《解释》规范的预付式消费的问题，《解释》

第一条规定："在零售、住宿、餐饮、健身、出行、理发、美容、培训、养老、旅游等生活消费领域，经营者收取预付款后多次或者持续向消费者兑付商品或者提供服务产生的纠纷适用本解释。"第二十六条第一款规定："本解释所称预付卡为单用途商业预付卡，包括以磁条卡、芯片卡、纸券等为载体的实体卡和以密码、串码、图形、生物特征信息等为载体的虚拟卡。"在司法实践中，应注意五个方面的问题。

第一，《解释》第一条列举的零售、住宿、餐饮、健身、出行、理发、美容、培训、养老、旅游等生活消费领域属于不完全列举，家政、养生、托育等生活消费领域产生的预付式消费纠纷也适用《解释》。

第二，商品房预售、购买一次性提货券等消费者付款后一次性接受商品或者服务产生的纠纷不适用《解释》。此类交易与普通买卖合同区别较小，消费者在交易中面临的经营者违约风险相对较低，故未纳入《解释》的规范范围。

第三，《解释》所称预付卡属于消费者持有的用以证明其在预付式消费合同项下债权的权利凭证，包括以磁条卡、芯片卡、纸券等为载体的实体卡和以密码、串码、图形、生物特征信息等为载体的虚拟卡。

第四，《解释》适用于因单用途商业预付卡产生的纠纷。在向社会征求意见时，有意见认为，公共交通等公用事业中的预付卡风险小、管理上具有特殊性，建议明确《解释》仅适用于单用途商业预付卡。《解释》采纳了这一建议。商务部发布的《单用途商业预付卡管理办法（试行）》（商务部令 2016 年第 2 号）对单用途商业预付卡的管理作出专门规定。在理解单用途商业预付卡的特征时，可将该办法的相关规定作为参考，但单用途商业预付卡的范围不限于该办法所规范的消费范围，不由商务部主管的其他预付式消费领域中的单用途商业预付卡也适用《解释》的相关规定。

第五，《解释》不适用于因多用途商业预付卡产生的纠纷。发行多用途商业预付卡属于金融业务，只有持牌金融机构有权开展，受到较为严格监管，目前纠纷较少，且多用途商业预付卡与单用途商业预付卡的经营模式、经营风险差异较大，故未纳入《解释》的规范范围。单用途商业预付卡与多用途商业预付卡区分的标准是发卡人与兑付人的关系不同。单用途商业预付卡仅限于在发卡企业、该企业所属集团或同一品牌商业特许经营体系内提供商品或服务，而多用途商业预付卡可由发卡企业之外、该企业所属集团之外以及同一品牌商业特许经营体系之外的经营者提供商品或服务。

## （二）明确预付式消费合同纠纷原告资格

民事诉讼法第一百二十二条规定起诉应当符合的法定条件之一是“原告是与本案有直接利害关系的公民、法人和其他组织”，因此，消费者因预付式消费纠纷起诉请求经营者承担责任的，应当提交其系合法权利人的初步证据。《解释》第二条就消费者起诉应当提供哪些初步证据作出规定。首先，对于不记名预付卡，消费者持卡之事实即表明其有权提起诉讼。其次，对于记名预付卡，通常应以预付卡记载的消费者为原告，如果持卡人与预付卡记载的消费者不一致，则持卡人还需提交其系合法持卡人的初步证据。例如，消费者提交预付卡记载的消费者向其转让预付式消费合同债权的证据。最后，如果消费者不能提供预付卡，但能够提供其与经营者存在预付式消费合同关系的其他初步证据，亦可作为原告提起诉讼。例如，消费者提供了预付式消费合同、充值记录、消费记录等证据。

监护人与经营者签订预付式消费合同，约定由经营者向被监护人兑付商品或者提供服务的情况在实践中较为常见。此种情况下，应由监护人还是被监护人起诉，尤其是在以被监护人名义起诉的情况下，是应当驳回起诉还是应当直接审理作出裁判，司法实践中存在不同认识。第一种观点认为，无论是以被监护人名义起诉还是以监护人名义起诉，人民法院都应当受理并作出裁判，理由是，无论以谁的名义起诉，最终的法律后果均由监护人承担，因此，这一问题无须专门作出规定。第二种观点认为，预付式消费合同纠纷属于合同纠纷，应当坚持合同相对性原则，由作为合同当事人的监护人起诉，如果监护人错以被监护人名义提起诉讼，应当裁定驳回起诉。根据《解释》第三条的规定，一方面，作为合同相对方的监护人有权作为原告起诉，坚持合同相对性原则；另一方面，如果错将被监护人列为原告，人民法院应做好释明工作，不能简单地直接裁定驳回起诉，以加强消费者诉权保护。向社会征求意见过程中，有来信提出，如果被监护人权益因接受商品或者服务受到损害，属于侵权之诉，被监护人有权提起诉讼。《解释》第三条采纳了这一意见，增加第二款规定："被监护人因接受商品或者服务权益受到损害，起诉请求经营者承担责任的，人民法院应当依法受理。"

### （三）明确常见预付式消费交易模式下的责任主体

针对预付式消费中经营者"名实不符"的问题，《解释》第四条规定，经营者虽未与消费者订立预付式消费合同，但在两种情况下仍应向消费者承担责任。一是经营者允许他人使用其营业执照。这一规定的依据是消费者权益保护法第四十二条的规定。二是经营者以其他方式允许他人使用其名义与消费者订立预付式消费合同。有的经营者放任其他经营者使用其名义与消费者订立预付式消费合同、收取预付款，使消费者相信其受预付式消费合同约束。这种情况下，应当保护消费者的信赖利益，消费者有权请求其依法承担责任。

针对商业特许经营体系内特许人和被特许人责任的问题，除特许人或者被特许人依据预付式消费合同承担责任外，《解释》第五条从三个方面加强消费者权益保护。一是未与消费者直接订立预付式消费合同的特许人、被特许人应依据其承诺承担责任，包括事先同意承担预付式消费合同义务、事后追认预付式消费合同、特许经营合同约定消费者可以直接请求其向消费者履行债务的情形。二是未与消费者直接订立预付式消费合同的特许人、被特许人的行为使消费者有理由相信其受预付式消费合同约束的，应向消费者承担责任。例如，消费者在特许人处购卡，平时均可在被特许人处兑换商品，在长期的交易过程中，消费者产生了被特许人亦受预付式消费合同约束的信赖，有权请求被特许人承担责任。三是特许人虽未与消费者签订预付式消费合同，但对消费者损失产生或者扩大有过错的，消费者亦有权请求特许人根据其过错承担民事责任。

关于商场场地出租者责任，《解释》第六条明确了商场场地出租者对租赁场地经营者资质的形式审查义务和过错责任，解决租赁商场场地的经营者收款“跑路”后消费者应找谁担责的问题。如果商场场地出租者对租赁场地经营者的营业执照、经营资质进行了最基本的形式审查，租赁商场场地的经营者收款“跑路”后，商场场地出租者亦可提供其名称、住所地等基本信息，以便于消费者维权。适用本条规定时，应当严格依法，避免不当加重商场场地出租者责任。

### （四）明确对消费者有利的合同解释规则

司法实践处理预付式消费合同纠纷的一大难点是没有书面合同，难以认定当事人的权利义务关系。《实施条例》第二十二条第一款规定，预付式消费中经营者应当与消费者订立书面合同。《解释》第八条规定，如果经营者未与消费者订立书面合同或者合同内容约定不明，可作出两种以上解释的，应当作出对消费者有利的解释。本条司法解释有利于引导经营者与消费者订立书面合同，避免纠纷产生后无据可查。

### （五）规制“霸王条款”

“霸王条款”是预付式消费中常见的损害消费者权益的现象。《解释》第九条以民法典第四百九十七条和消费者权益保护法第二十六条规定为依据，就如何规制预付式消费中的“霸王条款”作出规定。

第一项针对的是收款不退“霸王条款”的规定。预付式消费“退卡难”已成为消费投诉的重灾区。有的经营者在其提供的格式合同中约定“一经办卡，概不退卡”，试图以“霸王条款”来“卡住”消费者的合理退款申请。本条第一项规定，排除消费者依法解除合同或者请求返还预付款权利的格式条款无效。

第二项针对的是限制转卡的“霸王条款”。民法典第五百四十六条第一款规定：“债权人转让债权，未通知债务人的，该转让对债务人不发生效力。”消费者转卡行为属于消费者转让预付式消费合同项下债权的行为，只需通知经营者即对经营者发生效力。有的经营者通过“霸王条款”不合理地限制消费者转卡权利，损害消费者利益，人民法院应认定此类“霸王条款”无效。人民法院在认定哪些条款属于不合理地限制消费者转卡的“霸王条款”时，应注意经营者提供服务是否对消费者的健康等有特别要求，如果预付式消费合同对消费者的健康等条件提出要求，只要受让人满足这些要求，经营者就不应限制消费者的转卡行为。

第三项针对的是丢卡不补的“霸王条款”。有的经营者在其提供的格式合同中约定，一旦预付卡丢失，不予补办。消费者由于失去了记载预付式消费合同权利的凭证，无法继续请求经营者提供商品或者服务，导致其利益受损。本条第三项规定，此类“霸王条款”无效。

第四项针对的是经营者有权单方变更预付式消费合同实质性内容的“霸王条款”。经营者收取消费者预付款后，擅自降低商品或者服务的质量、提高价格、变更商品或者服务的种类，是常见的损害消费者权益的行为。有的经营者还通过格式条款将其单方变更合同实质性内容的权利予以确认。本条第四项规定，此类“霸王条款”无效。同时，《解释》第十二条还规定，经营者与消费者订立预付式消费合同后，未经消费者同意，单方提高商品或者服务的价格、降低商品或者服务的质量的行为属于违约行为，消费者有权请求经营者按合同约定继续履行义务并承担相应违约责任。

第五项针对的是免除经营者瑕疵担保责任或者造成消费者损害赔偿责任的“霸王条款”。根据民法典第一百八十六条、第五百八十四条、第六百一十二条、第六百一十七条等的规定，出卖人对于其提供的商品或者服务承担瑕疵担保责任和损害赔偿责任。如果经营者通过格式条款免除这些责任，属于免除经营者责任的“霸王条款”，应当认定无效。

第六项针对的是约定的解决争议方法不合理增加消费者维权成本的

“霸王条款”。实践中，多数消费者预付款不超过5000元，但是，有的经营者为限制消费者获得救济的权利，其提供合同中的格式条款约定通过仲裁解决纠纷，但约定的仲裁机构的最低收费标准远高于消费者支付的预付款。此类格式条款属于妨碍消费者获得权利救济的“霸王条款”，应依法认定为无效。

第七项是兜底条款，规定其他排除或者限制消费者权利、减轻或者免除经营者责任、加重消费者责任等对消费者不公平、不合理的格式条款无效。

### （六）规定未成年人等无民事行为能力人、限制民事行为能力人与经营者订立预付式消费合同的效力

有的网络游戏等网络服务采用预付式消费方式进行经营，未成年人是此类消费的重要群体。过度沉迷游戏不仅影响未成年人健康成长，高额的服务费用也会成为家庭负担。实践中存在因未成年人大额预付费产生的纠纷。《解释》起草过程中，有关建议提出，可就未成年人订立预付式消费合同的效力及法律后果作出规定。《解释》采纳了这一建议，第十条第一款和第二款分别以民法典第十九条和第二十条为依据，对无民事行为能力人或者限制民事行为能力人订立预付式消费合同，法定代理人有权依法请求确认合同无效、经营者返还预付款作出规定。《解释》第十条第三款吸收了《最高人民法院关于为促进消费提供司法服务和保障的意见》第十四条规定，明确经营者违反法律规定向未成年人提供网络付费游戏等服务的，无权请求消费者折价补偿其已经提供的服务，目的是引导经营者依法诚信经营，保护无民事行为能力人、限制民事行为能力人及其所在家庭的合法权益。

### （七）保护消费者依法转让预付卡的权利

转让预付卡是消费者常见的诉求。《解释》第九条第二项规定限制转卡的“霸王条款”无效，第十一条进一步规定了消费者转让预付卡行为

的效力。首先，消费者转让预付卡只需通知经营者就对经营者发生效力，无须征得经营者同意。其次，消费者将转让预付卡的事实通知经营者后，受让人获得转让人在预付式消费合同项下的权利，包括请求经营者提供预付卡更名、修改密码等服务的权利。最后，《解释》对滥用转卡权利"薅羊毛"的行为予以规制。在向社会征求意见时，有来信建议，本条关于债权转让的规定应根据商业预付卡消费场景作必要的限制。以游乐园消费为例，如果不加限制，会存在多位游客仅需要一张游乐园当周无限次入园门票即可"排队"到游乐园游玩的情形，只需要上一位游客在游玩后将该入园门票转让给下一位游客即可，这导致游乐园只愿意出售单人单次门票，极大影响游乐园正常经营和消费者选择，甚至导致"黄牛"更加盛行。《解释》采纳了这一建议，在本条增加第二款规定，明确消费者转让不限服务次数的计时卡时，不应违反诚信原则，即不得以债权转让的名义让多名消费者行使本应由一名消费者行使的权利，以规制滥用权利行为，保护经营者权益。

### （八）规定当事人赔偿损失责任

在合同无效、解除或者当事人违约等情况下，预付式消费合同当事人有权依照民法典第一百五十七条、第五百六十六条、第五百七十七条等的规定请求相对人承担赔偿损失责任。依照消费者权益保护法第五十三条的规定，经营者以预收款方式提供商品或者服务，但未按照约定提供的，消费者除有权请求其履行约定或者退回预付款外，还有权请求其承担预付款的利息、消费者必须支付的合理费用。《解释》第十五条第二款在上述规定的基础上，对预付式消费合同当事人请求赔偿其支付的合理费用等损失的责任作了规定。本条第三款在第二款的基础上规定，经营者支付给员工等人员的预付款提成不属于消费者应当赔偿的合理费用，目的是遏制经营者"套路式、劝诱式"营销，规制重售卡轻服务的不诚信行为。

### （九）规定消费者解除预付式消费合同的权利

关于消费者解除预付式消费合同的权利，民法典与消费者权益保护法的规定并不相同。例如，依照民法典第五百六十三条的规定，在当事人一方迟延履行主要债务的情况下，还需具备经催告后在合理期限内仍未履行的条件或者当事人一方迟延履行债务或者有其他违约行为致使不能实现合同目的的条件，另一方才有权解除合同。但依照消费者权益保护法第五十三条的规定，在预付式消费中，只要经营者未按照约定提供商品或者服务，消费者就有权请求其返还预付款，不需要经营者经催告后在合理期限内仍未履行或者经营者违约行为致使消费者合同目的不能实现的条件。因此，在预付式消费中，只要经营者未按照约定提供商品或者服务，消费者就有权解除合同。《解释》第十三条依据上述规定，对实践中常见的消费者有权解除合同的情形作出规定。

一是在经营者变更经营场所给消费者接受商品或者服务造成明显不便的情形下，消费者有权解除预付式消费合同。经营场所远近是消费者决定是否订立预付式消费合同的重要条件。经营者收取预付款后，有可能“关店”“迁店”，并通知消费者由其他连锁店铺或者新开店铺兑付商品或者提供服务。经营者变更经营场所一般会对消费者接受商品或者服务产生影响，如果这种影响较小，消费者通常会予以包容，但是，如果经营者变更经营场所致使消费者消费成本显著提高或者在途时间明显增加，消费者不仅会增加消费成本，甚至可能放弃要求兑付商品或者提供服务。这种情况下，如果不允许消费者解除合同，对消费者明显不公平，甚至导致消费者合同目的不能实现。因此，在经营者变更经营场所给消费者接受商品或者服务造成明显不便的情形下，消费者有权解除预付式消费合同。

在认定经营者变更经营场所是否会给消费者接受商品或者服务造成明显不便时，应根据案件具体情况作出认定。例如，经营者原来的经营场所紧邻消费者的住所或工作场所，但变更后的经营场所远离消费者的住所或工作场所，消费者无法达到利用闲暇时间获得商品或者服务的目的，或者消费者需要长距离驾车才能到达新的经营场所，导致获得商品或者服务的时间成本和金钱成本显著增加，消费者有权请求解除合同。再如，如果消费者年事已高或者是残疾人，在认定经营者变更经营场所是否会给消费者接受商品或者服务造成明显不便时，还应当考虑消费者行动不便的因素。

二是在经营者未经消费者同意将预付式消费合同义务转移给第三人的情形下，消费者有权解除预付式消费合同。“转让店铺”是消费者在预付式消费中常遇到的问题。消费者预交了全部价款，履行了全部合同义务，经营者则应在合同约定履行期限内提供商品或者服务。经营者作为债务人，其履约能力直接决定消费者合同目的是否能够实现。根据民法典第五百五十一条第一款的规定，债务人将债务的全部或者部分转移给第三人的，应当经债权人同意。因此，经营者将预付式消费合同义务转移给第三人的，应当经作为债权人的消费者同意，未经消费者同意，对消费者不发生效力，消费者仍有权请求原经营者兑换商品或者提供服务。经营者将预付式消费合同义务转移给第三人，意味着其不愿履行合同，故消费者有权解除合同，请求退款。

三是在经营者承诺在合同约定期限内提供不限次数服务却不能正常提供服务的情形下，消费者有权解除预付式消费合同。有的经营者以提供不限次数服务为噱头，吸引消费者支付预付款，但其招揽的消费者人数远超出其提供服务的能力，导致消费者难以预约服务或者实际上不能正常获得服务。这种情况下，消费者有权解除合同。

四是在法律规定或者合同约定消费者享有解除合同权利的其他情形下，消费者有权解除预付式消费合同。《解释》第十三条前三项列举了实践中常见的消费者有权解除合同的情形，第四项是兜底条款。《解释》征求意见稿中，本条还规定在经营者“变更服务人员等行为导致消费者对经营者提供的具有人身、专业等信赖的服务丧失信任基础”的情形下，消费者有权解除预付式消费合同。有的预付式消费合同建立在消费者对经营者提供的服务具有人身、专业等信赖的基础上，如果这种信赖构成合同订立的基础，缺乏这种信赖消费者就不可能订立预付式消费合同，则经营者变更服务人员等行为会导致双方信任基础丧失，继续履行合同将会导致消费者合同目的不能实现。这种情况下，消费者有权解除合同。在向社会征求意见时，多封来信指出，《解释》征求意见稿本条第一款第三项规定，在“变更服务人员等行为导致消费者对经营者提供的具有人身、专业等信赖的服务丧失信任基础”的情况下，消费者享有解除合同的权利，但实践中经营者变更服务人员是常态，本项规定可能会限制服务人员的正常流动，也不利于经济发展。而且，何种情形下变更服务人员导致消费者对服务丧失信任基础，主观性较大，也难以判断，可能出现滥用解除权的情况。为防止滥用解除合同的权利、保护交易安全，本条未保留该项规定。如果经营者变更服务人员等行为导致消费者对经营者提供的具有人身、专业等信赖的服务丧失信任基础，消费者请求解除合同，人民法院可依据本条第一款第四项以及民法典和消费者权益保护法的相关规定作出认定，重点应当审查经营者变更服务人员等行为是否会导致消费者合同目的不能实现。通常情况下，经营者变更服务人员不会导致消费者合同目的不能实现，但实践中也存在一些特殊情形。例如，有的经营者以某世界冠军提供培训来招揽消费者。消费者在订立培训合同时，明确要求由该世界冠军为其子女提供培训，目的是使其子女能够获得最专业的培训，有助于其子女成为专业人才。但是，消费者支付预付款后，该世界冠军离职，经营者亦不能提供其他具有同等能力的专业老师，将导致消费者合同目的不能实现，消费者仍有权依法解除合同。

### （十）明确消费者七日无理由退款的权利

预付式消费中，经营者与消费者之间信息不对称问题十分突出，是导致消费者后悔购卡的重要原因之一。在《解释》征求意见过程中，有专家建议，应当借鉴消费者权益保护法第二十五条关于无理由退货制度的规定，明确消费者七日无理由退款的权利。《解释》采纳了这一观点，主要基于以下考虑：一是从法理依据看，与网络购物类似，预付式消费存在较为突出的信息不对称问题，有的经营者过度劝诱、重售卡轻服务，甚至欺诈营销、套路消费者，故可借鉴消费者权益保护法关于七日无理由退货的规定，明确七日无理由退款规则，贯彻诚信原则，保护消费者权益。二是从调研情况看，北京、江苏等地已较长时间实行消费者七日或者十五日无理由退款，效果较好。部分经营者已经采用无理由退款制度，在售卡后短期内进行无理由退款。并且，七日时间较短，只退本金，不会增加经营者财务成本或者对经营造成干扰。三是从市场导向看，七日无理由退款有利于倡导诚信，引导经营者将竞争着力点放到提高商品和服务的质量上来，也有利于改变重售卡轻服务的商业模式。四是从保护消费信心看，七日无理由退款有利于增强消费者购卡信心，促消费、扩内需。

为防范七日无理由退款中可能出现的不诚信行为，《解释》第十四条进一步规定，消费者在订立预付式消费合同时已经从经营者或者其他经营者处获得过相同商品或者服务的，则不享有七日无理由退款的权利。换言之，如果消费者系在充分了解商品或者服务的信息后支付预付款，就不再享有七日无理由退款的权利。

### （十一）规定返还预付款的计算规则

退卡是预付式消费纠纷中最常见的争议问题。退卡实际是退款，如何计算经营者应当返还的预付款，是司法实践中亟待解决的问题。《解释》第十五条至第二十条及第二十二条对返还预付款本金和利息的计算规则作出规定。整体思路是，区分消费者原因和非消费者原因导致的退款，并在退款金额计算、退款利率确定等方面分别作出对经营者和消费者有利的规定，引导双方当事人诚实守信、遵守合同。

第一，关于返还预付款本金的计算规则。《解释》第十五条第一款规定："预付式消费合同解除、无效、被撤销或者确定不发生效力，消费者请求经营者返还剩余预付款并支付利息的，人民法院应予支持。返还预付款本金应为预付款扣减已兑付商品或者提供服务的价款后的余额。"在预付式消费合同解除、无效、被撤销或者确定不发生效力的情况下，消费者有权请求返还预付款，经营者也有权请求消费者折价补偿其已经提供的商品或者服务。消费者已经支付的预付款扣减应折价补偿的经营者已兑付商品或者提供服务价款后的余额就是经营者应当返还的预付款本金。

《解释》第十八条是关于非因消费者原因退款时已消费价款的计算方法的规定。预付式消费中，经营者一般会给予消费者折扣，赠送价款、商品或者服务，实践中的难点在于消费者在已经兑付部分商品或者服务的情况下需要退款，应按何种标准计算已经提供商品或者服务的价款。《解释》在坚持公平原则的基础上，区分了消费者原因导致的退款和非因消费者原因导致的退款，并分别作出对经营者和消费者有利的规定，目的是引导双方当事人诚实守信、遵守合同。本条规定，在非因消费者原因退款的情况下，消费者有权主张按优惠价计算已兑付商品或者提供服务的价款。这有利于保护消费者权益，因为按优惠价计算已兑付商品或者提供服务的价款意味着消费者应补偿的价款少，经营者应返还的剩余预付款本金多。实践中，计算优惠价主要有三种方式：一是按照预付式消费合同约定的折扣价计算优惠价；二是预付式消费合同约定经营者向消费者赠送消费金额的，则根据消费者实付金额与实付金额加赠送金额之比计算优惠价；三是预付式消费合同约定经营者向消费者赠送一定数量的同质商品或者服务的，则将赠送部分和消费者原本购买部分的商品或者服务的总和作为除数来计算优惠价。例如，消费者支付1000元，购买10次培训课程，同时预付式消费合同约定经营者再赠送10次培训课程，按优惠价计算，每次培训课程的价格为50元。

《解释》征求意见稿本条第二款还规定："根据前款规定，按折扣价或者优惠比例计算已兑付商品或者提供服务的价格低于成本，经营者主张按成本价计算已兑付商品或者提供服务价款的，人民法院可予支持。"向社会征求意见时，有来信建议删除第二款规定，理由是本条规定的是因经营者原因退款的情形，不应限制经营者的退款范围。《解释》采纳了这一建议，删除了征求意见稿本条第二款规定。此外，为保护消费者权益，鼓励经营者良性竞争，本条还规定当事人就已兑付商品或者提供服务折价作出对消费者更有利的约定的，按约定处理。

《解释》第十九条是关于因消费者原因退款时已消费价款的计算方法的规定。根据本条第一款的规定，在因消费者原因返还预付款的情况下，在计算已兑付商品或者服务的价款时，消费者不能享受合同约定的优惠价格，而应当按打折前的价格计算，目的是促使当事人诚实守信、遵守合同。针对实践中有的经营者提出虚假打折前价格的情况，本条第二款规定，消费者主张打折前的价格明显不合理，经营者不能提供其按打折前价格进行交易的记录的，人民法院可按照订立合同时履行地同类商品或者服务的市场价格计算已兑付商品或者提供服务的价款。同时，为保护消费者利益，鼓励经营者良性竞争，本条第三款规定当事人可以就已兑付商品或者提供服务折价作出对消费者更有利的约定。

对于计时卡，《解释》第二十二条规定，应按剩余履行期限与全部履行期限的比例计算应予返还的预付款。关于剩余履行期限的起算点，应以合同解除时为准，但是，经营者在预付式消费合同解除前已经停止提供商品或者服务的，应以经营者停止提供商品或者服务时为准。消费者因自身原因未在合同约定履行期限内要求经营者提供服务的，属于自愿处分自身权利的行为，无权请求返还预付款。

第二，关于消费者支付价款责任的上限。《解释》第二十条规定，按折扣价或者优惠比例计算已兑付商品或者提供服务的价款未超出消费者预付款，但按打折前的价格计算已兑付商品或者提供服务的价款超出消费者预付款，经营者无权要求消费者支付按打折前的价格计算超出预付款部分的价款。本条规定意味着消费者承担的价款责任以预付款为限，这符合预付式消费的特点。

第三，关于向消费者返还预付款利息的计算规则。《解释》第十六条区分因经营者原因退款和因消费者原因退款的利息计算标准。对于前者，应当按照预付式消费合同成立时一年期贷款市场报价利率计算利息。对于后者，有意见建议，应当按照中国人民银行公布的同期同类存款基准利率而不应按照一年期贷款市场报价利率计算利息，以避免不当增加经营者负担。《解释》采纳了这一建议，第十六条借鉴了《最高人民法院关于适用〈中华人民共和国民法典〉合同编通则若干问题的解释》第二十五条第一款的规定，同时为便于计算利息，并与本条关于“按照预付式消费合同成立时一年期贷款市场报价利率计算利息”的规定保持一致，本条未采用“同期同类”的表述，而是明确为“按照预付式消费合同成立时中国人民银行公布的一年定期存款基准利率计算利息”。《解释》起草过程中，有建议提出，部分行政主管部门对预付款有监管要求，经营者不能随时使用监管账户中的预付款，对于监管账户中的预付款应当按其实际利率计算利息，避免不当增加经营者负担。《解释》第十六条采纳了这一建议。

关于应返还利息的起算时间，《解释》第十七条规定：“预付式消费合同解除、无效、被撤销或者确定不发生效力，消费者请求返还预付款的，自合同解除、被确认无效、被撤销或者确定不发生效力时起计算利息。”《解释》征求意见稿曾对利息起算点作了区分：因消费者原因退款的，自预付式消费合同解除、无效、被撤销或者确定不发生效力时起计算利息；非因消费者原因退款的，自消费者交付预付款时起计算利息。在征求意见过程中，有意见指出，预付式消费中，消费者让渡资金的期限利益以获得更优惠的价格，经营者获得无偿使用资金的权利，代价是收取更低的价款。非因消费者原因退款的情况下，消费者已经享有合同约定的优惠价，不宜再自消费者交付预付款时起计算利息，而应当自合同解除、无效、被撤销或者确定不发生效力时起计算利息，以维护预付式消费降低融资成本和消费成本的功能，实现消费者和经营者利益的平衡。本条采纳了这一建议。

《解释》第十七条第二款规定，当事人就返还预付款利息起算时间作出对消费者更有利的约定或者法律另有规定的，按照当事人约定或者法律规定处理。例如，消费者权益保护法第五十三条对经营者未按约定提供商品或者服务应承担的退款付息义务作了规定，在符合该条规定的情况下，应当按法律规定处理。

有的经营者在合同解除、无效、被撤销或者确定不发生效力之前就已不能兑付商品或者提供服务，从经营者不再兑付商品或者提供服务时起至合同解除、无效、被撤销或者确定不发生效力期间，消费者非因自身原因不能获得商品或者服务，亦可计算剩余预付款的利息。消费者可依照民法典第五百六十六条或者消费者权益保护法第五十三条的规定请求支付这部分利息损失。

### （十二）明确已赠送商品和服务的返还及折价补偿规则

《解释》第二十一条对消费者请求退款情况下已赠送商品或者服务如何处理作出规定。《解释》征求意见稿对已赠送商品或者服务应如何返还的问题，区别两种情况处理：一是规定在消费者依法请求退款的情况下，经营者赠送低价值商品或者服务，无须返还。理由是，赠送低价值商品或者服务的行为类似于广告，目的是吸引消费者，既然已经吸引消费者支付预付款，经营者的目的已经实现，故不应再要求消费者返还。二是赠送商品或者服务价值较高，不返还或者折价补偿明显不公平的，消费者应当折价补偿，以防范消费者道德风险、保护经营者权益。《解释》起草过程中，有建议提出，除了赠送商品或者服务的价值大小外，还应当考虑消费者预付款金额大小、预付式消费合同履行情况及退款原因等因素，并贯彻诚信原则。本条采纳了这一意见，规定应综合考虑已经赠送的商品或服务的价值、预付式消费合同标的金额、合同履行情况及退款原因等因素，依照诚信原则来认定消费者是否应返还或折价补偿已赠送的商品或服务。既依法保护消费者权益，又防止个别不诚信消费者滥用权利对经营者进行“薅羊毛”，保护经营者权益。

需要注意的是，本条适用的场景是，经营者所赠送的商品和服务与预付式消费合同约定消费者购买的商品和服务并不相同。如果二者相同，则依照《解释》第十五条、第十八条和第十九条关于返还预付款本金的计算规则进行处理即可。因消费者原因退款的，不按优惠价计算经营者已兑付商品或者提供服务的价款；非因消费者原因退款的，按优惠价计算经营者已兑付商品或者提供服务的价款。例如，消费者支付1000元，购买10次培训课程，同时预付式消费合同约定经营者再赠送10次培训课程。如果因消费者原因退款，消费者不享受优惠价，应按每次培训课程100元计算已兑付商品或者提供服务的价款；如果非因消费者原因退款，应按每次培训课程50元计算已兑付商品或者提供服务的价款。经营者所提供的所有课程均应折价补偿。这就避免了经营者已经提供的培训课程是属于消费者购买的课程还是属于经营者赠送课程的争议。同时，由于经营者提供的所有培训课程均已折价补偿，就无须适用本条规定。

### （十三）规制“卷款跑路”行为

“卷款跑路”是预付式消费中较为常见、对消费者权益损害较大、对消费信心打击较大的问题。如何遏制经营者“卷款跑路”、引导经营者依法诚信经营，是人民法院在司法审判中面临的难题。在经营者“卷款跑路”构成欺诈的情况下，由消费者向其主张惩罚性赔偿责任，既有利于震慑和遏制“卷款跑路”违法行为，又有利于鼓励消费者拿起法律武器保护自己权益。

在《解释》起草过程中，关于经营者“卷款跑路”是否构成欺诈的问题存在不同认识。有观点认为，经营者构成欺诈应当以其在订立预付式消费合同之时的主观状态为准。有的经营者在订立合同时并没有欺诈之故意，只是由于经营不善才“卷款跑路”，这种情况不构成欺诈。还有观点认为，合同从磋商、订立、履行到终止，体现为一个动态过程。经营者即使在订立合同时没有欺诈故意，其在收取预付款后履行全部义务之前，恶意逃避消费者申请退款，形成非法占有预付款之故意而“卷款跑路”的，亦可构成欺诈。而且，经营者在订立合同时的主观状态难以证明，但其恶意逃避履行义务、“卷款跑路”之行为显而易见，该行为体现了经营者非法占有消费者预付款之主观恶意。鉴于“卷款跑路”在预付式消费中较为常见，对消费者权益损害较大，《最高人民法院关于为促进消费提供司法服务和保障的意见》第四条规定，经营者收取预付款后，终止营业却不通知消费者退款，导致消费者既无法继续获得商品或者服务也无法申请退款，构成欺诈的，对消费者请求经营者承担惩罚性赔偿责任的诉讼请求，人民法院应当依法支持。经营者的行为构成犯罪的，依法追究刑事责任。《解释》第二十三条吸收上述规定，明确在经营者收取预付款后终止营业，既不按照约定兑付商品或者提供服务又恶意逃避消费者申请退款，构成欺诈的，消费者有权请求其承担惩罚性赔偿责任。这既有利于保护消费者权益，也有利于引导经营者诚信经营，即使经营不善，也应当主动通知消费者办理退款等事宜，而不能“卷款跑路”，进一步侵害消费者权益。

在认定“卷款跑路”是否构成欺诈时应注意把握以下要件：第一，在行为要件上，经营者具有收取预付款后，终止营业却不通知消费者退款的行为。第二，在主观要件上，经营者具有既不按照约定兑付商品或者提供服务又逃避消费者申请退款之恶意。经营者的恶意既可以产生于订立预付式消费合同之时，也可以产生于预付式消费合同履行过程中。第三，在结果要件上，经营者“卷款跑路”行为导致消费者既无法继续获得商品或者服务也无法申请退款，造成消费者权益损害。如果经营者“卷款跑路”涉嫌刑事犯罪，人民法院应当将犯罪线索移送公安机关，依法追究经营者刑事责任。

《解释》第七条还对清算义务人责任作出规定。经营者收取预付款、遇到经营困难后应当及时依法清算，清理资产，向消费者等债权人清偿债务。根据民法典第七十条第三款的规定，清算义务人未及时履行清算义务，造成损害的，应当承担民事责任。实践中，有的经营者收取预付款后，因经营不善而“跑路”，或者与消费者玩“躲猫猫”，不依法及时清算，造成消费者损失。《解释》第七条规定，这种情况下清算义务人应依法承担责任。

### （十四）明确经营者提交其控制证据的责任

“举证难”是消费者在预付式消费纠纷中经常遇到的问题。实践中，预付式消费合同文本或者记录消费内容、次数、金额及预付款余额等信息的证据，都由经营者掌握。在纠纷发生后，经营者如果不提供相关证据，将导致案件事实无法查清，消费者权益得不到保护。对此，《解释》第二十五条规定，经营者控制合同文本或者记录消费内容、消费次数、消费金额及预付款余额等信息的证据却无正当理由拒不提交的，可以根据消费者的主张认定争议事实，着力解决消费者维权时面临的“举证难”问题。

此外，随着预付式消费的发展，出现了“职业闭店”“职业背债”现象。“职业闭店人”“背债人”与经营者恶意串通，帮助经营者逃避债务，损害消费者权益的现象引起社会广泛关注。此类违法“职业闭店”行为主要表现为两种形式：一是出谋划策，通过安排“背债人”、为消费者维权设置障碍等方式帮助经营者闭店逃债，并通过收取经营者支付的报酬获利；二是通过收购、参股等方式直接参与原店铺经营，利用店铺原有客户资源，以抽奖、充值返现等噱头诱骗消费者继续充值，收到预付款后闭店“跑路”。后者通常涉嫌诈骗等刑事犯罪。“背债”一般是指在经营者经营不善、面临停业风险的情况下，通过受让股权等方式承担债务、帮助原经营者逃避债务，并从中牟利的行为。“背债人”可能是“职业闭店”团伙成员、“职业闭店”团伙物色的缺乏履约能力的人员，也可能是独立的以“背债”为业的人员。《解释》起草过程中，曾专门就“职业闭店”“背债”行为责任作出规定，后来考虑到这是近年来新出现的现象，相关案件较少，未作保留，而是通过发布典型案例等方式予以规范。与《解释》一并发布的典型案例王某诉薛某清算责任纠纷案和郑某顺等诈骗案明确了相关裁判规则：一是“职业闭店人”“背债人”与原经营者恶意串通，损害消费者权益的，应当共同向消费者承担责任；二是“职业闭店人”“背债人”的行为涉嫌诈骗等犯罪的，应当依法追究其刑事责任，对“职业闭店”“背债”行为予以严肃查处，依法保护消费者合法权益。

# 预付式消费中消费者的合同解除权*

朱广新**

**摘要**：预付式消费是以消费者于合同成立时即把未来欲持续消费的总价款一次性支付给经营者的付款方式，将消费者与经营者之间的有偿交易关系构造为仅经营者向消费者持续履行债务的单务合同关系，消费者由此可能长期承受经营者毁约、不适当履约的交易风险。合同解除是消费者应对经营者失信行为、维护自身权益的主要权利。《最高人民法院关于审理预付式消费民事纠纷案件适用法律若干问题的解释》根据民法典、消费者权益保护法的规定，从经营者与消费者的双重视角，对消费者可正当解除合同的法定事由及合同解除的法律后果作了细化规定。除可解除合同并请求经营者返还预付款余额及其利息外，消费者还可以请求经营者承担违约损失赔偿责任。

**关键词**：预付式消费　消费者合同　合同解除权　预付款返还

预付式消费是指消费者为在将来一定期间内多次或持续购买消费经营者的商品或服务而将消费总价款预先全部支付给经营者的一种生活消费模式。一次性提前支付未来若干次（期）消费的总价款，是预付式消费相比于一般生活消费的基本特征。经过多年的发展，预付式消费在零

* 原文刊载于《法律适用》2025 年第 5 期。

** 中国社会科学院法学研究所研究员。

售、住宿、餐饮、健身、出行、理发、美容、培训、养老、旅游等生活消费领域已司空见惯。随着享受型消费、发展型消费等以追求美好生活或更好发展为目的的个性化消费的蓬勃发展，预付式消费在健身、美容、培训等消费领域已成为主导消费模式。由于可发挥消费风险预防功能的债务履行担保机制、经营监管措施尚未完全建立起来，在预付式消费中，已预先支付全部消费价款的消费者时常因经营者不能诚信经营而陷入各种消费风险旋涡。为化解预付式消费中经营者的失信风险，为授予经营者长期无担保信用的消费者提供特别保护，同时兼顾诚信经营者的正当利益，《最高人民法院关于审理预付式消费民事纠纷案件适用法律若干问题的解释》（法释〔2025〕4 号，以下简称《解释》）根据民法典与消费者权益保护法的规定，着重从私法尤其是合同法方面确立了一些涉及消费者权益保护的规则。本文拟以与单用途预付卡相关的预付式消费为研究范围，通过详细分析作为预付式消费发生基础的消费者合同的基本特性，以消费者的合同解除权为主题，对《解释》的相关规定作出阐释。

## 一、预付式消费模式下消费者合同的特点及履约风险

预付式消费模式下消费者与经营者之间的法律关系，以消费者为购买商品或服务而与经营者订立的买卖合同或服务合同为发生基础。从消费者权益保护视角看，这两类合同一般统称为消费者合同。在预付式消费中，消费者在哪些条件下享有解除合同的权利，须以全面理解该种消费模式下消费者合同的特点作为起点。

### （一）预付式消费模式下消费者合同的基本特点

以笼统的经营或消费观念看，预付式消费通常被称作一种有别于传统经营或消费方式的新型模式。以民法观念看，预付式消费像通常的生活消费一样，以作为平等主体的经营者与消费者之间的消费者合同为发生基础。但有所不同的是，通常的生活消费，无论是以即时清结的消费者合同为基础，还是以消费者预先支付金钱或经营者预先交付商品或提

供服务的消费者合同为基础，都是针对特定商品或服务的一次性交易。由于仅限于对特定商品或服务的一次性交易，通常的生活消费因交易数量相对较少，且合同履行期限较短，消费者不会因预先支付价款，或经营者不会因预先交付商品或提供服务，而承受较大交易风险。对于预付式消费而言，消费者预先向经营者支付交易对价（消费总价款）的特点，看起来与通常生活消费中消费者预先向经营者支付价款的情况完全一样。但是，二者显著不同的是，在预付式消费中，消费者预先向经营者支付的消费总价款，不是为了就特定商品或服务而仅向经营者购买一次，而是为了能够在未来一定期间内多次或持续向经营者购买特定商品或服务，即为了满足持续消费需求。换言之，经营者不是仅仅因为消费者对特定商品或服务的一次购买行为而预先受领价款，而是因为其将来需要向同一消费者多次或持续提供商品或服务而预先受领消费者未来应付的全部消费价款。因此，相比于通常的生活消费，预付式消费一般会引发两种值得注意的消费后果：第一，经营者自消费者处预先受领的价款通常远远大于一般生活消费情形下消费者预先支付的价款，即预付式消费的交易金额通常数额较大，甚至巨大。从司法判决看，预付式消费中经营者预先受领的消费价款少则几千元，多则十几万元。第二，作为预付式消费基础的消费者合同，因为使经营者负担多次或持续向消费者提供商品或服务的义务，其履行期限通常比较长。一般生活消费情形下，因交易仅限于一次购买商品或服务，由生活消费的基本功能所决定，其履行期限通常很短，消费者绝大多数情况下期待经营者尽快履行义务，以使消费需求尽早得到满足。

### （二）预付式消费模式下消费者合同的法律关系结构特性

以法律技术看，预付式消费模式下的消费者合同，在成立及合同关系结构上的特点也相当显著。该消费者合同的成立，与消费者的付款行为在同一时刻完成。在某些预付式消费领域，经营者甚至在消费者支付完毕消费总价款后才向消费者交付预付卡或者才与消费者签订消费者合同。预付式消费模式下的消费者合同因而常常具有实践合同的特性。即使认为消费者合同仍然是一种诺成合同，但消费者所负的付款义务绝大多数情况下在预付卡交付之后或消费者合同签订之后即履行完毕。在此种合同成立模式下，消费者合同一旦自成立时生效，消费者与经营者之间的交换关系即转换为一种消费者对经营者享有履行请求权、经营者对消费者负有持续履行义务的单务合同关系。这种单务合同关系实质上是将消费者与经营者之间的交换性合同（典型双务合同），构造为一种仅经营者向消费者负担义务的单务合同。双务合同中一方的给付义务与对方的对待给付义务之间相互牵连或制约的交易均衡结构，由此被消费者须完全依赖于经营者之诚信履行行为的单务合同结构替代。

债权是一种典型的请求权，权利的实现须依赖于债务人的行为。消费者合同因消费者预先支付全部价款而形成消费者请求经营者履行合同义务的权利义务关系结构时，消费者能否实现消费者合同约定的权利，显然需要完全依赖经营者的行为。如果经营者不愿或不能履行合同义务，消费者的期待利益即会遭受损害。

由民法典合同编确立的履约风险化解机制看，在预付式消费中，消费者一旦在合同成立之时将未来消费的总价款完全支付给经营者，交换性合同中给付义务与对待给付义务之间的相互牵制或制约的机制即被斩断，作为债务不履行救济措施的同时履行抗辩权、先履行抗辩权及不安履行抗辩权，皆失去适用条件。如果经营者的履约行为不符合消费预期或经营者的履约行为构成违约，消费者的救济权只有合同解除权、继续履行请求权和损失赔偿请求权。此种合同关系结构使消费者在预付式消费过程中常常处于受经营者牵制的被动地位。而且消费者的此种被动地位，不只表现为一种法律关系上的被动，也现实地体现为一种消费需求严重受制于经营者的事实关系上的被动。

很明显，在预付式消费模式下，消费者合同在交易风险分配上对消费者与经营者是不平衡的。以获取金钱为交易目标的经营者，收到消费者预先支付的全部消费价款后，交易目标即提前实现，消费者合同的履行对其已无任何风险可言。以获取商品或服务为交易目标的消费者，以提前支付消费总价款的方式履行完毕付款义务后，则陷入经营者是否、能否履行债务及如何履行债务的不确定期待中。而且由于经营者的履约行为表现为一种未来一定期间内持续不断的给付行为，消费者债权的实现体现为一种随时间发展趋于全部完成的渐进过程，消费者合同的履行期限越长，消费者面临的合同风险就越大。① 在风云变幻的市场经济体系下，经营者的履约意愿与履行能力会受到宏观经济背景、同类市场竞争状况、经营管理状况等主客观条件变化的深刻影响。如果没有必要的市场监管措施与债务履行担保机制予以制约，已获得交易对价的经营者可能实施市场投机或欺诈行为。因此，如普遍认识的那样，预付式消费在消费者合同上具有将交易风险完全转由消费者一方承担的风险单向性特征。②

由于可将交易风险完全移转给消费者，预付式消费对经营者可产生强大的诱惑力。它会激励经营者利用各种手段、方式、策略，鼓吹、宣传预付式消费的种种好处，进而在某一生活消费领域将预付式消费发展为一种主导的经营或消费模式。其实，除无风险性特征外，对经营者而言，预付式消费还可发挥一种向消费者融资，并以该融资减轻前期投资负担，或以该融资扩大经营规模的功用。经营者不能从金融机构获得信用贷款，或者不能以较低利息从金融机构获得信用贷款时，以未来履行债务为条件从消费者那里获得融资，无疑是一种最方便易行的交易。当此种融资方式在缺乏严格的金融监管措施时，经营者无疑从事了一种最安全划算的交易。预付式消费之所以得到迅猛发展，其驱动力即在于此。此种融资的便利性及低风险性，在预付式消费实践中通常会产生如下负激励效应：经营者收到预付款后，不是积极采取各种措施确保其债务的

---

① 陈自强教授认为，合同关系受到时间因素的影响愈深，合同风险也愈大，尤其是当事人履约能力的变化，对合同任务的圆满达成，常为致命的因素。参见陈自强：《民法讲义Ⅱ——契约之内容与消灭》，法律出版社 2004 年版，第 149 页。

② 参见刘瑶：《当前预付式消费的风险与规避》，载《人民论坛》2020 年第 Z2 期；包哲钰、罗彪：《论预付费消费中的消费者权益保护》，载《西部法学评论》2011 年第 2 期。

适当履行，而是将主要精力集中于促销，并如饥似渴地与消费者订立更多的消费者合同。不断吸纳新的消费者而无心提高服务质量，导致续费率降低；随着同类市场竞争的加剧，经营者对周边辐射能力减弱，受到区域内固定人群与流动人口的限制，导致经营者陷入经营危机。[①] 经营者此种经营方式给自身带来的风险，最终常常以“停业”“移转业务”“逃匿”等方式转嫁到消费者头上。因此，相比于通常的生活消费，预付式消费会使消费者承受难以预料和防范的交易风险。

### （三）消费者合同在成立上的信任与信用特性

值得进一步思考的是，既然预付式消费潜藏着如此大的交易风险，消费者为何还愿意选择此种消费模式呢？除不假思索或不作辨别的盲目消费之外，贪图便宜的消费心理常常被看作消费者积极参与预付式消费的主要原因。以交易实践而言，问题并非如此简单，对此可区分商品消费与服务消费而作详细分析。以商品消费为目的的预付式消费，一般以消费者向经营者购买预付卡（提货卡/券、购物卡/券、支付卡等）为表现形式，相比于银货两讫的日常生活消费，经营者有时以折扣让利方式出售预付卡，有时以全价方式出售预付卡。对消费者而言，以预付卡为消费支付手段，有时是为了获得折扣让利的益处，有时是为了免除以现金支付的麻烦。当微信、支付宝等网上支付手段兴起并流行之后，预付卡在支付上的便利性优势其实荡然无存。其之所以仍然得到使用，往往出于其他动机或目的，例如，可用作礼品、福利品等，或可以利用预付款的票据提前报销有关费用。在司法实践中，预付式商品消费发生纠纷的概率通常较低，由预付式消费引发的法律纠纷大多与服务消费有关。不同于商品消费，服务消费尤其是像美容、健身、培训之类具有显著个性化特色的服务消费，经营者提供的特定服务对消费者可能产生的实效，通常需要持续一段时间才能显现出来。这一方面要求消费者应在一定期

---

① 参见郭聪、张瑞林：《优化与改革：预付式消费视角下健身俱乐部商业模式的完善》，载《武汉体育学院学报》2021 年第 6 期。

间内按照经营者拟订的服务方案持续不断地接受服务，另一方面需要经营者在一定期间内根据消费者的阶段性消费效果提供有助于提升消费效果的服务。服务消费的这种持续性特征，要求消费者与经营者签订一个以多次提供类似服务为内容的长期服务合同，例如，60 课时的教育培训服务合同、30 课时的私教健身服务合同等。在此情况下，消费者与经营者之间的消费者合同，不再属于一种以一次消费为内容的一时性合同，而是转变为一种以持续性消费为内容且消费价款由消费期间决定的持续性服务供给合同。

本来，对于此种持续性服务供给合同，消费者的付款义务可以采取消费一次则支付一次的履行方式。但是，这种付款方式会给经营者带来相当大的不确定性，因为一旦消费者与经营者因服务质量产生纠纷，或消费者因消费疲劳而不愿继续消费，甚至发生消费者因消费效果不如预想而不愿继续消费的问题，经营者可能会陷入一个又一个的维权纠纷中。另外，由于像美容、健身、培训之类以追求更美好生活或更好发展为目标的消费行为，每次消费的间隔期通常较短，一次一结的付款方式也会给消费者带来诸多不便。为保持经营的稳定性与安全性，预付式消费模式在经营者的积极推动下应运而生。

为吸引消费者采纳此种消费模式，经营者常常以总价让利或消费赠送为促销手段。对此种消费模式缺乏实践经验的消费者，有时会想当然地认为，既然一次性买下未来打算消费的所有服务比一次次地购买更为划算，在决心持续消费的前提下，不如预先一次性向经营者提前支付未来消费的全部价款。从消费者的个体视角看，预付式消费无疑属于一种比较划算的交易。但是，从经营者视角看，以有待履行的未来债务为条件自众多消费者处集聚大量资金，实质上等于获得了一种融资机会。因此，许多人认为，预付式消费使经营者与消费者实现了双赢。双赢其实只是一种表面现象，相较于通常的生活消费，预付式消费实质上以让利为代价使消费者无担保地长期授信于经营者，消费者由让利所获得的微利实质上是其长期单方承受履约风险的一种对价。即使经营者按照合同约定适当履行了债务，经营者由融资获得的整体利益远大于其对消费者的让利。

由实际生活观察，消费者之所以在美容、健身、培训等服务消费上接受预付式消费，与这些服务消费本身客观上需要持续消费，且经营者提供的服务使其易于接近（离家较近或交通方便）或经营者提供的服务更能满足其个性化需求有很大关系。更值得一提的是，在像美容、健身、培训之类的服务消费领域已普遍采取预付式消费模式下，在需要持续消费的客观现实下，预付式消费常常成为消费者不得不接受的一种消费方式。

考虑到上述各种情况，消费者在决定是否与经营者签订消费者合同，或决定是否向经营者支付预付款时，通常只是根据对经营者经营场所、经营宣传与推介、经营者对未来服务的承诺等主客观情况的了解与认识，作出订立消费者合同的决定。其实，由于服务的供给完全依赖于经营者的经营能力，特别是经营者工作人员的技能、勤勉、耐心、态度等，即使消费者对经营者在合同订立时的经营能力及其工作人员的素质有充分了解，也不能确保经营者在未来的债务履行中能够完全遵守消费者合同。尤其值得一提的是，在预付式消费过程中，在重销售轻履行的逐利心理支配下，经营者可能采取各种方式降低服务质量。① 即使能够预料到这些可能发生的变化，消费者也无力左右经营者的行为选择。

综上分析，在预付式服务消费中，经营者能否像事先承诺的那样提供服务，并使消费者的个性化消费需求得到满足，消费者不可能在决定订立消费者合同时获得与此相关的充分信息。以社会交往理论而言，与他人发生人际互动时，经验或相关信息是消除交往不确定性的重要依赖，当缺乏必要经验或信息不充分时，信任是发生人际互动的重要依赖。在预付式消费中，消费者之所以在未接受任何商品或服务，且不能检验未

---

① 在服务消费中，经营者通常是以无形的服务行为满足消费者的需求。这使得服务是否合格，在度量和评价上具有不确定性。参见许明月：《我国服务消费者保护法律制度的缺陷与完善》，载《法商研究》2009年第6期。

来拟消费的商品或服务的质量的情况下，愿意将未来消费的款项一次性预先支付给经营者，是相信经营者会遵循诚信原则并按约定向其持续提供商品或服务。① 由此，预付式消费模式下的消费者合同对消费者而言，是一种以消费者给予经营者信任为基础的合同；对经营者而言，是一种以经营者对消费者的诚信经营（经营信用）为基础的合同。② 正如一则法院判决所言："预付式消费属于典型的信用消费，完成整个消费过程的基础是经营者持续经营，并信守与消费者的约定。"③ 此种消费者合同的信任与信用特性意味着，为使预付式消费作为一种消费模式发挥积极作用，必须从消费者的信任与经营者的信用两方面着手建立相关法律制度：一是应建立能够促使消费者对经营者敢于付出信任的制度，对此需要建立信任遭受侵害时的私法救济机制；二是应建立保证经营者诚信经营的制度，一方面需要建立经营者背信经营的惩戒机制，另一方面需要建立经营者信用担保机制。④《解释》关于消费者合同解除权的规定，即旨在对消费者所付出信任的落空予以适当救济。

## 二、预付式消费中消费者解除合同的事由

预付式消费模式下的消费者合同在关系结构及存续、履行上存在诸多不利于消费者的风险，为保护消费者的权益，《解释》根据民法典、消费者权益保护法的规定，对消费者可以以此化解交易风险的合同解除权进行了细化规定。

---

① 参见李建伟：《预付式消费及押金制度的规则理解与适用》，载《中国市场监管研究》2024 年第 3 期。例如，某法院判决所言："预付式消费服务合同的订立及履行以双方信赖关系为基础，消费者往往是基于对经营者服务能力及营销方案的信任选择与经营者订立合同。"参见江苏省无锡市新吴区人民法院（2024）苏 0214 民初 5018 号民事判决书。

② 参见王建文：《我国预付式消费模式的法律规制》，载《法律科学（西北政法大学学报）》2012 年第 5 期。

③ 参见湖北省武汉市江汉区人民法院（2022）鄂 0103 民初 17376 号民事判决书。

④ 参见王博：《台湾地区预付卡法律规制的制度构造及其借鉴》，载《财经法学》2015 年第 6 期。

### (一) 合同解除权对预付式消费中消费者的重要性

如前所言，在预付式消费模式下，消费者为持续享有经营者于未来一定期间内提供的商品或服务，向经营者一次性预付消费总价款后，消费者合同关系即在当事人之间失去均衡性，消费者在合同履行期限内始终处于经营者是否、能否如约持续履行债务的不确定期待中，已完全获得交易对价的经营者则在合同关系发展上处于绝对主导地位。消费者合同均衡性的丧失，在风险防范与违约救济上意味着，消费者不仅完全放弃了有助于维持合同均衡性的同时履行抗辩权与先履行抗辩权，而且摒弃了旨在化解后履行一方履约风险及应对后履行一方违约行为的不安抗辩权。对于预付式服务消费而言，当经营者所负的持续给付债务主要是一种注重个人体验的个性化服务时，或者是一种不可由第三人替代履行且无法强制履行的服务时，继续履行请求权作为一种违约救济措施对消费者也丧失实用价值。在此情况下，消费者应对经营者失信行为的法律机制仅剩余合同解除权与损失赔偿请求权。

损失赔偿有迟延履行的损失赔偿、加害履行的损失赔偿与替代履行的损失赔偿之分。前两者以债务人已履行债务为适用前提，后者适用于债务未履行的情形。服务具有无形性及生产与消费同时发生的特性，服务性债务履行不适当时，通常无法进行补救，需要债务人重新履行。当经营者不能或不愿提供服务，且不能强制其继续提供服务时，迟延履行与加害履行下的损失赔偿无法发挥作用。对服务消费者而言，唯有替代履行的损失赔偿才可发挥违约救济功能。值得注意的是，以替代履行的损失赔偿予以救济时，消费者所受损失主要是未得到约定的服务，无以转售服务获取可得利益的可能性。对于那些以追求美好生活或更好发展为目标的个性化服务消费，即使特定服务会给消费者带来某种主观舒适与精神愉悦的享受感，但从经营者角度考虑，使消费者因经营者违约而获得一种精神损失赔偿并不可行，因为这样会使经营者陷入难以预测的交易风险中。因此，替代履行的损失赔偿通常只是表现为，经营者就其未向消费者提供的服务的价值，向消费者支付一些赔偿金。这种损失赔偿方式与消费者解除合同后要求经营者退还未消费的商品或服务的价值，在实际效果上通常是一样的。在此情况下，合同解除权就成为消费者化解经营者失信风险并应对经营者违约行为的主要法律措施。

从司法实践看，由预付式消费产生的纠纷案件绝大多数是以消费者请求经营者退款为基本诉求。以法律技术而言，所谓“退款”，是指返还已支付的价款。该返还请求权的法律依据通常有两个：一是解除消费者合同后，受领价款的经营者应依法就与尚未履行的债务相当的服务价值向消费者返还已受领的价款；二是消费者合同的履行存在瑕疵，消费者接受履行后行使减价权，已受领全部消费价款的经营者因此需退还部分价款。鉴于服务消费具有生产与消费同时发生的特性，一旦服务发生不符合约定的瑕疵，消费者通常不愿再接受经营者继续提供服务。就此而言，消费者请求退款的法律依据主要是合同被解除。

综上分析，预付式消费者合同成立后，合同解除权是消费者能够化解履约风险并能够应对经营者违约行为的主要权利。《解释》第十三条以两款具体规定了消费者可以解除合同的事由。

### （二）消费者可以解除合同的事由

预付式消费模式下的消费者合同实质上是一种以消费者给予经营者充分信任为基础的合同。对于预付式商品消费，消费者合同实质上将作为一时性合同的买卖合同转换为在未来一定期间内按消费者的请求多次向消费者提供商品的商品供给合同。考虑到经营者的商品供给能力存在因时而变的可能性，商品供给时间越长，消费者无法获得商品的风险性就越大。因此，不同于通常的买卖合同，预付式消费模式下的消费者合同需要消费者给予经营者充分的信任，唯有如此，这种消费模式才能发挥作用。对预付式服务消费而言，相比通常分期或分次支付服务费用的服务合同，预先支付总价款的消费者给予服务提供者更大的信任。对于像提供美容、健身、理发、按摩之类需要适当接触消费者身体，并特别注重消费者个人体验的服务项目，以及像提供各种课程的教育培训之类特别注重课程设置、教师专业素养及学员与教师之间积极互动的服务项目，不仅消费者对经营者及其工作人员的信任对于合同的成立与维系至关重要，而且对经营者工作人员在情感、态度与专业素养上的认可和接受也是消费者合同能够得到持续履行的关键因素。在很多情形下，消费者与经营者之间的关系一旦遭到破坏，消费者继续接受服务的意愿就会受到不良影响。当这种不良影响波及个性化消费对消费者所可能产生的现实效果时，消费者继续接受服务的意愿就会减弱。在服务需要消费者积极配合的情况下，消费者一旦对接受服务产生抵触情绪，消费者合同将难以继续履行。在此情况下，维系消费者合同可能会适得其反，强制履行消费者合同，通常也不可行，允许消费者以向经营者承担损失赔偿责任为代价随时解除服务合同，为可行方法之一。但是，考虑到损失赔偿的确定知易行难，为维护经营者的经营稳定性，在规定消费者的合同解除上，《解释》未允许预付式服务消费模式下的消费者以向经营者承担损失赔偿责任为代价随时解除合同，而是根据民法典第五百六十三条第一款与第五百三十三条、消费者权益保护法第五十三条的立法精神与规范方法，对消费者可以解除合同的事由进行了具体规定（第十三条）。从体系化视角看，该条规定的合同解除事由可理解为三种合同解除类型。

第一，消费者合同对消费者一方可以解除合同的事由有明确约定的，当约定的合同解除事由发生时，依据民法典第五百六十二条第二款的规定，消费者可以正当地解除合同。鉴于预付式消费主要是由经营者主导的消费模式，为规避经营风险，经营者一般以事先拟定的格式条款与消费者订立合同。消费者合同一般存在诸多限制、排除消费者权利的规定，通常不涉及消费者可单方解除合同的条款。《解释》第十三条第一款第四项以“合同约定消费者享有解除合同权利的其他情形”的形式，规定了此种正当解除合同的类型。

第二，消费者合同未约定消费者可解除合同的事由时，消费者可依据法律规定的事由解除合同。预付式消费模式涉及的消费者合同，绝大多数属于法律、行政法规未作规定的非典型合同（无名合同）。根据民法典第四百六十七条关于“本法或者其他法律没有明文规定的合同，适用本编通则的规定”的规定，消费者合同未约定消费者解除合同的事由时，消费者可以依据民法典第五百六十三条第一款关于合同法定解除的一般规定，解除与经营者订立的合同。《解释》第十三条第一款第四项所作“法律规定……消费者享有解除合同权利的其他情形”的规定，即属于此种类型。

第三，消费者可以依据民法典第五百六十三条第二款关于“以持续履行的债务为内容的不定期合同，当事人可以随时解除合同，但是应当在合理期限之前通知对方”的规定，解除合同。预付式消费模式下的消费者合同多数为约定了明确履行期限的定期合同。在某些情况下，预付款在约定期限内没有完全消费，但经营者允许消费者延期消费，或者预付款消费完毕之后，消费者继续充值使用预付卡的，消费者合同可能会由定期合同转为非定期合同。消费者合同转为非定期合同后，消费者即获得随时解除合同的权利。很多分次消费且可以充值续费的预付式消费，大多属于以持续履行的债务为内容的不定期合同。对此，消费者可以依据民法典第五百六十三条第二款的规定解除合同。

根据民法典第四百六十七条关于非典型合同法律适用的规定，当预付式消费模式下的消费者合同属于非典型合同时，消费者除可依民法典第五百六十三条第一款关于合同法定解除的一般规定解除合同，还可以参照最相类似典型合同有关解除的规定解除合同。但是，依据该规定确定消费者是否享有合同解除权，存在明显的局限性：第一，民法典第五百六十三条第一款关于合同法定解除的规定，是针对所有类型、性质的合同作出的概括规定，无法顾及预付式消费模式下消费者合同的特殊性。第二，民法典第四百六十七条关于参照适用的规定，存在裁判者可参照适用与不参照适用的自由裁量性，[1] 不能为消费者提供稳定的预期。考虑到这两个方面，《解释》以民法典第五百三十三条与第五百六十三条第一

---

① 参见朱广新、谢鸿飞主编：《民法典评注：合同编通则》，中国法制出版社2020年版，第39页。

款、消费者权益保护法第五十三条规定为基础，对消费者可以单方解除的事由作了具体规定。

《解释》第十三条第一款列举规定了三种消费者可单方解除合同的事由。

其一规定，变更经营场所给消费者接受商品或者服务造成明显不便。如前文所作分析，预付式消费模式得到消费者认可的重要原因之一是其能为消费者持续消费提供便利。一般而言，消费者打算接受经营者提供的商品或服务时，不仅商品或服务的价格是重要考虑因素，经营场所的易接近性也是一种重要考虑因素。由于将持续不断地进行长期消费，为能以更低的交通成本、更少的时间消耗获得商品或服务，消费者通常更愿意选择与其住所地或经常居住地比较接近的经营者订立消费者合同。预付式消费的期限越长，就近消费的便利性给消费者带来的效益就越大。如果两个以上竞争性服务的费用相差不大，就近消费的便利性常常成为消费者决定与哪一个经营者订立消费者合同的决定性因素。例如，某法院判决指出，“在享受型消费中，消费的便利性系消费者选择产品和服务的重要考量因素”。[①] 这种消费选择（选择经营者的自由）完全符合生活消费的习惯。在预付式消费过程中，经营者未经消费者同意擅自变更经营场所，造成消费者需要花费更多的时间、精力或金钱才能获得商品或服务的，消费者订立合同的预期利益（合同目的）会遭受严重损害。在消费的便利性主要由经营场所决定的情况下，经营场所的擅自变更实则抹杀了预付式消费在持续消费上的优势，并有可能使尚未履行的债务变得不可期待，消费者订立合同的目的因此可能得不到实现。审判实务中这种合同解除事由也得到支持。[②]

理解该合同解除事由时，须注意两点：一是经营者变更经营场所，

---

① 参见山东省济南市槐荫区人民法院（2020）鲁0104民初4668号民事判决书。

② 参见江苏省常州市武进区人民法院（2019）苏0412民初3618号民事判决书、山东省济南市槐荫区人民法院（2020）鲁0104民初4668号民事判决书、吉林省长春市南关区人民法院（2022）吉0102民初6418号民事判决书、宁夏回族自治区银川市兴庆区人民法院（2023）宁0104民初8402号民事判决书。

未被消费者接受。消费者对变更经营场所的接受，既可以是明示的，例如同意，[①] 也可以是默示的，例如接受新经营场所提供的商品或服务。[②] 二是变更经营场所致使消费者明显不便于接受商品或者服务。这意味着，获得商品或服务的便利性应是促使消费者接受预付式消费的重要考虑因素。根据生活消费经验，经营场所的变更是否达到明显不便于接受商品或服务的程度，应考虑消费者到达新经营场所需要花费的时间、必然消耗的精力、不得不付出的交通成本及持续消费的频率、新经营场所本身的易接近性等因素，立足于个案予以综合判断。对于服务消费而言，到达新经营场所需额外付出的时间或精力，通常是值得考虑的重要因素。因为路途太远通常会影响消费者接受服务的精神状态，进而会影响消费者接受服务的消费效果，注重主观舒适与愉悦感的享受型服务消费，尤其如此。

其二规定，未经消费者同意将预付式消费合同义务转移给第三人。债权是可请求债务人为一定行为或不为一定行为的权利。同一债权由不同债务人履行，会产生明显差异。选择何人作为债务人，是债权人享有的缔约自由之一。为保护债权人的利益，民法典第五百五十一条明文规定，债务人将债务的全部或部分转移给第三人的，应当经债权人同意。在预付式消费中，对于经营者未经消费者同意将其债务转移给第三人的，审判实务中有观点认为，经营者是以自己的行为表明不履行合同约定的义务，其行为构成根本违约，消费者有权解除合同。也有观点认为，经营者未经消费者同意将合同义务转移给第三人致使消费者丧失信赖前提，消费者有权解除合同。比较而言，第一种观点比较可取。但需注意的是，所谓“未经消费者同意将预付式消费合同义务转移给第三人”，是指经营者事实上已将经营业务转移给第三人，并使自己丧失履行能力的情况。

其三规定，承诺在合同约定期限内提供不限次数服务却不能正常提

---

① 参见北京市房山区人民法院（2023）京 0111 民初 7389 号民事判决书。
② 参见广东省深圳市福田区人民法院（2023）粤 0304 民初 7348 号民事判决书。

供。这主要适用于限定消费期限、不限制消费次数的预付式服务消费。在这种预付式消费中，经营者的服务设备、设施、场地等通常可供多数消费者同时使用或轮换使用。经营者的服务设备、设施、场所等的效用由此可得到充分发挥。但是，如果经营者因过量销售而吸收了太多的消费者，使得同时接受消费的人数超出了服务设备、设施、场地等方面的正常接待能力，例如，游泳池无法容纳太多的人同时游泳、球场难以同时接纳太多的人打球等，消费者要么无法正常获得服务，要么所获服务的质量受到不良影响，要么获得服务须等待很长时间。对此，须考虑生活消费的规律或特点予以具体判断。一般而言，消费者大多会选择在下班后或法定休息日进行消费，由此引发的消费“扎堆”问题，应当是经营者可以预料到的。经营者应充分考虑多数消费者同时参与消费，经营设备、设施、场地、工作人员等能否为众多消费者同时提供正常服务的问题。但是，如前所述，在预付式消费中，经营者通常具有重销售轻履行的利益驱动心理。在此情况下，如果经营者不能正常提供服务，消费者的期待利益或订立合同的目的就会受到损害，则消费者有权解除合同。在多数人同时接受服务消费的情况下，经营者提供的服务是否“正常”，也需要充分考虑消费者接受服务的等待时间是否明显超出通常等待时间、多人同时接受服务时的服务质量是否明显降低等因素。

除上述三种合同解除的事由外，《解释》第十三条第二款还对消费者合同的解除作出如下特别规定：“预付式消费合同成立后，消费者身体健康等合同的基础条件发生了当事人在订立合同时无法预见、不属于商业风险的重大变化，继续履行合同对于消费者明显不公平的，消费者可以与经营者重新协商；在合理期限内协商不成，消费者请求人民法院变更或者解除预付式消费合同的，人民法院应予支持。”从条文表达方式可明显看出，该规定是将民法典第五百三十三条应用于预付式消费合同的产物。但须指出的是，民法典第五百三十三条所言“重大变化”，是针对作为合同基础条件的客观情况而言的。[①] 当事人的经营能力、经营条件、履约能力的重大变化，即使纯粹由客观因素引起，也应排除在外。否则，合同信守原则会遭受严重侵蚀。预付式消费模式下的消费者合同具有经营者持续向消费者履行债务的特性，在合同履行过程中，消费者的身体健康发生重大变化，对预付式商品消费通常不会产生影响，因为此种消费（购买）一般无须消费者亲力亲为，消费者可委托他人代为购买商品。消费者身体健康发生重大变化一般会对预付式服务消费，特别是对需要消费者密切配合的享受型消费或发展型消费，产生重大影响。消费者不能接受经营者提供的服务时，作为债务人的经营者一般可因债权人的因素免除其债务不履行责任，但作为债权人的消费者通常无以此解除合同的正当性。但是，对此不能作无一例外的绝对化理解。如果身体健康状况只是发生致使消费者暂时不能接受服务的重大变化，可通过延长合同履行期限维护消费者的权益，无须解除合同，除非延长合同履行期限不合理。只有当消费者身体健康状况发生使其长期或永久不能接受服务的重大变化时，解除合同才具有必要性。由于此种合同解除事由完全源于消费者自身（意味着消费者应对此承担风险），为兼顾经营者的利益，对于消费者身体健康等影响债权实现的因素的重大变化，除非在订立合同时无法预见且经营者继续履行债务明显对消费者不公平，才具有据此解除合同的正当性。从审判实践看，消费者以身体健康状况发生重大变化为由单方解除合同，也常常引发诉讼纠纷。[②] 为增强以身体健康发生重大变化为由解除合同的预期，削减不必要的纷争，《解释》第十三条第二款

---

① 参见黄薇主编：《中华人民共和国民法典合同编释义》，法律出版社 2020 年版，第 160 页；最高人民法院民法典贯彻实施工作领导小组主编：《中华人民共和国民法典合同编理解与适用》，人民法院出版社 2020 年版，第 480 页；崔建远主编：《合同法》，法律出版社 2021 年版，第 96 页。

② 参见北京市丰台区人民法院（2020）京 0106 民初 29502 号民事判决书、广东省广州市番禺区人民法院（2022）粤 0113 民初 15673 号民事判决书、广东省中山市中级人民法院（2024）粤 20 民终 4581 号民事判决书、重庆市渝北区人民法院（2024）渝 0112 民初 23774 号民事判决书、广东省深圳市龙华区人民法院（2024）粤 0309 民初 5482 号民事判决书、河南省郑州市二七区人民法院（2024）豫 0103 民初 13436 号民事判决书。

仿照民法典第五百三十三条的规定，允许消费者通过司法裁判方式变更或解除合同。

值得一提的是，《解释》第十三条第二款规定中的“等”，意为列举未尽。在审判实务中，因不可预见且距离变动较大的工作调动，[①]也具有使消费者获得合同解除机会的必要性与正当性。考虑到工作变动等情况在实践中较为常见，在解释“等”外的情形时应非常慎重，并与民法典第五百三十三条规定的立法精神保持一致，避免不当损害交易安全。而且，在认定合同解除的后果时，亦应充分考虑导致合同解除的原因。

除《解释》第十三条规定的合同解除事由外，在预付式消费实践中，经营者因客观原因（如消防不达标）或主观原因（如经营不善、欺诈等）关门闭店或终止营业，致使消费者的合同目的落空的，也经常引发合同解除纠纷。对此，法院可能根据民法典第五百六十三条第一款的规定，以经营者根本违约为由，允许消费者单方解除合同，[②]也可能依照消费者权益保护法第五十三条的规定，以经营者违约为由解除合同。需要特别注意的是，民法典和消费者权益保护法规定的合同解除条件并不相同，后者更有利于保护消费者权益。

## 三、消费者行使解除权的法律后果

根据民法典第五百六十六条的规定，合同解除的一般效果为：尚未履行的，终止履行；已经履行的，根据履行情况和合同性质，当事人可以请求恢复原状或采取其他补救措施，并有权请求赔偿损失；合同因违约解除的，除当事人另有约定外，解除权人可以请求违约方承担违约责任。预付式消费模式下的消费者合同由消费者所负金钱债务与经营者所

---

① 参见广东省广州市天河区人民法院（2023）粤0106民初16158号民事判决书、浙江省杭州市滨江区人民法院（2023）浙0108民初3935号民事判决书。

② 参见安徽省芜湖市繁昌区人民法院（2022）皖0211民初2171号民事判决书、浙江省金华市中级人民法院（2022）浙07民终4495号民事判决书、广东省韶关市曲江区人民法院（2022）粤0205民初184号民事判决书、山东省东营市中级人民法院（2022）鲁05民终330号民事判决书、湖北省武汉市江汉区人民法院（2024）鄂0103民初2493号民事判决书。

负非金钱债务构成。消费者已向经营者支付的消费总价款，依金钱债务的性质，可以以退还方式恢复原状。但是，对于经营者已向消费者履行的债务，如果标的物是商品，也可以以退还方式恢复原状，商品已被消费的，消费者可以以作价赔偿方式实现恢复原状；如果债务是提供服务，由于服务消费具有生产与消费同时发生的特性，已消费的服务无法返还，只能以作价赔偿方式实现恢复原状。为简化法律关系之故，《解释》对于消费者合同解除后当事人之间债权债务关系的清算，采取了消费者可请求经营者返还预付款余额及其利息的方式。另外，对基于经营者违约行为发生的合同解除，消费者还享有要求经营者承担违约损失赔偿的权利。

### （一）经营者应返还预付款余额及其利息

在预付式消费者模式下，经营者未按约定履行债务的，根据消费者权益保护法第五十三条的规定，经营者应当按照消费者的要求退回预付款，并应当承担预付款的利息。根据《消费者权益保护法实施条例》第二十二条的规定，经营者决定停业或者迁移服务场所的，消费者依照国家有关规定或者合同约定，有权要求经营者继续履行提供商品或者服务的义务，或者要求退还未消费的预付款余额。由上述规定看，消费者权益保护法及其实施条例实际上采纳了合同解除仅向未来发生效力的规范模式，经营者已经履行的债务不受合同解除的影响。《消费者权益保护法实施条例》第二十二条所采“退还未消费的预付款余额”的用语，清楚地表达了这种合同解除效力的特点。退还未消费的预付款余额意味着，需要对消费者已接受的每次服务或每期服务进行计价，由此根据消费者实际消费的次数或期数对经营者已履行债务的价值（已消费金额）予以结算。预付款总额与已消费金额之间的差额，即为经营者应当退还的预付款余额。或者如《解释》第十五条第一款第二句所作规定，“返还预付款本金应为预付款扣减已兑付商品或者提供服务的价款后的余额”。这种债权债务清算方式，比较契合预付式消费模式下经营者分次或按期向消费者提供商品或服务的债务履行特点。相比于相互返还已受领给付的债权债务清算方式，相当简便易行。

对于经营者应退还的预付款余额及其利息，《解释》区分两种情况并进行了不同规定。

非因消费者原因退还预付款余额的，计算已兑付商品或已提供服务的价款的方式为：其一，经营者向消费者提供折扣商品或者服务的，按折扣价计算已兑付商品或提供服务的价款；其二，经营者向消费者赠送消费金额的，根据消费者实付金额与实付金额加赠送金额之比计算优惠比例，按优惠比例计算已兑付商品或提供服务的价款。当事人就已兑付商品或提供服务折价作出对消费者更有利的约定的，按约定处理。所谓“非因消费者原因”，主要包括以下几种情形：第一，消费者因不可抗力致使合同目的不能实现为由解除合同；第二，根据约定的合同解除事由或根据协议解除合同；第三，依据民法典第五百六十三条第一款的规定，因经营者根本违约解除合同；第四，消费者根据《解释》第十三条第一款第一项、第二项的规定解除合同。

因消费者原因退还预付款余额的，经营者向消费者提供折扣商品、服务或者向消费者赠送消费金额的，应按商品或服务打折前的价格计算已兑付商品或提供服务的价款。但是，按打折前的价格计算已兑付商品或已提供服务的价款超出消费者预付款的，经营者不得请求消费者支付按打折前的价格计算超出预付款部分的价款，消费者所负支付价款的义务以预付款为限。消费者主张打折前的价格明显不合理，经营者不能提供打折前价格交易记录的，可以按照订立合同时履行地同类商品或者服务的市场价格计算已兑付商品或者提供服务的价款。当事人就已兑付商品或提供服务折价作出对消费者更有利的约定的，按约定处理。所谓“因消费者原因”，包括消费者根据《解释》第十三条第二款规定解除合同，也包括消费者有意违约等情形。

根据《解释》第二十二条的规定，如果预付式消费合同约定，经营者在履行期限内向消费者提供不限次数服务，消费者可以请求按合同解除后的剩余履行期限与全部履行期限的比例计算应予返还的预付款。经营者在预付式消费合同解除前已经停止提供商品或者服务，消费者可以请求按经营者停止提供商品或者服务后的剩余履行期限与全部履行期限的比例计算应予返还的预付款。但是，消费者因自身原因未在合同约定履行期限内要求经营者提供服务的，无权请求返还预付款。

对于应退还的预付款余额的利息，消费者合同对此未作约定的，因经营者原因返还预付款的，按照预付式消费合同成立时一年期贷款市场报价利率计算利息；因消费者原因返还预付款的，按照预付式消费合同成立时中国人民银行公布的一年定期存款基准利率计算利息。经营者依照行政主管部门要求已将预付款转入监管账户的，消费者可请求按被监管资金的实际利率计算应返还的被监管部分预付款利息。利息自合同解除时起计算，当事人对返还预付款利息起算时间作出对消费者更有利的约定或法律另有规定的，按照当事人约定或者法律规定处理。

### （二）经营者与消费者的损失赔偿责任

除发生预付款余额及其利息退还的效果外，在预付式消费中，合同解除还可能使经营者或消费者向对方承担损失赔偿责任。对此，可区分为三种情形。

第一，消费者合同因经营者的违约行为解除的，经营者应向消费者承担违约损失赔偿责任。经营者向消费者退还的预付款余额的利息，是经营者占用消费者预付款余额的结果。除此之外，经营者违约后，如果消费者及时解除合同，并实施合理的替代交易，根据《最高人民法院关于适用〈中华人民共和国民法典〉合同编通则若干问题的解释》第六十条的规定，消费者可以请求经营者按照替代交易价格与合同价格的差额赔偿因经营者违约给消费者造成的损失。消费者依法行使合同解除权但未实施替代交易的，有权主张按照违约行为发生后合理期间内合同履行地的市场价格与合同价格的差额确定合同履行后其应获得的损失赔偿。

第二，消费者合同以不可抗力致使合同目的不能实现为由解除的，根据民法典第五百九十条关于不可抗力免责的规定，经营者对消费者不负违约损失赔偿责任。

第三，消费者合同根据《解释》第十三条第二款的规定被法院裁定解除的，当事人可不承担赔偿损失责任。根据约定事由、协议解除的，按约定处理。

## 四、结语

预付式消费是以消费者合同为发生基础的一种消费模式，在合同成立之时即把未来欲持续消费的总价款提前一次性支付给经营者，是其相比于一般生活消费方式的基本特征。预付式消费模式将消费者与经营者之间的交换关系构造为仅经营者向消费者持续履行债务的单务合同关系，消费者合同的履行风险完全转由消费者承担，消费者在合同存续、履行上因而承受着经营者毁约、不适当履行的交易风险。消费者相信经营者会按约定持续向其提供商品或服务，是消费者合同得以成立的重要基础。合同解除权是消费者化解经营者失信风险、维护自身权益的基本手段。《解释》依据民法典与消费者权益保护法及其实施条例的规定，对消费者可以正当解除合同的情形及合同解除的后果作了细化规定。关于合同解除权的存在期限及解除的方式，适用民法典第五百六十四条、第五百六十五条的规定。

# 预付式消费合同纠纷法律适用规则的理解与适用*

杨立新**

**摘要：**《最高人民法院关于审理预付式消费民事纠纷案件适用法律若干问题的解释》在民法典和消费者权益保护法第五十三条规范下，与《消费者权益保护法实施条例》第二十二条一道，成为我国调整预付式消费合同关系规范体系中的主要部分。该司法解释全面规定了预付式消费合同的概念和法律关系，规定了预付式消费合同的效力和变更、解除规则，特别是具体规定了预付式消费合同的违约责任承担规则，使预付式消费合同这一非典型合同的定义准确、权利义务明确、责任规则清晰，既是审理预付式消费合同纠纷案件的裁判规则，也是保护消费者和经营者的权益，规范预付式消费合同的交易行为规则。

**关键词：**预付式消费合同　司法解释　法律关系　法律效力　具体规则

《最高人民法院关于审理预付式消费民事纠纷案件适用法律若干问题的解释》（法释〔2025〕4 号，以下简称《解释》）已于 2024 年 11 月 18 日经最高人民法院审判委员会第 1932 次会议审议通过，自 2025 年 5 月 1 日起施行。这是我国目前对预付式消费合同最全面、最权威的规范，

---

* 原文刊载于《法律适用》2025 年第 5 期。

** 天津大学中国绿色发展研究院研究员。

是应对我国对预付式消费法律规制不足作出的制度建构，改变了“我国相关法律、法规及规章等规范性文件层次较低、规制不全面、实施效果差”[①] 的状况，对于保护消费者和经营者的合法权益具有重要价值。本文拟对《解释》适用规则的理解和适用进行说明。

## 一、制定《解释》的背景和意义

### （一）《解释》的出台背景

我国以往的法律对规制预付式消费合同没有规定，1993 年消费者权益保护法没有规定，1999 年合同法也没有规定，2013 年修正的消费者权益保护法第五十三条首次进行规定。[②] 2024 年 7 月 1 日施行的《消费者权益保护法实施条例》第二十二条规定[③]则进一步细化。

上述这些规定，在法律和法规的层面对预付式消费合同进行规范，尽管很完整、很全面，但是应用于实务还是不够具体，需要有更具体的法律适用规则，以规范市场经济中预付式消费合同的流转，统一预付式消费合同纠纷的裁判规则。

当代社会的市场经济发达，预付式消费合同的应用适应市场经济的发展需求，具有广泛的发展前景。但是，预付式消费具有信用性、不对

---

① 参见王建文：《我国预付式消费模式的法律规制》，载《法律科学（西北政法大学学报）》2012 年第 5 期。

② 消费者权益保护法第五十三条规定：“经营者以预收款方式提供商品或者服务的，应当按照约定提供。未按照约定提供的，应当按照消费者的要求履行约定或者退回预付款；并应当承担预付款的利息、消费者必须支付的合理费用。”

③ 《消费者权益保护法实施条例》第二十二条规定：“经营者以收取预付款方式提供商品或者服务的，应当与消费者订立书面合同，约定商品或者服务的具体内容、价款或者费用、预付款退还方式、违约责任等事项。经营者收取预付款后，应当按照与消费者的约定提供商品或者服务，不得降低商品或者服务质量，不得任意加价。经营者未按照约定提供商品或者服务的，应当按照消费者的要求履行约定或者退还预付款。经营者出现重大经营风险，有可能影响经营者按照合同约定或者交易习惯正常提供商品或者服务的，应当停止收取预付款。经营者决定停业或者迁移服务场所的，应当提前告知消费者，并履行本条例第二十一条规定的义务。消费者依照国家有关规定或者合同约定，有权要求经营者继续履行提供商品或者服务的义务，或者要求退还未消费的预付款余额。”

等性、信息不对称性等特点，因而对预付式消费模式应当展开全面的法律规制，其依据主要是维护实质公平的需要，矫正市场失灵的需要，维护市场秩序的需要。① 由于对预付式消费合同的应用规范不具体，因而出现的问题较多。②《2023 年预付式消费领域消费者权益保护报告》称我国目前预付式消费存在以下问题：一是经营者违规售卡；二是经营者拒绝开具消费凭证；三是消费者办卡容易退费难；四是经营者跑路，消费者挽回损失难；五是消费者维权难度大。存在这些问题的主要原因是，行政监管不够有效，司法保护存在不足，社会共治有待加强。对此，建议完善预付式消费相关立法，细化各环节规定，强化经营者举证责任，推动建立预付式消费诉讼中的举证责任倒置规则。③

### （二）预付式消费合同的发展

预付式消费是建立在市场信用机制上的一种新型消费方式，具有合同权利证券化、合同内容定型化、合同履行时间较长等特征。④ 预付式消费合同是当代经济发达的产物，主要是健身、美容、洗车等行业经营者使用，其优势在于可以高效结算，经营者可以获取稳定客源、谋取利润。⑤

预付式消费作为新型消费形式，也有内在的缺陷，容易造成对消费者利益的损害。无论是部分经营者迅速获取最大化利益的动机，还是部

---

① 参见王建文：《我国预付式消费模式的法律规制》，载《法律科学（西北政法大学学报）》2012 年第 5 期。

② 湖北省咸宁市商务局发布的《咸宁市预付消费投诉情况分析报告》显示，该局 2022 年至 2023 年 6 月受理的预付消费投诉为 4935 件，其中，2023 年 1—6 月对预付消费投诉就有 2310 件。广东省深圳市消费者委员会发布的《2022 年度深圳市消费投诉分析报告》显示，该委员会 2022 年共收到预付式消费投诉为 44095 件，占总投诉量的 25.45%，显示出预付式消费问题具有相当的普遍性和严重性。参见吴建林、刘家玮：《预付式消费中消费者权益保护的法律对策》，载《河北法律职业教育》2024 年第 9 期。

③ 参见任震宇：《预付式消费“六大难”被点名——〈2023 年预付式消费领域消费者权益保护报告〉发布》，载《中国消费者报》2024 年 3 月 14 日。

④ 参见王艳华：《预付式消费模式的法律风险及防范对策》，载《行政与法》2017 年第 12 期。

⑤ 参见何锦强、王众：《论预付型消费卡的本质及其规制路径》，载《消费经济》2010 年第 4 期。

分购卡者谋取某种利益的特定动机，均会导致预付式消费卡功能的异化，引发的争议也日益增多，其中，尤为引人关注的就是消费者权益保护的问题。① 就预付式消费合同本质而言，其是一种具有明显的继续性和非即时履行性特征的格式合同，这使得消费者在交易过程中始终处于弱势地位，投诉不断、纠纷频发。② 仅凭事后救济不足以妥善保护消费者利益，必须在预付式消费的提前申报、销售收入由第三方控制、消费合同强制条款、消费合同担保以及营业转让等方面，加强对预付式消费的事前控制。③

### （三）《解释》的重要意义

1. 标志着我国对预付式消费的法律规范已经形成完整体系

目前，世界各国及地区主要的预付式消费的法律规制模式如下：一是以美国为代表的功能型监管模式，侧重于控制预付资金的使用；二是以日本为代表的主体型监管模式，侧重对发行主体的资质、信用、使用方式等进行监管；三是以我国台湾地区为代表的专题型监管模式，对预付卡单独进行监管；④ 四是以法国为代表的一般监管模式，即没有关于商业预付卡的特别法律规范，而是依靠民商事法律的一般规范；⑤ 五是以英国为代表的监管预付费卡的消费模式，相关机构将银行和非银行金融机构发行的预付费卡作为监管对象，围绕预付费卡的资金安全、卡内余额和使用期限等问题，对预付式消费展开一系列监管活动。⑥

我国对预付式消费合同的法律规制，主要由消费者权益保护法及其

---

① 参见何锦强、王众：《论预付型消费卡的本质及其规制路径》，载《消费经济》2010 年第 4 期。

② 参见陈颖、蔡伟：《预付式消费合同中消费者权益的司法保护》，载《人民司法·应用》2015 年第 3 期。

③ 参见叶林：《预付式消费合同的法律管制》，载《哈尔滨工业大学学报（社会科学版）》2011 年第 2 期。

④ 参见叶林：《预付式消费合同的法律管制》，载《哈尔滨工业大学学报（社会科学版）》2011 年第 2 期。

⑤ 参见刘迎霜：《商业预付卡的法律规制研究》，载《法商研究》2012 年第 2 期。

⑥ 参见刘秉军：《域外预付式消费立法启示》，载《检察风云》2025 年第 1 期。

实施条例进行调整，提供了法律规制的一般性规则。最高人民法院在消费者权益保护法第五十三条和《消费者权益保护法实施条例》第二十二条规定的基础上，就预付式消费合同纠纷的法律适用制定了《解释》，用27个条文规定法律适用的具体规则，形成了完善的预付式消费合同规范体系。这就形成以民法典第六条规定的公平原则和第七条规定的诚信原则为基准，以消费者权益保护法第五十三条和《消费者权益保护法实施条例》第二十二条规定为基础，由《解释》全面规范预付式消费合同的法律体系。这样，就结束了我国对预付式消费合同纠纷法律适用依据不足的局面，不仅对处理预付式消费合同纠纷有了统一的裁判规则，也对预付式消费合同的运行提供了行为规范，因而具有重要意义。

2. 全面维护预付式消费领域的诚信交易秩序

民法典第七条规定了诚信原则。① 诚实信用为市场经济活动的道德准则，要求市场参加者符合"诚实商人"和"诚实劳动者"的道德标准，在不损害其他竞争者，不损害社会公益和市场道德秩序的前提下，去追求自己的利益。② 诚信原则表现为诚信交易理念、诚信交易规则和诚信交易秩序。《解释》的规范目的，就是要求经营者坚守诚信交易理念，遵守诚信交易规则，维护诚信交易秩序，这些都在《解释》的具体规定中有所体现。

3. 倾斜保护预付式消费合同的消费者权益

依照公平原则的要求，市场交易的基本准则是公平。在预付式消费中，由于经营者与消费者信息严重不对称，在信用管理机制尚不健全的情况下，极易引发经营者道德风险。具体表现形式包括三类，一是收取预付款后"卷款跑路"，消费者投诉无门；二是预付卡遗失不补办、过期作废、任意变更经营主体等，消费者的权利行使受到限制；三是收取高额预付款后进行高杠杆经营，向消费者转嫁经营风险。③ 因此，消费者权

① 民法典第七条规定："民事主体从事民事活动，应当遵循诚信原则，秉持诚实，恪守承诺。"

② 参见梁慧星：《民法总则讲义》，法律出版社2021年版，第15页。

③ 参见陈宜芳、吴景丽、谢勇：《〈最高人民法院关于为促进消费提供司法服务和保障的意见〉的理解与适用》，载《中国应用法学》2023年第4期。

益保护法及其实施条例，以及《解释》在经营者与消费者进行的交易中，区别对待，实施倾斜原则对消费者进行保护，要求经营者合法经营，诚信交易，全面保护消费者和经营者的权益。这不是对公平原则的损害，而是在更高的程度上，在消费者权益的保护方面坚持公平原则。《解释》的重要价值，就是通过倾斜政策保护预付式消费合同中的消费者权益。

## 二、预付式消费纠纷的概念和预付式消费合同法律关系

《解释》对预付式消费合同这种非典型合同规定了比较详细、系统的规则，合同法基础理论扎实、可靠。

### （一）预付式消费合同纠纷的概念和解释规则

《解释》第一条、第八条和第二十六条对预付式消费、预付式消费合同、预付式消费合同纠纷以及预付式消费合同的表现形式和解释作了具体规定。

1. 预付式消费合同的概念

《解释》第一条规定①从表面上看是规范该司法解释的适用范围，但实质上是对预付式消费、预付式消费合同和预付式消费合同纠纷的概念作出规定。

预付式消费，是指在零售、住宿、餐饮、健身、出行、理发、美容、培训、养老、旅游等生活消费领域，经营者收取预付款后多次或者持续向消费者兑付商品或者提供服务的消费。同样，预付式消费合同，是指在零售、住宿、餐饮、健身、出行、理发、美容、培训、养老、旅游等生活消费领域，经营者收取预付款后多次或者持续向消费者兑付商品或者提供服务的合同。预付式消费合同纠纷，是指消费者与经营者在预付式消费合同的履行中发生的民事纠纷。这三个概念中，预付式消费是交

① 《解释》第一条规定："在零售、住宿、餐饮、健身、出行、理发、美容、培训、养老、旅游等生活消费领域，经营者收取预付款后多次或者持续向消费者兑付商品或者提供服务产生的纠纷适用本解释。"

易方式，预付式消费合同是预付式消费的法律表现形式，而预付式消费合同纠纷则是预付式消费中消费者与经营者之间发生的民事纠纷，其中，预付式消费合同是核心概念。

预付式消费合同的特征是：第一，预付式消费合同是非典型合同，不是典型合同，民法典合同编对其没有具体规范，由特别法进行规范。第二，预付式消费合同是发生在消费领域中的非典型合同，应用范围极广，在履行中极易发生纠纷。第三，预付式消费合同的当事人地位不平等，经营者处于优势地位，消费者处于弱势地位，应当适用消费者权益保护法的规定，倾斜保护消费者的权益。第四，预付式消费合同的内容复杂，通常具有复合性合同的性质，应当准确掌握其法律关系结构，准确适用法律。

2. 预付式消费合同的表现形式

预付式消费合同的通常表现方式是预付卡，又称为购物卡、礼品卡、储值卡、消费卡等，是先付费、再消费的债权凭证。[①] 以这些预付卡为表现形式的合同关系，就是预付式消费合同。

实体卡中的磁条卡，是卡片状的磁性记录介质，利用磁性载体记录信息，标识消费者身份和交易信息的预付卡。芯片卡也叫 IC 卡，是将微电子芯片嵌入卡基中，识别消费者和记录交易信息的预付卡。纸券是印刷通行券，消费者凭券消费的预付卡。虚拟卡可以以密码串码、图形、生物特征信息等为载体。密码是以设置密码的方式创建的预付式消费合同的表现形式，交易中只要输入密码，经营者就会提供商品或者服务。串码是产品或者服务的编码，通过串码可以识别消费者和记录交易信息。图形则以特殊的图像形态记载预付式消费合同履行信息。生物特征信息则通过人脸、指纹等人体生物特征信息识别消费者。此外，还有利用记录簿记载消费的方式，其也是预付式消费合同的载体。无论是实体预付

---

① 关于预付卡，《解释》第二十六条规定："本解释所称预付卡为单用途商业预付卡，包括以磁条卡、芯片卡、纸券等为载体的实体卡和以密码、串码、图形、生物特征信息等为载体的虚拟卡。"

卡还是虚拟预付卡，都是预付式消费合同的债权凭证。

3. 预付式消费合同的类型

预付卡分为单用途预付卡和多用途预付卡。多用途预付卡是由发卡机构以特定载体和形式发行，可在发卡机构之外购买商品或者服务的预付价值，其用途广泛，可跨地区、跨行业、跨企业使用，由中国人民银行监管，并要求“实名制、非现金、限额”。单用途预付卡是由从事零售业、住宿和餐饮业、居民服务业的企业法人发行，仅限于在本企业或本企业所属集团或同一品牌特许经营体系内兑付货物或服务的预付凭证，使用范围须严格限定在同一企业（集团），不得跨范围使用，由商务部监管。①

发生预付式消费合同纠纷的是单用途预付卡。《解释》第二十六条第二款规定，“因多用途预付卡产生的纠纷不适用本解释”，即多用途预付卡不在预付式消费合同纠纷的范围之内。

4. 预付式消费合同的解释规则

对预付式消费合同进行解释，应当适用民法典第一百四十二条关于民事法律行为解释以及第四百六十六条关于合同解释的规定。对于预付式消费合同的具体解释，《解释》第八条作出了规定。② 从消费者的角度看，这是有利解释原则；从经营者角度看，这是不利解释原则，习惯上一般称为不利解释原则，即不利于草拟人的解释原则。③

这种不利解释原则适用的条件是：第一，经营者与消费者对主要条款之外的质量、价款、履行期限、履行地点等内容没有订立书面合同，或者虽然订立了书面合同但是约定不明；第二，依照民法典第五百一十条和第五百一十一条的规定进行协商，协商不成的，可以作出两种以上

---

① 参见刘迎霜：《商业预付卡的法律规制研究》，载《法商研究》2012 年第 2 期。

② 《解释》第八条规定：“经营者未与消费者就商品或者服务的质量、价款、履行期限、履行地点和履行方式等内容订立书面合同或者虽订立书面合同但对合同内容约定不明，依照民法典第五百一十条、第五百一十一条等规定对合同内容可以作出两种以上解释，消费者主张就合同内容作出对其有利的解释的，人民法院应予支持。”

③ 参见崔建远：《合同解释论——规范、学说与案例的交互思考》，中国人民大学出版社 2020 年版，第 246 页。

的解释，而不是只能作出唯一解释；第三，消费者主张就合同内容作出对其有利的解释。符合上述条件的要求，则对预付式消费合同的争议条款进行不利解释，保护消费者的权益。

### （二）预付式消费合同的法律关系结构

对于预付式消费合同法律关系的结构，学者有不同解读，主要观点有以下三种，分别是单一合同说（购卡人与发卡人之间的合同关系）、[①]多层次合同说（购卡人与发卡人、持卡人与实际经营者、实际消费者与发卡人之间多层次的合同关系）、[②]独立合同说（发卡人与购卡人、持卡人与实际经营者之间各自独立的合同关系）。[③]

笔者认为，以上不同见解都有道理，不过，预付式消费合同既存在单一合同的结构模式，也存在多层次合同的结构模式。例如，购物卡，既有发卡人与持卡人的合同关系，也有持卡人与实际经营者的合同关系，构成多层次预付卡消费合同的结构；有些服务卡，例如，用电话号码或者人脸、指纹作为密码甚至记账方式的理发、洗澡、游泳、美容、健身

---

① 这种观点认为，在预付式消费交易中，各个当事人之间只存在一个合同关系，即购卡人与发卡人之间的合同关系，对预付式消费交易而言，预付费用并办理预付卡的阶段为合同订立阶段，具体消费阶段为合同履行阶段，实际经营者在法律上属于发卡人的债务履行辅助人，持卡人与实际经营者之间并不存在独立的合同关系。预付式消费的当事人之间存在合同关系，购卡人向发卡人支付预付款后，即被认为已经履行了将来消费的付款或支付费用的义务，有权在约定期间内向发卡人请求交付约定商品或者提供约定服务。参见段宝玫：《预付式消费卡若干法律问题探析》，载《上海商学院学报》2010 年第 2 期。

② 这种观点认为，预付式消费交易涉及多方主体的单一合同说难以合理解释各个当事人之间的法律关系，预付式消费交易在构造上应当包括两个层次的合同关系：一是购卡人与发卡人之间的合同关系；二是持卡人与实际经营者之间的合同关系。此外，从预付式消费交易的实践来看，包括预付卡的使用期限、余额返还等问题，还涉及实际消费者（持卡人）与发卡人之间的法律关系，有必要通过法律解释的方法予以准确认定。参见王叶刚：《论预付式消费交易的法律构造》，载《现代法学》2015 年第 3 期。

③ 这种观点认为，预付式消费交易中的充值办卡和实际消费环节应当分别成立独立的合同关系，就发卡人与购卡人之间的合同关系而言，发卡人应当向购卡人提供预付卡这一便捷的支付工具，并担保该预付卡支付功能的实现，而购卡人则应当在约定期间内向发卡人提供资金信用；就持卡人与实际经营者之间成立普通的买卖商品或者提供服务的合同，在实际经营者所提供的商品或者服务存在缺陷或者瑕疵的情况下，持卡人可以直接请求实际经营者承担责任。参见王叶刚：《论预付式消费交易的法律构造》，载《现代法学》2015 年第 3 期。

卡，都是发卡人与消费者直接发生预付卡消费合同关系，并无第三方加入交易法律关系中，构成单一合同的预付式消费关系。所以，单用途预付式消费合同的法律关系结构分为两种，一是多层次合同关系模式，二是单一合同关系模式，应当根据实际情况作出判断，并非一种合同模式可以涵盖全部预付式消费合同的法律结构。即使在多层次合同关系中，也是相互关联，而非相互独立的合同关系。

### （三）预付式消费合同法律关系的主体

诚如前述，预付式消费合同特别是多层次合同类型预付式消费合同，交易主体多元，法律关系复杂，必须准确认定其法律关系构造，厘清购卡人与发卡人、持卡人与实际经营者之间的合同关系。①

对于预付式消费合同的法律关系主体及诉讼地位，《解释》作了具体规定。

1. 权利主体

《解释》第二条和第三条规定了预付式消费合同的权利主体以及在诉讼中的地位。

预付式消费合同的一般权利主体应当根据是否记名而有所区别。如果不记名，则持卡人就是债权人；如果记名，则预付卡记载的持卡人原则上是债权人，如果实际持卡人与记载持卡人不一致，实际持卡人应当提供初步证据证明自己是合法持卡人。

如果监护人与经营者订立预付式消费合同，由经营者向被监护人兑付商品或者提供服务，监护人应当以自己的名义起诉经营者承担责任；若以被监护人的名义请求，法院负有释明义务。这是因为，监护人与经营者订立预付式消费合同，约定向被监护人兑付商品或者提供服务，其实并不是监护人以监护人身份订立被监护人与经营者的合同，而是民法典第五百二十二条规定的向第三人履行的合同，② 发生争议的双方是监护

① 参见王叶刚：《论预付式消费交易的法律构造》，载《现代法学》2015 年第 3 期。

② 参见刘凯湘：《债权法讲义》，人民法院出版社 2024 年版，第 89~94 页。

人与经营者，而不是被监护人与经营者。例如，未成年子女参加教育培训的预付式消费，父母与经营者签订合同，未成年子女并不是合同当事人，而是经营者向其履行的第三人。所以，监护人在这种关系中的身份是当事人，应当以自己的名义起诉。被监护人因接受商品或者服务受到损害的，虽然是第三人，但其因受到损害而产生侵权损害赔偿请求权，可以直接起诉经营者主张承担责任。如果监护人以被监护人名义与经营者订立合同，监护人起诉时才可以用被监护人的名义，自己则作为原告的法定代理人。

2. 义务主体

对于预付式消费合同的义务主体，《解释》第四条至第七条作了规定，有四种特殊的义务主体，表现了预付式消费合同法律关系的复杂性。

（1）表见经营者作为责任主体。如果经营者以其并非实际经营者为由主张不承担民事责任，经营者原则上不承担民事责任；但是构成表见经营者的，[①] 经营者应当承担责任，法院对消费者的请求应予支持。构成表见经营者有两种情形：一是经营者允许他人使用自己的营业执照；二是经营者以其他方式允许他人使用其名义与消费者订立预付式消费合同。这两种表见经营者都使消费者有理由相信其是预付式消费合同的债务人，其中，第一种情形比较容易判断，第二种情形下的责任主体应当参照民法典第一百七十二条关于表见代理的规定予以认定。

（2）特许人和被特许人作为责任主体。《解释》第五条规定的是商业特许经营体系内的责任主体，分为以下三种情形：第一，消费者与特许人签订的预付式消费合同，原则上被特许人不对特许人签订的合同承担责任。例外的是，如果存在下列情形之一，被特许人应当承担责任：一是被特许人事先同意承担预付式消费合同义务；二是被特许人事后追认预付式消费合同；三是特许经营合同约定消费者可以直接请求被特许人向其履行债务；四是被特许人的行为使消费者有理由相信其受预付式

---

① 参见杨立新：《修订后的〈消费者权益保护法〉经营者民事责任之解读》，载《法律适用》2013 年第 12 期。

消费合同约束。其中，前三种情形中的被特许人是意定责任人，应当承担责任；后一种情形是表见责任人，参照适用表见代理的规则承担责任。第二，消费者与被特许人签订的预付式消费合同，因权益受到损害请求特许人承担民事责任的，《解释》第五条第二款规定“参照适用前款规定”，即在前述四种情形下，特许人应当承担民事责任。第三，不存在上述两种情形，特许人对消费者的损失产生或者扩大有过错的，“根据其过错承担民事责任”。该责任性质应该是按份责任，类似于“相应的责任”。

（3）商场场地出租者作为责任主体。商场场地出租者对租赁商场场地的经营者造成消费者损害如何承担责任，应当依照消费者权益保护法第四十三条的规定确定。《解释》第六条规定的是商场场地出租者作为责任主体的一种特别情形，即“商场场地出租者未要求租赁商场场地的经营者提供经营资质证明、营业执照，致使不具有资质的经营者租赁其场地收取消费者预付款并造成消费者损失，消费者请求场地出租者根据其过错承担民事责任的”情形，场地出租者对租赁场地的经营者未要求提供经营资质证明、营业执照，就存在对租赁场地的经营者的资质未尽审查义务，有重大过失，与不具有经营资质的经营者在经营中造成预付式消费合同的消费者的损失，有因果关系。对此，场地出租者应当对经营者的损失承担与其过错相适应的责任。这种赔偿责任相当于不真正连带责任中的按份责任，场地出租者即使承担赔偿责任，由于损害是由租赁场地的经营者所致，因而享有追偿权，“场地出租者承担赔偿责任后”，可以“向租赁商场场地的经营者追偿”。

（4）清算义务人作为责任主体。《解释》第七条规定的是清算义务人作为责任主体，其基础依据是民法典第七十条第三款，该款规定，清算义务人未及时履行清算义务，造成损害的，应当承担民事责任。经营者应当清算但未及时进行清算，造成消费者损失的，消费者也有权请求经营者的清算义务人承担民事责任。

## 三、预付式消费合同的法律效力及变更、转让和解除

### （一）预付式消费合同的法律效力

1. 预付式消费合同格式条款的效力

预付款消费合同的形式多种多样，签订书面合同的较少，以预付卡、电子数据等作为书面表现形式的更为常见，即使如此，也存在格式条款。

在预付式消费合同中，确定是否属于格式条款，依据的是消费者权益保护法第二十六条、民法典第四百九十七条等法律规定。这些规定毕竟具有概括性，在预付式消费合同中应当具体化。《解释》第九条规定了七种预付式消费合同格式条款，[①] 应依据消费者权益保护法第二十六条和民法典第四百九十七条的规定认定该格式条款无效。

另外，《消费者权益保护法实施条例》第十七条关于限制消费者选择其他经营者的商品或者服务等权利的条款认为是格式条款的规定，在预付式消费合同中不适用。

2. 无民事行为能力人或者限制民事行为能力人订立预付式消费合同的效力

依照民法典第一百四十四条和第一百四十五条规定的无民事行为能力人或者限制民事行为能力人实施法律行为的效力规则，由于无民事行为能力或者民事行为能力受限制，因而，无民事行为能力人、限制民事行为能力人与他人订立的合同无效或者效力待定。对此，《解释》第十条的具体规定如下。

第一，无民事行为能力人与经营者订立预付式消费合同，向经营者

---

① 一是排除消费者依法解除合同或者请求返还预付款的权利；二是不合理地限制消费者转让预付式消费合同债权；三是约定消费者遗失记名预付卡后不补办；四是约定经营者有权单方变更兑付商品或者提供服务的价款、种类、质量、数量等合同实质性内容；五是免除经营者对所兑付商品或者提供服务的瑕疵担保责任或者造成消费者损失的赔偿责任；六是约定的解决争议方法不合理增加消费者维权成本；七是存在其他排除或者限制消费者权利、减轻或者免除经营者责任、加重消费者责任等对消费者不公平、不合理情形。

支付预付款，是民法典第一百四十四条规范的情形，订立的预付式消费合同一律无效，法定代理人有权请求确认合同无效，经营者应当返还预付款。

第二，限制民事行为能力人与经营者订立预付式消费合同，向经营者支付预付款，不是纯获利益的合同，依照民法典第一百四十五条第二款规定，该合同效力待定，须经过其法定代理人同意或者追认后有效，法定代理人请求确认合同无效、经营者返还预付款的，法院应予支持。但是，该合同经过法定代理人同意、追认或者预付款金额等合同内容与限制民事行为能力人的年龄、智力相适应的，不在此限，合同应当有效。例如，限制民事行为能力的学生预订盒饭等合同为有效合同。

无民事行为能力人或者限制民事行为能力人与经营者订立的预付式消费合同被宣告无效后，经营者主张从预付款中抵扣已经兑付商品或者提供服务价款，是合情合理的主张，符合公平原则的要求，依法予以支持；但经营者违反法律规定向未成年人提供网络付费游戏等服务的，经营者违反法律规定，构成过失，即使提供过游戏服务，其请求抵扣已经提供服务的价款的，不予支持。

### （二）预付式消费合同纠纷的转让、变更和解除

1. 预付式消费合同的债权转让

订立预付式消费合同后，消费者可否转让该合同债权，有不同意见，特别是经营者持反对意见。对债权人转让合同债权，民法典并未作出限制性规定，只要符合转让条件，遵守转让规则，合同债权的转让即是合法的、有效的。消费者转让预付式消费合同债权的，通知经营者，自经营者接到转让通知时起，对经营者发生债权转让的效力。受让人作为新债权人，也有权请求经营者提供预付卡更名、修改密码等服务，经营者不得拒绝更改或者修改。

预付式消费合同的债权转让，应当遵守诚信原则。预付式消费合同约定经营者在履行期限内向消费者提供不限次数服务的，消费者应当如

实转让债权。《解释》第十一条第二款规定，消费者违反诚实信用原则，以债权转让的名义让多名消费者行使本应由一名消费者行使的权利、损害经营者利益的，经营者可以主张该债权转让行为对其不发生效力，预付式消费合同的债权债务关系没有改变，经营者对所谓的“受让人”不负有合同债务。

2. 消费者对经营者变更预付式消费合同的拒绝权

在预付式消费合同中，由于预付款控制在经营者手中，消费者处于弱势地位，经营者处于强势地位。在合同履行过程中，经营者单方提高商品或者服务的价格、降低商品或者服务的质量，构成单方变更合同。《解释》第十二条赋予消费者对经营者单方变更预付式消费合同内容的拒绝权，保护消费者权益。合同履行过程中若要变更合同，应当遵守民法典第五百四十三条第一款关于“当事人协商一致，可以变更合同”的规定，未经消费者的同意，经营者无权变更合同，更不用说提高商品或者服务的价格、降低商品或者服务的质量。消费者的拒绝权是形成权，一经行使，即发生直接对抗经营者变更合同的意思表示。

3. 消费者对预付式消费合同的解除

《解释》第十三条、第十四条规定了消费者对预付式消费合同的解除权，符合这些规定的要求的，消费者可以解除预付式消费合同。

（1）消费者行使任意解除权的要件。任意解除权设立的正当性基础在于对不同特定利益的保护。[①] 预付式消费中因消费者处于不利地位，就价值基础而言，基于对裁判实践与现行规范的考察，从自由、效率与平等三个价值考量，足以证成赋予消费者任意解除权的正当性。因此，对于不定期预付式服务合同，应对民法典第五百六十三条第二款作目的性扩张以赋予消费者任意解除权；对于定期预付式服务合同，以整体类推适用民法典第七百八十七条与第九百三十三条为赋权之教义路径。[②] 笔者

---

① 参见黄荣：《任意解除权在预付式消费合同中的适用范围》，载《山西省政法管理干部学院学报》2019 年第 2 期。

② 参见金子文：《预付式服务合同中消费者任意解除权的证成》，载《吉林工商学院学报》2022 年第 5 期。

认为，对于不定期合同，当事人当然享有任意解除权。[①]《解释》第十三条第一款明确经营者存在以下四种情形之一时，消费者对预付式消费合同享有解除权：一是变更经营场所给消费者接受商品或者服务造成明显不便的；二是未经消费者同意将预付式消费合同义务转移给第三人的，三是承诺在合同约定期限内提供不限次数服务却不能正常提供的；四是法律规定或者合同约定消费者享有解除合同权利的其他情形。

（2）预付式消费合同的情势变更。情势变更原则是合同履行的重要规则。对于预付式消费合同是否可以适用民法典第五百三十三条规定的情势变更原则，不无争议。《解释》第十三条第二款[②]采取赞成立场。比较该条司法解释与民法典的表述，不同在于司法解释把消费者身体健康作为订立预付式消费合同的基础条件即“情势”，如果该情势发生了无法预见、不属于商业风险的重大变化，可以适用情势变更原则的规定，当事人可以再协商；协商不成的，有权诉请变更或者解除预付式消费合同。

（3）预付式消费合同适用七天无理由解除合同的反悔权。消费者权益保护法第二十五条规定了消费者七天无理由退货的反悔权。消费者在预付式消费合同中有无必要适用反悔权，学界有不同意见。随着消费者保护意识的日益深化，向消费者倾斜化的制度设计以及消费者权利的扩充是不争的事实，[③] 因而一般认为，应当采取消费者权益保护法第二十五条规定的七天无理由解除合同的反悔权。不过，消费者权益保护法规定的反悔权是“无理由退货”，不是无理由退款，虽然有此区别，但参照适用这一规定未必不妥。《解释》第十四条采取这一方法，即参照消费者权益保护法第二十五条的规定，确定消费者自付款之日起七日内请求经营

---

① 参见杨立新、曾祥生：《定期合同期限默示更新规则的通用性与类推适用》，载《法律适用》2023 年第 2 期。

② 《解释》第十三条第二款规定：“预付式消费合同成立后，消费者身体健康等合同的基础条件发生了当事人在订立合同时无法预见、不属于商业风险的重大变化，继续履行合同对于消费者明显不公平的，消费者可以与经营者重新协商；在合理期限内协商不成，消费者请求人民法院变更或者解除预付式消费合同的，人民法院应予支持。”

③ 参见王博：《预付式消费引入后悔权的必要性及其制度设计》，载《法治社会》2019 年第 1 期。

者返还预付款本金的，法院应予支持。例外的情形是，第一，消费者订立预付式消费合同时已经从经营者处获得过相同商品或者服务；第二，消费者订立预付式消费合同时已经从其他经营者处获得过相同商品或者服务。这两种情形，都是消费者在订立预付式消费合同前已充分了解商品或者服务的信息，因而不存在“无理由退款”的事实依据，不应享有七天内退款的反悔权。

## 四、预付式消费合同纠纷的责任承担规则

《解释》第十五条至第二十五条规定的是预付式消费合同违约责任承担规则，规定了经营者返还预付款、消费者原因的退款、经营者欺诈的惩罚性赔偿责任和对消费者特别保护四种规则。

### （一）经营者返还预付款的具体规则

1. 经营者返还预付款

在预付式消费合同纠纷中，最重要的责任是经营者返还预付款责任。经营者依照法律规定向消费者返还预付款，既能保护预付式消费中消费者的权益，也能保护经营者的权益。

《解释》第十五条规定，根据预付式消费合同的实际履行情况，经营者退还预付款责任的规则是，预付式消费合同解除、无效、被撤销或者确定不发生效力，发生的法律后果是经营者的退款责任，其法律依据是民法典第一百五十七条关于“行为人因该行为取得的财产，应当予以返还”的规定。消费者有权依照这一规定，请求经营者返还剩余预付款并支付利息。返还预付款本金的范围应为预付款扣减已兑付商品或者提供服务的价款后的余额。

2. 合理费用损失的赔偿

民法典第一百五十七条和第五百六十六条都规定了合同解除、无效、被撤销或者确定不发生效力，造成对方当事人财产损失的，应当承担赔偿责任。《解释》第十五条第二款以此为依据，规定在预付式消费合同的

履行中，如果造成对方当事人的财产损失，有过错的一方应当对对方承担赔偿责任，赔偿的标的是对方合理费用的损失。有过错的一方是导致预付式消费合同解除、无效、被撤销或者确定不发生效力的过错方，可能是经营者，也可能是消费者。合理费用的损失应当是信赖利益的损失，不能是预期利益的损失。如何界定合理费用的损失，《解释》第十五条没有规定，只是规定了“经营者支付给员工等人员的预付款提成不属于前款规定的合理费用”，将给员工等人员的预付款提成予以排除。

3. 退款利息的计算

在实践中，预付式消费合同一般不会约定返还预付款是否要返还利息，由此引发争议。《解释》第十六条规定了以下规则：第一，有约定的，按照约定处理。第二，没有约定或者约定不明，因经营者原因返还预付款的，按照预付式消费合同成立时一年期贷款市场报价利率计算利息；因消费者原因返还预付款的，按照预付式消费合同成立时中国人民银行公布的一年定期存款基准利率计算利息。这些规定与《最高人民法院关于适用〈中华人民共和国民法典〉合同编通则若干问题的解释》第二十五条规定是一致的。第三，经营者依照行政主管部门要求已将预付款转入监管账户，消费者请求按被监管资金的实际利率计算应返还被监管部分预付款的利息，合理且有法律依据，不按照前述第二种做法处理。

4. 退款利息的起算时间

对于返还预付款支付退款利息的起算时间发生争议的，《解释》第十七条规定，自合同解除、被确认无效、被撤销或者确定不发生效力时起计算利息。这是最准确的起算时间。预付式消费合同的当事人对返还预付款利息起算时间作出对消费者更有利的约定或者法律另有规定的，按照当事人约定或者法律规定确定利息的起算时间。

### （二）返还预付款责任的承担方法

返还预付款的计算方法比较复杂，《解释》第十八条至第二十二条规定了承担责任的具体办法。

1. 非因消费者原因发生退款时对已经消费价款的计算

第一，经营者向消费者提供折扣商品或者服务的，按折扣价计算已兑付商品或者提供服务的价款。第二，经营者向消费者赠送消费金额的，根据消费者实付金额与实付金额加赠送金额之比计算优惠比例，按优惠比例计算已兑付商品或者提供服务的价款。第三，预付式消费合同就已兑付商品或者提供服务折价作出对消费者更有利的约定的，按照约定处理。

2. 因消费者原因退款时对已经消费价款的计算

第一，如果存在提供折扣或赠送消费金额的情形，应当按商品或者服务打折前的价格计算已兑付商品或者提供服务的价款。第二，消费者主张打折前的价格明显不合理，经营者不能提供打折前价格交易记录的，法院可以按照订立合同时履行地同类商品或者服务的市场价格计算已兑付商品或者提供服务的价款。第三，当事人就已兑付商品或者提供服务折价作出对消费者更有利的约定的，按照约定处理。

3. 消费者支付价款的最高限额

按折扣价或者优惠比例计算已兑付商品或者提供服务的价款未超出消费者预付款，但按打折前的价格计算已兑付商品或者提供服务的价款超出消费者预付款的，受到消费者支付价款最高限额的限制。经营者无权请求消费者支付按打折前的价格计算超出预付款部分的价款。

4. 对已经赠送的商品或者服务的处理

法院可以酌情判定经营者主张返还或者折价补偿是否成立。具体考虑因素包括以下四点：一是已经赠送的商品或者服务的价值；二是预付式消费合同标的金额；三是合同履行情况；四是退款原因，以及其他因素，依照诚信原则对是否支持经营者的主张作出认定。

5. 计时卡的退款

计时卡的退款，应当按合同解除后的剩余履行期限与全部履行期限的比例计算应予返还的预付款。如果经营者在预付式消费合同解除前已经停止提供商品或者服务，消费者则有权请求按经营者停止提供商品或者服务后的剩余履行期限与全部履行期限的比例计算应予返还的预付款。虽然存在上述情形，但是消费者因自身原因未在合同约定履行期限内请求经营者提供服务的，对其请求返还预付款的主张不予支持。

### （三）经营者欺诈的惩罚性赔偿

预付式消费合同的经营者应当诚实守信，如果在订立和履行合同中构成欺诈的，应当根据《解释》第二十三条的规定承担惩罚性赔偿责任。

预付式消费合同的经营者欺诈主要表现是，经营者收取预付款后终止经营，既不按照约定兑付商品或者提供服务，又恶意逃避消费者的退款申请。

惩罚性赔偿责任应当依据消费者权益保护法第五十五条第一款的规定确定：一是价款的3倍，即“1+3”，其中“1”是应当返还的价款，“3”是违约惩罚性赔偿金的倍数；二是小额赔偿的最低赔偿金为500元。[①]

经营者的欺诈行为涉嫌刑事犯罪的，法院应当将犯罪线索移送公安机关。这里规定的是犯罪线索移送，不影响法院对预付式消费合同纠纷案件的审理。

### （四）对预付式消费合同消费者的特别保护规则

《解释》还规定了两种对消费者的特别保护措施。

1. 尚有余额卡的激活等服务责任

《解释》第二十四条规定，经营者负有提供预付卡激活等服务的责任。第一，消费者所持预付卡尚有资金余额，经营者应当提供激活、换卡等服务。第二，消费者所持预付卡是尚有资金余额的记名预付卡的，经营者应当提供挂失和补办的服务。

---

① 参见杨立新：《修订后的〈消费者权益保护法〉经营者民事责任之解读》，载《法律适用》2013年第12期。

2. 经营者提供其控制的证据的责任

经营者与消费者之间存在信息不对称。为了降低消费者维权的难度，《解释》第二十五条规定了经营者承担提供其控制的证据的责任。经营者承担的举证责任范围包括经营者控制的合同文本或者记录消费内容、消费次数、消费金额、预付款余额等信息的证据。经营者无正当理由拒不提交上述证据，消费者主张该证据的内容不利于经营者的，法院可以根据消费者的主张认定争议事实。因保管不当等原因不能提交的，笔者认为，也应依此规则办理。

## 五、结语

《解释》是最高人民法院在消费者权益保护法及其实施条例规定的基础上，依照民法典的规定，遵照对消费者倾斜保护的政策要求，对预付式消费纠纷法律适用规则进行的全面解释，构成了预付式消费合同这种非典型合同的体系化、系统化的规范体系，对于规范预付式消费合同的订立、履行和责任承担，保护好消费者和经营者的权益，具有重要意义。这些规范，既是法院审理预付式消费合同纠纷案件的裁判规则，也是规范经营者和消费者实践预付式消费合同的行为规则。在司法实践中，法院实施好该司法解释，能够统一裁判规则，做到同案同判；在社会生活中，经营者和消费者遵守行为规则，能够促进消费，活跃经济，促进我国市场经济的繁荣和发展。

# 预付式消费中经营责任主体的认定

谢　勇*

**摘要**：确认预付式消费中的经营责任主体，是消费者维权的前提条件。根据民法典、《最高人民法院关于审理预付式消费民事纠纷案件适用法律若干问题的解释》、公司法及相关司法解释的规定，在经营者名实不符的情况下，除实际经营者应当承担责任外，允许他人使用其名义与消费者订立预付式消费合同的经营者也应承担责任；在事前同意、事后追认、特许经营合同有明确约定、消费者形成合理信赖以及特许人存在过错情况下，未与消费者订立预付式消费合同的特许人或被特许人应担责；出租商场场地的经营者对租赁商场场地经营者的经营资质未履行形式审查义务的，应承担过错责任；经营者“卷款跑路”恶意逃避退款申请的，应承担惩罚性赔偿责任，构成犯罪的，应承担刑事责任；清算义务人未依法及时清算的，应承担赔偿责任；经营者转让合同义务未经消费者同意的，仍应担责；一人公司股东不能证明公司财产独立于股东财产、股东滥用有限责任制度严重侵害消费者权益的，应承担连带责任；股东未缴足出资、抽逃出资、违法减资、违法分红的，应承担补充责任；公司设立期间发卡但公司未设立成功的，应由设立人担责；“背债人”“职业闭店人”与经营者恶意串通逃避债务，损害消费者权益的，应共同向消费者承担责任。明确预付式消费中经营责任主体，既有利于保护消费者

* 最高人民法院民事审判第一庭二级高级法官。

权益，也有利于引导经营者依法诚信经营，促进预付式消费健康发展。

**关键词**：预付式消费　责任主体　特许经营　股东责任　职业闭店

责任主体认定难是预付消费中消费者维权面临的首要问题。只有确认了责任主体，才能确定诉讼被告。预付式消费者中，经营者名实不符的情况下，出名一方应否承担责任，商业特许经营体系内未与消费者直接订立预付式消费合同的特许人或者被特许人是否应向消费者承担责任，租赁商场场地经营者“卷款跑路”后消费者能否向商场追责，经营者转让店铺后消费者应找谁承担责任，经营者“卷款跑路”后消费者如何维权，公司无力偿债消费者能否请求股东承担责任，公司设立期间发卡应由谁承担责任以及“背债”“职业闭店”情形下责任主体的认定，是预付式消费纠纷中常见的问题。逐一厘清上述问题，既有利于保护消费者权益，也有利于引导经营者依法诚信经营，促进预付式消费健康发展。

## 一、借名经营中的责任主体

预付式消费中，存在经营者名实不符的问题，主要表现有：一是自然人经营者以被注销的公司、个体工商户名义订立预付式消费合同；二是借用其他经营者营业执照订立预付式消费合同；三是直接使用其他经营者名义签订预付式消费合同；四是冒用其他经营者的名义签订预付式消费合同。在第一种情况下，应由订立合同的自然人经营者承担责任。例如，乙设立了一人独资的某美容公司。甲与乙协商，收购乙经营的某美容公司，并以该美容公司名义发卡。消费者购卡后发生纠纷，发现乙在将某美容公司转让给甲之前该公司已经被注销，甲系以被注销的某美容公司名义与消费者订立预付式消费合同，收取预付款。消费者有权以甲为被告起诉其承担责任。在第二种情况下，根据《最高人民法院关于审理预付式消费民事纠纷案件适用法律若干问题的解释》（以下简称《解释》）第四条的规定，消费者有权请求允许他人使用其营业执照的名义经营者承担责任。这一规定的依据是消费者权益保护法第四十二条的规定。借用营业执照的经营者作为实际经营者，也属于责任主体，消费者既有权以出借营业执照的经营者为被告主张权利，也有权以借用营业执照的经营者为被告主张权利。在第三种情况下，根据《解释》第四条的规定，如果经营者允许他人使用其名义与消费者订立预付式消费合同，消费者有权请求名义经营者承担责任，法理基础与消费者权益保护法第四十二条相同。例如，有的经营者放任其他经营者使用其名义与消费者订立预付式消费合同、收取预付款，使消费者相信其受预付式消费合同约束的，应当保护消费者的信赖利益，消费者有权请求其依法承担责任。在第四种情况下，名义经营者不应承担责任。名义经营者对实际经营者冒用其名义订立预付式消费合同的事实不知情，对消费者损失的产生不存在过错，故不应承担责任。

## 二、商业特许经营体系内的责任主体

商业特许经营是指通过签订合同，特许人将有权许可他人使用的注册商标、企业标志等经营资源，许可被特许人使用；被特许人按照合同约定在统一经营模式下开展经营，并向特许人支付特许经营费的经营活动。[①] 商业特许经营是预付式消费中常见的经营方式，包括特许人和被特许人两类经营主体，与消费者订立预付式消费合同的通常是特许人或者某一被特许人。实践中，争议较大的问题是，未与消费者订立预付式消费合同的特许人或者被特许人是否应当向消费者承担责任。

《解释》起草过程中，有专家建议，对于商业特许经营的责任主体问题，应当区分具体情况。例如，直营店与加盟店、作为分支机构的直营店与作为子公司的直营店都应加以区分，对不同情形下的责任主体作出规定。在民事责任上，总公司与分公司的民事责任最终均由总公司承担，只有当特许人和被特许人为相互独立民事主体的情况下，才需要考虑双方如何向消费者承担责任的问题。因此，《解释》只对后一种情况作了规

① 参见商务部《商业特许经营管理条例》第三条的规定。

定，明确商业特许经营体系内特许人和被特许人的责任承担，具体如下。

第一，与消费者订立预付式消费合同的特许人或者被特许人应当向消费者承担合同责任。商业特许经营模式下，通常只由特许人或者被特许人一方与消费者订立预付式消费合同，其作为合同相对方，应当依据合同约定履行义务，如果违反合同约定，则应依据民法典和合同约定承担违约责任。

第二，未与消费者直接订立预付式消费合同的特许人或被特许人事先承诺履行预付式消费合同义务的，应按其承诺向消费者履行义务。特许人或被特许人的承诺可能以店堂告示、宣传广告、书面承诺、店员说明等方式作出，只要足以让消费者相信其受预付式消费合同约束即可。

第三，未与消费者直接订立预付式消费合同的特许人或被特许人事后追认预付式消费合同的，消费者有权请求其承担民事责任。事后追认通常发生于与消费者订立预付式消费合同的特许人或被特许人不能按合同约定履行义务的情况下，特许人或被特许人虽不是合同当事人，但为维护商业信誉、正常经营，便事后承诺履行预付式消费合同。被特许人或者特许人事后追认预付式消费合同的意思表示既可以向消费者逐一作出，也可以通过店堂告示、宣传广告等方式统一向所有消费者作出。

第四，特许经营合同约定消费者可以直接请求被特许人或者特许人向消费者履行债务的，消费者有权请求其承担民事责任。民法典第五百二十二条第二款规定："法律规定或者当事人约定第三人可以直接请求债务人向其履行债务，第三人未在合理期限内明确拒绝，债务人未向第三人履行债务或者履行债务不符合约定的，第三人可以请求债务人承担违约责任；债务人对债权人的抗辩，可以向第三人主张。"依据该款规定，被特许人与特许人在特许经营合同中约定消费者可以直接请求未订立预付式消费合同的被特许人或者特许人向消费者履行债务，订立合同的被特许人或者特许人未向消费者履行合同义务或者履行合同义务不符合约定的，消费者可以请求未与其订立合同的被特许人或者特许人承担责任。

第五，未与消费者直接订立预付式消费合同的特许人或被特许人的行为使消费者有理由相信其受预付式消费合同约束的，消费者有权请求其承担民事责任。例如，消费者在特许人处购卡，均可在被特许人处兑换商品。长期的交易过程使消费者产生了被特许人亦受预付式消费合同约束的信赖。在这种情况下，消费者有权请求被特许人承担责任。

第六，特许人虽未与消费者签订预付式消费合同，但对消费者损失产生或者扩大有过错的，消费者亦有权请求特许人按照其过错承担民事责任。商业特许经营中，特许人通常对被特许人负有一定的管理职责，有的特许人甚至直接参与被特许人的经营管理，如果特许人在履行管理职责过程中存在过错，且其过错行为与消费者损失的产生或扩大存在因果关系，就应当依据其过错承担相应的民事责任。

## 三、商场场地出租者作为责任主体

有的经营者租赁商场场地开展经营，收取预付款后跑路，消费者将面临维权困境：一方面，消费者找不到收取其预付款的经营者，无法请求其承担责任；另一方面，消费者与商场场地出租者无合同关系，无权请求其承担责任。《解释》第六条对这一问题作了回应，但关于如何规定商场场地出租者的责任，存在不同认识，该条亦几度修改。

起草《解释》过程中，有专家建议，针对租赁商场场地的经营者"卷款跑路"的问题，可借鉴消费者权益保护法第四十三条关于柜台出租者责任的规定，明确出租商场场地的经营者对消费者的责任。因为消费者在租赁柜台进行预付式消费的情况十分少见，但在儿童乐园、培训机构等租赁商场场地的经营者处进行预付式消费的情况较为常见。有的经营者收取预付款后"卷款跑路"，消费者找不到收取预付款的经营者承担责任，商场场地出租者也以与消费者没有合同关系为由拒绝承担责任。出租柜台和出租商场场地的行为性质相同。对此，《解释》起草过程中，第六条最初的规定是："租赁商场场地的经营者收取消费者预付款后，消费者因合法权益受到损害请求场地出租者赔偿损失的，人民法院可以参照适用消费者权益保护法第四十三条关于柜台出租者责任的规定。"

研究过程中，有专家指出，将柜台出租者责任完全适用于预付式消费中商场场地出租者，可能会不当加重商场场地出租者责任，建议对商场场地出租者责任进行细化。消费者损失主要来自两个方面：一是消费者权益因兑付的商品或者服务存在缺陷而受到损害；二是消费者因支付的预付款不能完全消费而受到损害。根据实践情况，可将商场场地出租者责任分为三类。

第一类是因租赁商场场地经营者的瑕疵给付和加害给付而产生的责任，可参照适用消费者权益保护法第四十三条关于柜台出租者责任的规定，在租赁商场场地经营者撤场的情况下由商场场地出租者先行承担责任。适用前述第一类损失的救济。

第二类是因商场场地出租者不能提供租赁商场场地经营者身份信息和联系方式而应承担的责任，可参照适用消费者权益保护法第四十四条第一款关于网络交易平台提供者责任的规定："消费者通过网络交易平台购买商品或者接受服务，其合法权益受到损害的，可以向销售者或者服务者要求赔偿。网络交易平台提供者不能提供销售者或者服务者的真实名称、地址和有效联系方式的，消费者也可以向网络交易平台提供者要求赔偿；网络交易平台提供者作出更有利于消费者的承诺的，应当履行承诺。网络交易平台提供者赔偿后，有权向销售者或者服务者追偿。"

第三类是因商场场地出租者帮助侵权而应承担的责任，可参照适用消费者权益保护法第四十四条第二款关于网络交易平台提供者连带责任的规定："网络交易平台提供者明知或者应知销售者或者服务者利用其平台侵害消费者合法权益，未采取必要措施的，依法与该销售者或者服务者承担连带责任。"后两类责任可适用于上述两类消费损失的救济。

向社会公开征求意见的《解释》征求意见稿第六条采纳了上述意见，规定："消费者在租赁商场场地的经营者处接受商品或者服务，合法权益受到损害，请求经营者承担民事责任的，人民法院应予支持。租赁期满或者经营者终止经营后，消费者请求场地出租者赔偿损失的，人民法院可以参照适用消费者权益保护法第四十三条关于柜台出租者责任的规定。

租赁商场场地的经营者收取消费者预付款后，终止经营，既不按照约定兑付商品或者提供服务又恶意逃避消费者申请退款，场地出租者不能提供租赁商场场地的经营者的真实名称、地址和有效联系方式，消费者请求场地出租者承担偿还剩余预付款本息等民事责任的，人民法院应予支持。场地出租者明知或者应知租赁商场场地的经营者在租赁其场地经营期间侵害消费者合法权益，未采取必要措施，消费者请求其与租赁商场场地的经营者承担连带责任的，人民法院应予支持。场地出租者承担赔偿责任后，向租赁商场场地的经营者追偿的，人民法院应予支持。”社会各界对该条形成三种观点。

第一种观点认为，《解释》征求意见稿第六条第一款规定的不是预付式消费中特有的问题。第二款、第三款规定了商场场地出租者作为责任主体承担有关民事责任的情形，实际是将消费者权益保护法第四十四条关于网络交易平台提供者责任的规定扩大适用到商场场地出租者，担心加重商场场地出租者责任，故建议删除该条规定。

第二种观点认为，《解释》征求意见稿第六条规定有法理依据和现实意义，但不应只规定商场场地出租者责任，建议将“消费者在租赁商场场地的经营者处接受商品或者服务，合法权益受到损害，请求经营者承担民事责任的，人民法院应予支持”修改为“消费者在租赁商场、商务楼宇等场地的经营者处接受商品或者服务，合法权益受到损害，请求经营者承担民事责任的，人民法院应予支持”。理由是，经营者租赁商务楼宇开展预付式消费经营的情况普遍存在。商务楼宇的场地性质与商场场地类似，为减少今后审理案件的争议，宜明确商务楼宇等场地经营者的责任。

第三种观点认为，消费者在租赁商场场地的经营者处办卡后，经营者“卷款跑路”是实践中常见的问题，也是消费者面临的“退卡难”问题之一，应当予以规范，但也应避免不当加重商场场地出租者责任，可先解决实践中最突出的问题，明确商场场地出租者最基本的注意义务。例如，商场场地出租者对租赁商场场地经营者的经营资质具有一定审查义务，规定商场场地出租者未履行该义务应承担的责任，防止其场地被不具备经营资质的经营者用于“套路”消费者。

《解释》第六条采纳了第三种观点。关于商场等市场场地出租者对租赁场地经营者的资质审查义务，食品安全法等法律法规作了明确规定。例如，食品安全法第六十一条规定：“集中交易市场的开办者、柜台出租者和展销会举办者，应当依法审查入场食品经营者的许可证，明确其食品安全管理责任，定期对其经营环境和条件进行检查，发现其有违反本法规定行为的，应当及时制止并立即报告所在地县级人民政府食品安全监督管理部门。”第一百三十条第一款规定：“违反本法规定，集中交易市场的开办者、柜台出租者、展销会的举办者允许未依法取得许可的食品经营者进入市场销售食品，或者未履行检查、报告等义务的，由县级以上人民政府食品安全监督管理部门责令改正，没收违法所得，并处五万元以上二十万元以下罚款；造成严重后果的，责令停业，直至由原发证部门吊销许可证；使消费者的合法权益受到损害的，应当与食品经营者承担连带责任。”国务院公布的《无照经营查处取缔办法》（2003 年公布，已废止）第十五条规定：“知道或者应当知道属于本办法规定的无照经营行为而为其提供生产经营场所、运输、保管、仓储等条件的，由工商行政管理部门责令立即停止违法行为，没收违法所得，并处 2 万元以下的罚款；为危害人体健康、存在重大安全隐患、威胁公共安全、破坏环境资源的无照经营行为提供生产经营场所、运输、保管、仓储等条件的，并处 5 万元以上 50 万元以下的罚款。”国务院公布的《无证无照经营查处办法》第十四条规定：“明知属于无照经营而为经营者提供经营场所，或者提供运输、保管、仓储等条件的，由工商行政管理部门责令停止违法行为，没收违法所得，可以处 5000 元以下的罚款。”在上述规定的基础上，《解释》第六条明确了商场场地出租者对租赁场地经营者资质的形式审查义务和过错责任，解决租赁商场场地的经营者收款跑路后应找谁担责的问题。适用该条规定时，应当严格依法，避免不当加重商场场地出租者责任。同时，如果商场场地出租者对租赁场地经营者资质履行了形式审查义务，知道租赁场地经营者的名称、地址、联系方式等信息的，应当根据消费者的请求向消费者提供相关信息，以便于消费者向租赁场地经营者维权。

## 四、清算义务人和清算组作为责任主体

### （一）不及时清算的责任

“卷款跑路”和恶意逃债是预付式消费中较突出、对消费者权益损害较大的问题。有的经营者收取预付款、遇到经营困难后不及时清算，既不清理资产也不向消费者等债权人清偿债务，损害消费者权益。根据民法典第七十条第三款的规定，清算义务人未及时履行清算义务，造成损害的，应当承担民事责任。根据《最高人民法院关于适用〈中华人民共和国公司法〉若干问题的规定（二）》（以下简称《公司法司法解释二》）第十八条的规定，有限责任公司的股东、股份有限公司的董事和控股股东未在法定期限内成立清算组开始清算，导致公司财产贬值、流失、毁损或者灭失，债权人有权请求其在造成损失范围内对公司债务承担赔偿责任。有限责任公司的股东、股份有限公司的董事和控股股东因怠于履行义务，导致公司主要财产、账册、重要文件等灭失，无法进行清算，债权人有权请求其对公司债务承担连带清偿责任。如果上述情形系实际控制人原因造成，债权人有权请求实际控制人对公司债务承担相应民事责任。实践中，有的经营者收取预付款后，因经营不善而跑路，或者与消费者玩“躲猫猫”，不依法及时成立清算组进行清算，造成消费者损失。对此，《解释》第七条规定，经营者依法应当清算但未及时进行清算，造成消费者损失，消费者有权请求经营者的清算义务人依法承担民事责任。

关于清算义务人的含义，民法典、公司法等法律使用了清算义务人、清算组、清算组成员、清算人等概念，实践中，对于这几个概念之间的关系存在不同认识。对此问题，可从以下三方面理解：一是清算义务人

是负有成立清算组进行清算义务的人，清算义务人的范围由法律规定；二是清算组由清算组成员组成，清算组成员由清算义务人指定，可以是公司董事，也可以是公司章程规定或者股东会决议选定的人，律师事务所、会计师事务所的专业人员等；三是清算人是指负责清算事务的人，不限于公司清算事务，包括清算组。

关于清算义务人的范围，目前相关法律和司法解释的规定有所不同。一是《公司法司法解释二》第十八条第一款和第二款规定，有限责任公司的股东、股份有限公司的董事和控股股东应当在法定期限内成立清算组开始清算，如果未在法定期限内成立清算组开始清算，导致公司财产贬值、流失、毁损或者灭失，债权人有权请求其在造成损失范围内对公司债务承担赔偿责任。依据上述规定，有限责任公司的清算义务人为股东，股份有限公司的清算义务人包括其董事、控股股东。《公司法司法解释二》第十八条第三款还规定，如果前两款规定情形系实际控制人原因造成，债权人有权请求实际控制人对公司债务承担相应民事责任。因此，实际控制人也应承担清算义务人的责任。二是民法典第七十条第二款规定，法人的董事、理事等执行机构或者决策机构的成员为清算义务人。该款规定的清算义务人范围较广，对于公司而言，其执行机构成员是董事。三是 2023 年修订的公司法第二百三十二条第一款规定，董事为公司清算义务人，应当在解散事由出现之日起十五日内组成清算组进行清算。

上述法律和司法解释规定的清算义务人范围有所不同，而且施行时间亦不同，在确定清算义务人的范围时，可坚持以下原则：一是法不溯及既往原则。如果清算事由发生时，相关法律还未生效，则不宜适用该法律规定认定清算义务人。例如，在民法总则施行前，不宜将有限责任公司的董事作为清算义务人。但是，如果清算事由持续至新法施行之时的，可适用新法规定认定清算义务人。二是新法优于旧法原则。新法制定时，通常已经考虑了旧法（包括司法解释）的规定，新法未作出特别规定的情况下，一般情况下应坚持新法优于旧法的原则。例如，清算事由发生于民法总则施行之前，但持续至民法总则施行之后的，可适用民法总则的规定，将有限责任公司的董事作为清算义务人。这不会加重有限责任公司董事的负担，因为新法的施行会影响其行为预期，使其知道自己成立清算组的义务。三是特别法为新法的情况下，坚持特别法优于一般法原则。如果清算事由发生于2023年修订的公司法施行之后，则应当适用公司法的规定，以公司的董事为清算义务人。

不及时清算表现为两种方式：一是清算义务人不及时成立清算组的行为；二是清算组成立后不及时清算的行为。公司法第二百三十二条第二款规定："清算组由董事组成，但是公司章程另有规定或者股东会决议另选他人的除外。"第二百三十八条规定："清算组成员履行清算职责，负有忠实义务和勤勉义务。清算组成员怠于履行清算职责，给公司造成损失的，应当承担赔偿责任；因故意或者重大过失给债权人造成损失的，应当承担赔偿责任。"预付式消费中，经营者成立清算组后，清算组成员故意不依法及时履行清算职责，造成消费者损失，属于因故意给消费者造成损失的行为。因此，虽然《解释》第七条只规定了清算义务人不及时清算的责任，但是，清算组成立后不及时履行清算职责导致消费者的预付款无法返还的，也应当依法承担赔偿责任。

清算义务人恶意选择不具备清算能力的人组成清算组、逃避清算责任的，也可构成《解释》第七条规定的清算义务人不及时清算。清算涉及专业知识，需要具备相应能力的人组成清算组。实践中，清算组通常由熟悉公司业务的董事、律师事务所、会计师事务所等专业服务机构或者其他具备清算能力的人组成。但是，有的清算义务人故意选任不具有清算能力的人组成清算组，导致清算无法顺利开展，损害消费者等债权人权益，产生的后果与不及时履行清算义务相同，也应当向消费者等债权人承担责任。

### （二）违法清算的责任

除不及时清算的责任外，清算组违法清算导致消费者损失的，亦应当向消费者承担赔偿责任。根据《公司法司法解释二》第十一条、第十五条和第二十三条的规定，清算组向消费者承担违法清算赔偿责任的情形包括：一是清算期间未及时通知消费者。依照公司法第二百三十五条第一款的规定，“清算组应当自成立之日起十日内通知债权人，并于六十日内在报纸上或者国家企业信用信息公示系统公告”。如果清算组未按照上述规定，将公司解散清算事宜书面通知全体已知债权人，并根据公司规模和营业地域范围在全国或者公司注册登记地省级有影响的报纸上进行公告，导致消费者未及时申报债权而未获清偿，应当向消费者承担损失赔偿责任。二是执行未经确认的清算方案造成消费者损失。在公司自行清算的情况下，清算方案应由股东会决议确认，在人民法院组织清算的情况下，清算方案应由人民法院确认。清算组执行的是未经确认的清算方案，给消费者造成损失的，应当承担赔偿责任。三是违反法律、行政法规或者公司章程进行清算，给消费者造成损失，消费者有权请求其承担损失赔偿责任。例如，在经营者资产不足以清偿其欠付的全部消费者预付款的情况下，不依照《公司法司法解释二》第十七条的规定与债权人协商制作债务清偿方案并由全体债权人确认或依法向法院申请破产，也不对全部消费者债权进行平等清偿，故意进行选择性清偿，让部分消费者获得的清偿减少，应依法承担与其过错相应的民事责任。

### （三）未清算就注销公司的责任

预付式消费中较为常见的是在未依法清算的情况下违法注销公司。依照《公司法司法解释二》第十九条和第二十条的规定，有限责任公司的股东、股份有限公司的董事和控股股东，以及公司的实际控制人存在下列情形的，债权人有权请求其对公司债务承担责任：一是在公司解散后，恶意处置公司财产给债权人造成损失；二是未经依法清算，以虚假的清算报告骗取公司登记机关办理法人注销登记；三是公司未经清算即办理注销登记，导致公司无法进行清算；四是公司通过简易程序注销公司登记承诺不实。依照公司法第二百四十条第三款的规定，在办理简易注销登记时，应由全体股东承诺公司在存续期间未产生债务或者已清偿全部债务，如果承诺不实，公司股东应当对注销登记前的债务承担连带责任。例如，最高人民法院发布的典型案例王某诉薛某清算责任纠纷案①中，薛某申请注销某公司，注销材料显示债权债务已清理完毕，但案涉瑜伽店会员大约有200人，还有40万元左右的预付款未消费，属于典型的未对公司进行清算就以虚假材料违法注销公司的逃债行为。薛某作为公司注销时的唯一股东，未经依法清算就违法注销公司，损害消费者合法权益，在公司已被注销的情况下，应当对公司债务承担责任。

## 五、经营者“转店”后的责任主体

预付式消费中，消费者经常面临经营者“转店”后谁应向其承担责任的问题。对此，应具体分析。

首先，如果经营者属于个体工商户，“转店”即意味着经营主体变更，“转店”行为只有经消费者同意后才对消费者发生效力。民法典第五百五十一条第一款规定：“债务人将债务的全部或者部分转移给第三人的，应当经债权人同意。”预付式消费中，消费者预交了全部价款，履行了全部合同义务，经营者应在合同约定的履行期限内兑付商品或者提供服务。经营者作为债务人，其履约能力直接决定消费者合同目的是否能够实现。经营者“转店”导致预付式消费合同义务人变更的，应当经作为债权人的消费者同意，未经消费者同意的，对消费者不发生效力，消费者仍有权请求原经营者兑付商品或者提供服务。根据《解释》第十三条第一款第二项的规定，由于原经营者已经将店铺转让，无法继续履行合同，故消费者有权解除合同，请求原经营者退款。

其次，如果经营者经营的是连锁店，将其经营的店铺之一转让他人，消费者仍有权请求经营者的其他店铺兑付商品或者提供服务。但是，经营者的其他店铺离消费者工作地或者生活地很远，给消费者接受商品或

① 最高人民法院新闻局：《事关健身房、美容院、培训机构预付卡纠纷！最高法发布涉预付式消费典型案例》，载中国法院网，https：//www.chinacourt.org/article/detail/2025/03/id/8745845.shtml，访问时间：2025年3月17日。

者服务造成明显不便的，根据《解释》第十三条第一款第一项的规定，消费者有权解除预付式消费合同。该项规定的法理依据是，经营场所远近是消费者决定是否订立预付式消费合同的重要条件。经营者收取预付款后，有可能“转店”“关店”“迁店”，并通知消费者由其他连锁店铺或者新开店铺兑付商品或者提供服务。如果经营者变更经营场所对消费者获得商品或者服务产生的影响较小，消费者通常会予以包容，但是，如果经营者变更经营场所致使消费者消费成本显著提高或者在途时间明显增加，消费者不仅会增加消费成本，甚至可能放弃要求兑付商品或者提供服务，如果不允许消费者解除合同，对消费者明显不公平。因此，在经营者变更经营场所给消费者接受商品或者服务造成明显不便的情形下，消费者有权解除预付式消费合同。

最后，如果经营者属于有限责任公司或者股份有限公司，公司股东将其对公司的股权转让给第三人，即以转让股权的方式“转店”，仍应由公司向消费者承担责任。例如，有限责任公司的股东将其持有的公司全部股权转让给第三人，因公司与股东是相互独立的民事主体，预付式消费合同的当事人是公司而非股东，股东变更不影响公司继续作为合同主体向消费者承担责任。但是，如果公司原股东滥用公司法人独立地位和有限责任制度、严重损害消费者权益，消费者有权请求公司原股东承担连带责任。

## 六、公司股东作为责任主体

滥用公司制度逃避债务，是预付式消费中常见的“逃债”行为，主要表现为通过滥用一人公司制度、滥用公司股东有限责任制度、违法减资、违法分红、恶意转让股权等方式逃避债务，损害消费者权益。依照民法典、公司法及相关司法解释的规定，下列情形下，公司股东应向消费者承担责任。

### （一）一人公司股东不能证明公司财产独立于股东财产

预付式消费中，经营者中既有经营规模大的集团公司，也有经营规模小的一人公司。公司法第二十三条第三款规定："只有一个股东的公司，股东不能证明公司财产独立于股东自己的财产的，应当对公司债务承担连带责任。"有的一人公司股东，以公司名义与消费者订立预付式消费合同，收取消费者预付款并未用于公司经营，或者不能证明公司财产独立于其自身财产的，应当对公司债务承担连带责任。

### （二）滥用公司股东有限责任逃避债务

公司股东承担有限责任的前提是依照法律规定和公司章程约定缴纳出资，并按照公司法的规定管理公司，确保公司财产和意志独立于股东财产和意志。根据公司法第二十三条第一款的规定，公司股东滥用公司法人独立地位和股东有限责任，逃避债务，严重损害公司债权人利益的，应当对公司债务承担连带责任。认定公司人格与股东人格是否存在混同，最根本的判断标准是公司是否具有独立意思和独立财产，最主要的表现是公司的财产与股东的财产是否混同且无法区分。在认定是否构成人格混同时，应当综合考虑以下因素：一是股东无偿使用公司资金或者财产，不作财务记载；二是股东用公司的资金偿还股东的债务，或者将公司的资金供关联公司无偿使用，不作财务记载；三是公司账簿与股东账簿不分，致使公司财产与股东财产无法区分；四是股东自身收益与公司盈利不加区分，致使双方利益不清；五是公司的财产记载于股东名下，由股东占有、使用。①

经营者收取预付款后，经营者的股东滥用公司法人独立地位和股东有限责任，逃避债务，导致消费者既无法依据合同约定获得商品和服务，也无法申请退款的，属于严重损害公司债权人利益的行为，应当由股东对经营者债务承担连带责任。经营者的股东滥用公司法人独立地位和股东有限责任的情形，主要表现为公司与股东财产混同。例如，违反公司法第二百一十七条的规定，将经营者收取的预付款或者其他资金转入以

① 参见《全国法院民商事审判工作会议纪要》（法〔2019〕254号）第十条的规定。

本人或者其他人名义开立的账户。

有的股东利用其控制的多个关联公司逃废债务，损害消费者权益。公司法第二十三条第一款和第二款规定："公司股东滥用公司法人独立地位和股东有限责任，逃避债务，严重损害公司债权人利益的，应当对公司债务承担连带责任。股东利用其控制的两个以上公司实施前款规定行为的，各公司应当对任一公司的债务承担连带责任。"股东对关联公司的控制，并不仅限于基于股权的母子公司式的控制，还包括以协议或者其他方式对公司财产和交易行为进行支配。

### （三）抽逃出资的股东

股东出资是公司对外承担责任的基础，是消费者等公司债权人债权实现的基本保障。如果公司股东出资后抽逃出资，将导致公司责任财产减少，损害消费者等公司债权人权益。根据《最高人民法院关于适用〈中华人民共和国公司法〉若干问题的规定（三）》（以下简称《公司法司法解释三》）第十四条第二款的规定，消费者等公司债权人有权请求抽逃出资的股东在抽逃出资本息范围内对公司债务不能清偿的部分承担补充赔偿责任，还有权请求协助抽逃出资的其他股东、董事、高级管理人员或者实际控制人对该补充责任承担连带责任。股东抽逃出资的表现主要有：一是制作虚假财务会计报表虚增利润进行分配；二是通过虚构债权债务关系将其出资转出；三是利用关联交易将出资转出；四是其他未经法定程序将出资抽回的行为。[1]

### （四）未全面履行出资义务的股东

1. 股东未缴足应实缴的出资应承担补充责任

股东应实缴而未缴足出资，造成消费者等公司债权人损失的，应当向债权人承担补充责任。关于股东未缴足出资情况下，谁有权请求股东

---

① 参见《公司法司法解释三》第十二条的规定。

承担责任的问题，理论和实践上曾存在不同认识，主要包括公司①、其他股东②以及公司债权人③有权请求股东承担责任三类观点。股东未缴足出资，形式上看会直接影响公司责任财产，实际上最终影响的是其他股东和公司债权人权益。因此，股东出资责任并不限于资本充实责任，股东不履行出资义务既会导致该股东及利害关系人对公司的资本充实责任，也会产生该股东对其他股东乃至债权人的出资责任。④ 司法实践认可股东不履行出资义务应对公司债权人承担责任的观点，《公司法司法解释三》第十三条第二款规定："公司债权人请求未履行或者未全面履行出资义务的股东在未出资本息范围内对公司债务不能清偿的部分承担补充赔偿责任的，人民法院应予支持；未履行或者未全面履行出资义务的股东已经承担上述责任，其他债权人提出相同请求的，人民法院不予支持。"根据公司法第五十条的规定，有限责任公司设立时，股东未按照公司章程规定实际缴纳出资，或者实际出资的非货币财产的实际价额显著低于所认缴的出资额的，设立时的其他股东与该股东在出资不足的范围内承担连带责任。即公司设立时的其他股东对未缴足出资的股东的补充责任承担连带责任。

公司法第八十八条第二款规定："未按照公司章程规定的出资日期缴纳出资或者作为出资的非货币财产的实际价额显著低于所认缴的出资额的股东转让股权的，转让人与受让人在出资不足的范围内承担连带责任；受让人不知道且不应当知道存在上述情形的，由转让人承担责任。"对消费者等债权人而言，该款规定的连带责任亦是对未缴足出资股东应承担的补充责任的连带责任。

---

① 参见朱慈蕴：《股东违反出资义务应向谁承担违约责任》，载《北方法学》2014年第1期。

② 参见傅穹：《分期缴纳规则下的公司诉讼》，载《当代法学》2008年第4期。

③ See Maurice J. Dix, "Adequate Risk Capital: The Consideration for the Benefits of Separate Incorporation", 52 Northwestern University Law Review (1958), 转引自张其鉴：《股东出资义务的请求权主体研究——兼评〈民法典〉合伙合同、利他合同条款》，载《法商研究》2022年第1期。

④ 参见陈凤鸣：《新〈公司法〉下股东出资责任研究》，载《南京大学学报（哲学·人文科学·社会科学）》2025年第1期。

根据《公司法司法解释三》第十七条的规定，有限责任公司的股东未履行出资义务或者抽逃全部出资，经公司催告缴纳或者返还，其在合理期间内仍未缴纳或者返还出资，公司以股东会决议解除该股东的股东资格，该股东请求确认该解除行为无效的，人民法院不予支持。公司应当及时办理法定减资程序或者由其他股东或者第三人缴纳相应的出资。在办理法定减资程序或者其他股东或者第三人缴纳相应的出资之前，消费者等公司债权人仍有权依照《公司法司法解释三》第十三条或者第十四条的规定请求未缴足出资或者抽逃出资的股东承担补充责任。

2. 公司解散时股东未缴足出资应承担补充责任

公司解散时股东尚未缴足出资的，应向消费者等公司债权人承担补充责任。依照《公司法司法解释二》第二十二条第一款的规定，公司解散时，股东尚未缴纳的出资均应作为清算财产。股东尚未缴纳的出资，包括到期应缴未缴的出资，以及依照公司法相关规定分期缴纳尚未届满缴纳期限的出资。股东尚未缴纳的出资作为清算财产即意味着股东应在未缴纳出资范围内依法向消费者等债权人承担补充责任。

3. 股东未缴足加速到期出资应承担补充责任

在公司资本认缴制下，股东实际是以对公司的债务即按章程规定缴纳出资的义务作为公司对外承担责任的保障。股东已认缴出资但未届缴纳期限的，享有期限利益，但是股东认缴出资“加速到期”却未依法缴足的，应依法向因此受到损失的消费者等公司债权人承担补充责任。《公司法司法解释二》第二十二条第二款规定：“公司财产不足以清偿债务时，债权人主张未缴出资股东，以及公司设立时的其他股东或者发起人在未缴出资范围内对公司债务承担连带清偿责任的，人民法院应依法予以支持。”2023 年修订的公司法第五十四条进一步规定：“公司不能清偿到期债务的，公司或者已到期债权的债权人有权要求已认缴出资但未届出资期限的股东提前缴纳出资。”因此，在公司不能清偿到期债务的情况下，消费者等享有已到期债权的债权人有权请求已认缴出资但未届出资期限的股东提前缴纳出资。加速到期出资属于应实缴的出资，股东未缴足加速到期出资与未缴足应实缴出资的法律后果相同，消费者等债权人有权请求其承担补充责任。2023年公司法修改了认缴出资加速到期的条件，该法施行后，消费者等债权人请求股东承担责任的，其不能再以公司未进入破产程序或未实质满足破产条件为由进行抗辩。

4. 转让已认缴出资但未届出资期限股权的股东应依法承担责任

根据公司法第八十八条第一款的规定，股东转让已认缴出资但未届出资期限的股权的，由受让人承担缴纳该出资的义务；受让人未按期足额缴纳出资的，转让人对受让人未按期缴纳的出资承担补充责任。公司作为拟制法人，其承载的主要是股东和债权人权益。因此，股东出资责任问题，主要涉及未缴足出资股东与其他股东之间以及未缴足出资股东与债权人之间的权利义务问题。有研究发现，虽然依照公司法的规定，有权请求认缴股东履行出资义务的主体包括公司及其债权人，但从研究样本所反映的情况来看，围绕出资义务所产生的纠纷，基本上发生在公司债权人和出资义务人之间，很少发生在公司和出资义务人之间。探讨未届期股权转让后的出资责任归属问题，研究的重点为平衡好出资义务人和公司债权人之间的利益。① 如果公司股东认缴的公司注册资本高，但实缴额低，收取消费者预付款后，在没有缴足认缴出资的情况下，将股权转让第三人，应当依法承担责任，责任基础包括两方面：一是股东与第三人恶意串通损害公司债权人利益。例如，有研究发现，实践中存在0元对价转让股权的行为，此类行为有两个特点：一方面，股东转让股权之际，知道或者应当知道其将面临现实或者可能的出资义务，尤其是其在公司债权人获得胜诉法律文书后转让股权，恶意转让股权以逃避出资义务的故意明显；另一方面，股权转让的受让人多无出资能力，通常是将股权转让给原股东高龄近亲属。在这种情况下，判决转让股东、受让股东向债权人承担连带出资责任的案件占比最高。② 有的一人公司收取消

① 参见魏丹、唐荣娜：《论未届期股权转让后的出资责任归属——以新〈公司法〉第88条第1款为研究对象》，载《经贸法律评论》2024年第5期。

② 参见魏丹、唐荣娜：《论未届期股权转让后的出资责任归属——以新〈公司法〉第88条第1款为研究对象》，载《经贸法律评论》2024年第5期。

费者预付款后，股东将公司全部股权转让给年逾九旬、不具有责任承担能力的老年人。这种情况下，消费者等公司债权人可依照民法典第一百五十四条关于恶意串通的民事法律行为无效的规定和第一千一百六十八条关于共同侵权的规定，请求原股东和现股东承担连带责任。由于现股东通常不具有偿债能力，最终仍需由原股东承担责任。二是即使公司股东没有与第三人恶意串通损害消费者权益的故意，依照公司法第八十八条第一款的规定，仍然应对股权受让人未按期缴纳出资对应的责任承担补充责任。依照《最高人民法院关于〈中华人民共和国公司法〉第八十八条第一款不溯及适用的批复》的规定，适用该款规定时不应溯及既往。

### （五）违法减资和违法分红的股东

减少注册资本对公司债权人利益有重大影响。根据公司法第二百二十四条第二款的规定，公司应当自股东会作出减少注册资本决议之日起十日内通知债权人，并于三十日内在报纸上或者国家企业信用信息公示系统公告。债权人接到通知后，有权要求公司清偿债务或者提供相应的担保。因此，减少注册资本原则上应当以保障公司债权人的债权实现为前提。关于违法减资的法律后果，公司法第二百二十六条规定："违反本法规定减少注册资本的，股东应当退还其收到的资金，减免股东出资的应当恢复原状；给公司造成损失的，股东及负有责任的董事、监事、高级管理人员应当承担赔偿责任。"司法实践一般认为，违法减资减少了公司责任财产，导致公司债权人债权实现的概率下降，因此，公司债权人有权请求股东在违法减资范围内承担补充责任。① 在预付式消费中，经营者收取消费者预付款后，在不通知消费者并保障消费者合同债权的情况下就进行减资，损害消费者权益的，消费者有权请求经营者的股东依法承担补充赔偿责任。

股东的利润分配请求权劣后于消费者等公司债权人的债权请求权。

① 参见《上海德某西集团有限公司诉江苏博某高科有限公司、冯某、上海博某光电股份有限公司买卖合同纠纷案》，载《最高人民法院公报》2017 年第 11 期。

根据公司法第二百一十条的规定，公司弥补亏损和提取公积金后所余的税后利润，才可向股东分配。而且公司持有的本公司股份不得分配利润。公司法定公积金的提取标准是利润的10%，但是公司法定公积金累计额达到公司注册资本的50%后，可以不再提取法定公积金。公司经股东会还可决定从税后利润中提取法定公积金后再提取任意公积金。如果公司还有未弥补的往年亏损，应当先弥补亏损再提取法定公积金和任意公积金。同时，根据公司法第二百一十四条和第二百二十五条的规定，公司的任意公积金、法定公积金、资本公积金不足以弥补亏损的，可以减少注册资本弥补亏损，但是公司不得向股东分配，也不得免除股东缴纳出资或者股款的义务，而且在法定公积金和任意公积金累计额达到公司注册资本50%前，不得分配利润。

根据公司法第二百一十一条的规定，公司违法向股东分配利润的，股东应当将违反规定分配的利润退还公司，给公司造成损失的，股东及负有责任的董事、监事、高级管理人员应当承担赔偿责任。预付式消费中，如果经营者收取预付款后，不能按合同约定提供商品和服务，也不能向消费者返还预付款，却向股东违法分配利润，则消费者对经营者享有返还预付款的请求权，经营者对股东享有返还违法分配利润的请求权。这种情况下，消费者有权依法对股东提起代位权诉讼，以保护自身的权益。从理论上说，直接起诉债权人的法律效果是应采入库说还是股东补充责任说存在不同认识。本文倾向于股东补充责任说，理由如下：第一，从民法典关于代位权诉讼立法精神看。虽然理论上对代位权诉讼的法律后果一直有直接清偿说与入库说的争议，但立法已经采用直接清偿说。第二，从比较法看，域外立法已有关于债权人有权直接请求股东清偿的规定。例如，鉴于公司债权人对维持公司财产有重大利害关系，日本公司法专门规定公司债权人可以对股东追偿。在理论上，有观点认为，该追偿权类似于其合同法中的债权人代位权。第三，违法分红主要涉及公司股东与债权人之间的利益冲突。由于股东会是公司权力机关、意思形成机关，如果不允许债权人直接请求违法分红股东承担责任，公司以自己名义请求股东退还违法分红的可能性非常小。与民法上的代位权诉讼一样，如果不采取直接清偿原则，特定公司债权人提起诉讼的成本与收益不相对应，不具有提起诉讼的动力，会出现“搭便车”现象。这既不利于公司债权人权利保护，也不利于规制违法分红行为。消费者提起代位权诉讼的效果与消费者请求股东对公司债务承担补充责任的效果实际上相同。违法分红与违法减资、抽逃出资等行为都属于违反公司财产维持原则、损害公司债权人权益的行为。在此类行为损害消费者等债权人权益的情况下，仍应先用公司财产承担责任，在公司财产不足以清偿债权人债务的情况下，再由股东在违法分红、违法减资、抽逃出资范围内承担补充责任。

## 七、公司设立人作为责任主体

有的设立人在设立公司期间即开展预付式消费，收取消费者预付款。在这种情况下，是否应由设立人承担责任，应具体分析。第一，如果公司依法设立，依照公司法第四十四条第一款的规定，有限责任公司设立时的股东为设立公司从事的民事活动，其法律后果由公司承受。第二，如果公司设立时的股东为设立公司以自己的名义从事民事活动，依照公司法第四十四条第三款的规定，消费者等债权人有权选择请求公司或者公司设立时的股东承担民事责任。第三，如果公司因故未成立，设立人系以公司名义订立预付式消费合同、收取预付款，依照公司法第四十四条第二款、《公司法司法解释三》第四条第一款的规定，应由公司设立时的股东承担连带责任。

## 八、“背债人”作为责任主体

随着预付式消费的发展，出现了帮助不诚信经营者逃债的特殊群体“背债人”。预付式消费中的“背债”并非法律概念，一般指在经营者经营不善、面临停业风险的情况下，通过股权转让、变更法定代表人等方式承担债务、帮助原经营者逃废债务，并从中牟利的行为。原经营者并不因有人“背债”而免除责任。“背债人”可能是“职业闭店”团伙成员、“职业闭店”团伙物色的缺乏履约能力的人员，也可能是单独以为他人“背债”为业的人员。依照民法典第一百五十四条的规定，经营者的股东或出资人与“背债人”恶意串通，损害消费者合法权益的，双方变更法定代表人和股东的民事法律行为无效，经营者的真实股东或出资人仍然应当依法承担责任。对于消费者而言，经营者的股东或出资人与“背债人”恶意串通损害其合法权益的行为构成共同侵权，依照民法典第一千一百六十八条的规定，双方应当对消费者因此受到的损失承担连带责任。

“背债人”还可能在公司设立之时就作为名义股东“背债”。在这种情况下，应当优先保护消费者等债权人对商业登记的信赖利益。依照《公司法司法解释三》第二十六条的规定，公司债权人以登记于公司登记机关的股东未履行出资义务为由，请求其对公司债务不能清偿的部分在未出资本息范围内承担补充赔偿责任，股东以其仅为名义股东而非实际出资人为由进行抗辩的，人民法院不予支持。如果第三人并没有“背债”的故意，只是被冒用其名义出资并被作为股东在公司登记机关登记，依照《公司法司法解释三》第二十八条的规定，冒名登记行为人应当承担相应责任，被冒名登记为股东的第三人不应承担补足出资责任或者对公司债务不能清偿部分的赔偿责任。

## 九、“职业闭店人”作为责任主体

预付式消费中，与“背债人”紧密联系的概念是“职业闭店人”。预付式消费中的“职业闭店”也不是法律概念，一般是指在经营者经营不善、面临停业风险的情况下，帮助经营者处理闭店事务，并从中牟利的行为。“职业闭店人”既可能是一个人，也可能是由多人组成的“职业闭店”团伙。在最高人民法院发布的典型案例王某诉薛某清算责任纠纷案[1]中，薛某多次在朋友圈发送“高价收购经营不善店铺会员”“帮助消耗负债”“死客激活”等信息，自称提供前述中介服务，收取服务费用。上述行为表明其以闭店牟利为业，故法院认定其属于“职业闭店人”。在最高人民法院发布的典型案例郑某顺等诈骗案[2]中，郑某顺、颜某玉、郝某玮等多名被告人组成分工明确、协作配合的专业化、职业化“闭店”团伙，也属于“职业闭店人”。

“职业闭店”行为主要表现为两种形式：一是出谋划策，通过安排“背债人”、为消费者维权设置障碍等方式帮助经营者闭店逃债，并通过收取经营者支付的报酬获利；二是通过收购、参股等方式直接参与原店铺经营，利用店铺原有客户资源，以抽奖、充值返现等噱头诱骗消费者继续充值，收到预付款后闭店，“卷款跑路”。[3] 在第一种情况下，“职业闭店人”属于帮助经营者的股东或者出资人逃债的人。因此，“职业闭店人”与经营者的股东或者出资人恶意串通，损害消费者权益的，依照民法典第一百五十四条的规定，双方的民事法律行为无效。对于消费者等债权人而言，经营者的股东或出资人与“职业闭店人”恶意串通损害其合法权益的行为构成共同侵权，依照民法典第一千一百六十八条的规定，双方应当对消费者因此受到的损失承担连带责任。在第二种情况下，“职业闭店人”的行为构成诈骗等犯罪的，还应依法承担刑事责任。例如，最高人民法院发布的典型案例郑某顺等诈骗案[4]中，郑某顺、颜某玉、郝

---

① 参见最高人民法院新闻局：《事关健身房、美容院、培训机构预付卡纠纷！最高法发布涉预付式消费典型案例》，载中国法院网，https://www.chinacourt.org/article/detail/2025/03/id/8745845.shtml，访问时间：2025 年 3 月 17 日。

② 参见最高人民法院新闻局：《事关健身房、美容院、培训机构预付卡纠纷！最高法发布涉预付式消费典型案例》，载中国法院网，https://www.chinacourt.org/article/detail/2025/03/id/8745845.shtml，访问时间：2025 年 3 月 17 日。

③ 参见陈宜芳：《“背债人”背不走债务，“逃债者”逃不出法网》，载《人民日报》2025 年 3 月 17 日。

④ 参见最高人民法院新闻局：《事关健身房、美容院、培训机构预付卡纠纷！最高法发布涉预付式消费典型案例》，载中国法院网，https://www.chinacourt.org/article/detail/2025/03/id/8745845.shtml，访问时间：2025 年 3 月 17 日。

某玮等被告人为诱骗消费者进行预付款充值实施诈骗，接手宁波市海曙区一摄影店，以门店开展周年庆活动回馈客户为名，虚假承诺待活动结束后会将充值款返还，诱使被害人进行现金充值，后又召集被害人举办颁奖仪式，以现场充值刷排名诱导被害人再次充值，收取预付款后关店失联，骗取被害人孙某等人人民币 146 万余元。法院认定各被告人的行为均已构成诈骗罪，系共同犯罪，对各被告人以诈骗罪判处有期徒刑，并处罚金。

# 【民法典婚姻家庭编司法解释（二）专题】

## 最高人民法院
## 关于适用《中华人民共和国民法典》婚姻家庭编的解释（二）

法释〔2025〕1 号

（2024 年 11 月 25 日最高人民法院审判委员会第 1933 次会议通过
2025 年 1 月 15 日最高人民法院公告公布
自 2025 年 2 月 1 日起施行）

为正确审理婚姻家庭纠纷案件，根据《中华人民共和国民法典》《中华人民共和国民事诉讼法》等相关法律规定，结合审判实践，制定本解释。

**第一条** 当事人依据民法典第一千零五十一条第一项规定请求确认重婚的婚姻无效，提起诉讼时合法婚姻当事人已经离婚或者配偶已经死亡，被告以此为由抗辩后一婚姻自以上情形发生时转为有效的，人民法院不予支持。

**第二条** 夫妻登记离婚后，一方以双方意思表示虚假为由请求确认离婚无效的，人民法院不予支持。

**第三条** 夫妻一方的债权人有证据证明离婚协议中财产分割条款影响其债权实现，请求参照适用民法典第五百三十八条或者第五百三十九条规定撤销相关条款的，人民法院应当综合考虑夫妻共同财产整体分割及履行情况、子女抚养费负担、离婚过错等因素，依法予以支持。

**第四条** 双方均无配偶的同居关系析产纠纷案件中，对同居期间所得的财产，有约定的，按照约定处理；没有约定且协商不成的，人民法院按照以下情形分别处理：

（一）各自所得的工资、奖金、劳务报酬、知识产权收益，各自继承或者受赠的财产以及单独生产、经营、投资的收益等，归各自所有；

（二）共同出资购置的财产或者共同生产、经营、投资的收益以及其他无法区分的财产，以各自出资比例为基础，综合考虑共同生活情况、有无共同子女、对财产的贡献大小等因素进行分割。

**第五条** 婚前或者婚姻关系存续期间，当事人约定将一方所有的房屋转移登记至另一方或者双方名下，离婚诉讼时房屋所有权尚未转移登记，双方对房屋归属或者分割有争议且协商不成的，人民法院可以根据当事人诉讼请求，结合给予目的，综合考虑婚姻关系存续时间、共同生活及孕育共同子女情况、离婚过错、对家庭的贡献大小以及离婚时房屋市场价格等因素，判决房屋归其中一方所有，并确定是否由获得房屋一方对另一方予以补偿以及补偿的具体数额。

婚前或者婚姻关系存续期间，一方将其所有的房屋转移登记至另一方或者双方名下，离婚诉讼中，双方对房屋归属或者分割有争议且协商不成的，如果婚姻关系存续时间较短且给予方无重大过错，人民法院可以根据当事人诉讼请求，判决该房屋归给予方所有，并结合给予目的，综合考虑共同生活及孕育共同子女情况、离婚过错、对家庭的贡献大小以及离婚时房屋市场价格等因素，确定是否由获得房屋一方对另一方予以补偿以及补偿的具体数额。

给予方有证据证明另一方存在欺诈、胁迫、严重侵害给予方或者其近亲属合法权益、对给予方有扶养义务而不履行等情形，请求撤销前两款规定的民事法律行为的，人民法院依法予以支持。

**第六条** 夫妻一方未经另一方同意，在网络直播平台用夫妻共同财产打赏，数额明显超出其家庭一般消费水平，严重损害夫妻共同财产利益的，可以认定为民法典第一千零六十六条和第一千零九十二条规定的“挥霍”。另一方请求在婚姻关系存续期间分割夫妻共同财产，或者在离婚分割夫妻共同财产时请求对打赏一方少分或者不分的，人民法院应予支持。

**第七条** 夫妻一方为重婚、与他人同居以及其他违反夫妻忠实义务等目的，将夫妻共同财产赠与他人或者以明显不合理的价格处分夫妻共同财产，另一方主张该民事法律行为违背公序良俗无效的，人民法院应予支持并依照民法典第一百五十七条规定处理。

夫妻一方存在前款规定情形，另一方以该方存在转移、变卖夫妻共同财产行为，严重损害夫妻共同财产利益为由，依据民法典第一千零六十六条规定请求在婚姻关系存续期间分割夫妻共同财产，或者依据民法典第一千零九十二条规定请求在离婚分割夫妻共同财产时对该方少分或者不分的，人民法院应予支持。

**第八条** 婚姻关系存续期间，夫妻购置房屋由一方父母全额出资，如果赠与合同明确约定只赠与自己子女一方的，按照约定处理；没有约定或者约定不明确的，离婚分割夫妻共同财产时，人民法院可以判决该房屋归出资人子女一方所有，并综合考虑共同生活及孕育共同子女情况、离婚过错、对家庭的贡献大小以及离婚时房屋市场价格等因素，确定是否由获得房屋一方对另一方予以补偿以及补偿的具体数额。

婚姻关系存续期间，夫妻购置房屋由一方父母部分出资或者双方父母出资，如果赠与合同明确约定相应出资只赠与自己子女一方的，按照约定处理；没有约定或者约定不明确的，离婚分割夫妻共同财产时，人民法院可以根据当事人诉讼请求，以出资来源及比例为基础，综合考虑共同生活及孕育共同子女情况、离婚过错、对家庭的贡献大小以及离婚时房屋市场价格等因素，判决房屋归其中一方所有，并由获得房屋一方对另一方予以合理补偿。

**第九条** 夫妻一方转让用夫妻共同财产出资但登记在自己名下的有限责任公司股权，另一方以未经其同意侵害夫妻共同财产利益为由请求确认股权转让合同无效的，人民法院不予支持，但有证据证明转让人与受让人恶意串通损害另一方合法权益的除外。

**第十条** 夫妻以共同财产投资有限责任公司，并均登记为股东，双方对相应股权的归属没有约定或者约定不明确，离婚时，一方请求按照股东名册或者公司章程记载的各自出资额确定股权分割比例的，人民法院不予支持；对当事人分割夫妻共同财产的请求，人民法院依照民法典第一千零八十七条规定处理。

**第十一条** 夫妻一方以另一方可继承的财产为夫妻共同财产、放弃继承侵害夫妻共同财产利益为由主张另一方放弃继承无效的，人民法院不予支持，但有证据证明放弃继承导致放弃一方不能履行法定扶养义务的除外。

**第十二条** 父母一方或者其近亲属等抢夺、藏匿未成年子女，另一方向人民法院申请人身安全保护令或者参照适用民法典第九百九十七条规定申请人格权侵害禁令的，人民法院依法予以支持。

抢夺、藏匿未成年子女一方以另一方存在赌博、吸毒、家庭暴力等严重侵害未成年子女合法权益情形，主张其抢夺、藏匿行为有合理事由的，人民法院应当告知其依法通过撤销监护人资格、中止探望或者变更抚养关系等途径解决。当事人对其上述主张未提供证据证明且未在合理期限内提出相关请求的，人民法院依照前款规定处理。

**第十三条** 夫妻分居期间，一方或者其近亲属等抢夺、藏匿未成年子女，致使另一方无法履行监护职责，另一方请求行为人承担民事责任的，人民法院可以参照适用民法典第一千零八十四条关于离婚后子女抚养的有关规定，暂时确定未成年子女的抚养事宜，并明确暂时直接抚养未成年子女一方有协助另一方履行监护职责的义务。

**第十四条** 离婚诉讼中，父母均要求直接抚养已满两周岁的未成年子女，一方有下列情形之一的，人民法院应当按照最有利于未成年子女的原则，优先考虑由另一方直接抚养：

（一）实施家庭暴力或者虐待、遗弃家庭成员；

（二）有赌博、吸毒等恶习；

（三）重婚、与他人同居或者其他严重违反夫妻忠实义务情形；

（四）抢夺、藏匿未成年子女且另一方不存在本条第一项或者第二项等严重侵害未成年子女合法权益情形；

（五）其他不利于未成年子女身心健康的情形。

**第十五条** 父母双方以法定代理人身份处分用夫妻共同财产购买并登记在未成年子女名下的房屋后，又以违反民法典第三十五条规定损害未成年子女利益为由向相对人主张该民事法律行为无效的，人民法院不予支持。

**第十六条** 离婚协议中关于一方直接抚养未成年子女或者不能独立生活的成年子女、另一方不负担抚养费的约定，对双方具有法律约束力。但是，离婚后，直接抚养子女一方经济状况发生变化导致原生活水平显著降低或者子女生活、教育、医疗等必要合理费用确有显著增加，未成年子女或者不能独立生活的成年子女请求另一方支付抚养费的，人民法院依法予以支持，并综合考虑离婚协议整体约定、子女实际需要、另一方的负担能力、当地生活水平等因素，确定抚养费的数额。

前款但书规定情形下，另一方以直接抚养子女一方无抚养能力为由请求变更抚养关系的，人民法院依照民法典第一千零八十四条规定处理。

**第十七条** 离婚后，不直接抚养子女一方未按照离婚协议约定或者以其他方式作出的承诺给付抚养费，未成年子女或者不能独立生活的成年子女请求其支付欠付的抚养费的，人民法院应予支持。

前款规定情形下，如果子女已经成年并能够独立生活，直接抚养子女一方请求另一方支付欠付的费用的，人民法院依法予以支持。

**第十八条** 对民法典第一千零七十二条中继子女受继父或者继母抚养教育的事实，人民法院应当以共同生活时间长短为基础，综合考虑共同生活期间继父母是否实际进行生活照料、是否履行家庭教育职责、是否承担抚养费等因素予以认定。

**第十九条** 生父与继母或者生母与继父离婚后，当事人主张继父或者继母和曾受其抚养教育的继子女之间的权利义务关系不再适用民法典关于父母子女关系规定的，人民法院应予支持，但继父或者继母与继子女存在依法成立的收养关系或者继子女仍与继父或者继母共同生活的除外。

继父母子女关系解除后，缺乏劳动能力又缺乏生活来源的继父或者继母请求曾受其抚养教育的成年继子女给付生活费的，人民法院可以综合考虑抚养教育情况、成年继子女负担能力等因素，依法予以支持，但是继父或者继母曾存在虐待、遗弃继子女等情况的除外。

**第二十条** 离婚协议约定将部分或者全部夫妻共同财产给予子女，离婚后，一方在财产权利转移之前请求撤销该约定的，人民法院不予支持，但另一方同意的除外。

一方不履行前款离婚协议约定的义务，另一方请求其承担继续履行或者因无法履行而赔偿损失等民事责任的，人民法院依法予以支持。

双方在离婚协议中明确约定子女可以就本条第一款中的相关财产直接主张权利，一方不履行离婚协议约定的义务，子女请求参照适用民法典第五百二十二条第二款规定，由该方承担继续履行或者因无法履行而赔偿损失等民事责任的，人民法院依法予以支持。

离婚协议约定将部分或者全部夫妻共同财产给予子女，离婚后，一方有证据证明签订离婚协议时存在欺诈、胁迫等情形，请求撤销该约定的，人民法院依法予以支持；当事人同时请求分割该部分夫妻共同财产的，人民法院依照民法典第一千零八十七条规定处理。

**第二十一条** 离婚诉讼中，夫妻一方有证据证明在婚姻关系存续期间因抚育子女、照料老年人、协助另一方工作等负担较多义务，依据民法典第一千零八十八条规定请求另一方给予补偿的，人民法院可以综合考虑负担相应义务投入的时间、精力和对双方的影响以及给付方负担能力、当地居民人均可支配收入等因素，确定补偿数额。

**第二十二条** 离婚诉讼中，一方存在年老、残疾、重病等生活困难情形，依据民法典第一千零九十条规定请求有负担能力的另一方给予适当帮助的，人民法院可以根据当事人请求，结合另一方财产状况，依法予以支持。

**第二十三条** 本解释自 2025 年 2 月 1 日起施行。

# 最高人民法院关于发布《最高人民法院关于适用〈中华人民共和国民法典〉婚姻家庭编的解释（二）》的新闻发布稿

2025 年 1 月 15 日，最高人民法院举行新闻发布会，发布《最高人民法院关于适用〈中华人民共和国民法典〉婚姻家庭编的解释（二）》及典型案例，并回答记者提问。最高人民法院民一庭庭长陈宜芳，最高人民法院民一庭副庭长吴景丽，最高人民法院民一庭二级高级法官王丹出席发布会。发布会上，最高人民法院民一庭庭长陈宜芳介绍了《最高人民法院关于适用〈中华人民共和国民法典〉婚姻家庭编的解释（二）》及典型案例的基本情况。发布会由最高人民法院新闻局副局长姬忠彪主持。

家庭是社会的基本细胞，是国家发展、民族进步、社会和谐的重要基点。习近平总书记深刻指出："家庭和睦则社会安定，家庭幸福则社会祥和，家庭文明则社会文明。"① 党的二十届三中全会提出，要"完善培育和践行社会主义核心价值观制度机制""加强和改进未成年人权益保护""健全社会公德、职业道德、家庭美德、个人品德建设体制机制，健全诚信建设长效机制，教育引导全社会自觉遵守法律、遵循公序良俗，坚决反对拜金主义、享乐主义、极端个人主义和历史虚无主义"。为深入贯彻落实党的二十届三中全会精神和习近平总书记关于注重家庭家教家风建设的重要论述精神，正确实施民法典，统一法律适用，引导树立优良

① 习近平：《在会见第一届全国文明家庭代表时的讲话》，载《人民日报》2016 年 12 月 16 日。

家风、弘扬家庭美德，维护婚姻家庭和谐稳定，最高人民法院在广泛深入调研的基础上制定了《最高人民法院关于适用〈中华人民共和国民法典〉婚姻家庭编的解释（二）》[以下简称《解释（二）》]。《解释（二）》已于2024年11月25日由最高人民法院审判委员会第1933次会议通过，自2025年2月1日起施行。

## 一、《解释（二）》的制定背景

近年来，随着我国经济社会发展，城乡家庭的结构和生活方式发生了新变化，婚姻家庭矛盾呈现出新特点，家事纠纷案件数量高位运行。近三年来，全国法院审结一审婚姻家庭继承纠纷案件每年大约200万件，占全部一审民事案件的12%左右。其中，离婚纠纷案件每年大约150万件，占所有家事案件的近80%。离婚纠纷中，财产分割成为焦点。涉案标的额增大、财产类型多样化，婚姻家庭与财产领域问题交织，疑难复杂案件增多，法律适用标准亟待统一。

民法典颁布后，最高人民法院清理涉婚姻家庭司法解释，并发布《最高人民法院关于适用〈中华人民共和国民法典〉婚姻家庭编的解释（一）》[以下简称《解释（一）》]。随后即开展《解释（二）》的调研论证和起草工作。我们广泛征求了立法机关、有关部门和专家学者的意见，各方对解释内容基本达成共识。为更好回应人民群众关切，我们还将解释内容向社会公开征求意见。其间，共收到意见建议近1万份。我们逐一研究，充分吸收。相关反馈意见对完善司法解释内容起到了重要作用。对于争议较大的问题，我们将继续总结审判实践经验，通过发布典型案例等方式进行裁判指导。

## 二、指导思想和主要内容

《解释（二）》立足国情、社情、民情，积极回应人民群众新需求新期待。《解释（二）》共23条，坚持问题导向，力求务实管用，重点解决夫妻间给予房产、父母为子女婚后购房出资、违反夫妻忠实义务将夫妻共同财产赠与他人以及抢夺、藏匿未成年子女等人民群众关心的审判实践疑难问题。重点介绍以下几个方面。

### （一）维护公序良俗，践行社会主义核心价值观

民法典规定，禁止重婚。夫妻应当互相忠实，互相尊重，互相关爱。《解释（二）》从以下两个方面予以细化：一是明确重婚绝对无效的立场。重婚违反了我国一夫一妻的基本婚姻制度，是违法犯罪行为，法律坚决予以否定和打击。为此，《解释（二）》规定，即使诉讼时合法婚姻当事人已经离婚或者配偶已经死亡的，重婚的婚姻亦不能自以上情形发生时转为有效。二是明确以违背公序良俗为目的处分夫妻共同财产的行为无效。婚姻关系存续期间，一方为重婚、与他人同居以及其他违反夫妻忠实义务等目的，将夫妻共同财产赠与他人，不仅侵害了夫妻另一方的共同财产权，更是与社会主义核心价值观背道而驰，《解释（二）》明确规定该类行为无效，夫妻另一方诉请返还的，人民法院应予支持。

### （二）平衡保护个人财产权利与婚姻家庭团体利益

习近平总书记深刻指出："无论时代如何变化，无论经济社会如何发展，对一个社会来说，家庭的生活依托都不可替代，家庭的社会功能都不可替代，家庭的文明作用都不可替代。"① 宪法第四十九条第一款规定："婚姻、家庭、母亲和儿童受国家的保护。"民法典将"婚姻家庭受国家保护"规定为婚姻家庭编的基本原则。《解释（二）》贯彻落实习近平总书记重要讲话精神和宪法、民法典上述规定，在父母为子女婚后购房出资、夫妻间给予房产等具体案件法律适用中，充分考虑我国历史文化传统、婚姻家庭现实状况以及相关出资和给予行为的目的性特征，不作"一刀切"规定，强调在以出资来源作为分割财产基础的前提下，要综合考虑婚姻关系存续时间、共同生活及孕育情况、离婚过错等因素，公平公正处理。引导社会公众树立正确的婚恋观，强调家庭成员应当共同努力、互相关爱、互相帮助，既不能因短暂婚姻获得大额财产，也肯定对

① 习近平：《在会见第一届全国文明家庭代表时的讲话》，载《人民日报》2016年12月16日。

家庭付出的价值，增强婚姻家庭的凝聚力和向心力。

## （三）维护诚信原则，保障特殊群体利益

民法典第七条规定，民事主体从事民事活动，应当遵循诚信原则，秉持诚实，恪守承诺。针对有些夫妻意图通过离婚方式损害债权人利益的不诚信行为，《解释（二）》规定，夫妻一方的债权人有证据证明离婚协议中财产分割条款影响其债权实现，请求撤销相关条款的，人民法院应当综合考虑共同财产整体分割及履行情况、子女抚养费负担、离婚过错等因素，依法予以支持。通过该规定平衡保护债权人与夫妻另一方和未成年子女的合法权益；对于离婚协议约定共同财产给予子女后一方反悔的，《解释（二）》规定，离婚协议约定将部分或者全部夫妻共同财产给予子女，离婚后，一方在财产权利转移之前请求撤销该约定的，人民法院不予支持。一方不履行前述离婚协议约定的义务，另一方可以请求其继续履行或者赔偿损失；针对离婚协议约定不需要对方负担抚养费、又以未成年子女名义起诉主张抚养费的，《解释（二）》规定，离婚协议对双方具有法律约束力。但是，为了保障未成年子女健康成长，如果子女确有实际需要，应根据最有利于未成年子女的原则，依法予以支持。

## （四）平衡保护夫妻财产关系与市场交易安全

根据民法典规定，婚姻关系存续期间所得的财产在无特别约定时属于夫妻共同财产。随着经济社会发展，个人从事生产经营及投资活动的范围越来越广，因此，需要平衡保护夫妻财产关系与市场交易安全。例如，《解释（二）》规定，夫妻一方转让用夫妻共同财产出资但登记在自己名下的有限责任公司股权，另一方以未经其同意侵害夫妻共同财产利益为由请求确认股权转让合同无效的，人民法院不予支持，但有证据证明转让人与受让人恶意串通损害另一方合法权益的除外。该规定表明：一方面，不能简单以婚姻家庭受特殊保护为由否定家庭之外基于市场交易的公司法等规则；另一方面，也要考虑外部关系对家庭财产分配的影

响，以免损害夫妻另一方的合法权益。

此外，《解释（二）》还对同居析产纠纷处理、继父母子女关系认定和解除、离婚经济补偿、离婚经济帮助等规则予以细化，平衡保护各方利益，维护婚姻家庭和谐稳定。

为帮助大家更直观、更形象地理解《解释（二）》相关条文内容，同时配发了四个典型案例。在案例一中，夫妻一方在结婚后将其婚前房产为另一方“加名”，离婚分割夫妻共同财产时，人民法院综合考虑双方婚姻存续已十余年，但给予方承担更多家庭开销，结合双方对家庭贡献等因素，判决房屋仍归给予方所有，同时酌定对另一方合理补偿。在案例二中，一方父母将自己名下房产转移登记至夫妻双方名下，离婚时，人民法院在认定该房产是夫妻共同财产的基础上，综合考虑房款由一方父母出资、赠与目的及婚姻关系存续时间较短、未孕育共同子女等因素，判决房屋归出资方子女所有，但酌定对另一方合理补偿。这两个案例既符合婚姻关系中夫妻财产制度，又保护了给予方的财产权益。案例三是人民法院对抢夺、藏匿未成年子女一方依法签发人格权侵害禁令，组织对双方当事人开展家庭教育指导，并现场督促抢夺一方第一时间将子女送回，快速制止不法行为，尽量减少抢夺行为对未成年子女造成的伤害。案例四明确，夫妻一方在婚姻关系存续期间违反忠实义务将夫妻共同财产赠与第三人的行为无效，另一方请求第三人全部返还的，人民法院应予支持。下一步，我们将继续总结审判实践经验，通过发布典型案例、法答网答疑、案例“入库”等方式加大对家事审判的指导力度，努力让人民群众在每一个司法案件中感受到公平正义。

家和万事兴。平等、和睦、文明的婚姻家庭关系是每个人的期盼，也需要我们共同维护。各级人民法院将持续深入贯彻落实党的二十大和二十届二中、三中全会精神，深化家事审判方式和工作机制改革，努力通过公正高效权威的司法裁判，做实定分止争，引导家庭成员敬老爱幼、互相帮助，践行和弘扬社会主义核心价值观，为中国式现代化提供有力司法保障。

# 最高人民法院民事审判第一庭负责人就《最高人民法院关于适用〈中华人民共和国民法典〉婚姻家庭编的解释（二）》答记者问

2025年1月15日，最高人民法院举行新闻发布会，发布《最高人民法院关于适用〈中华人民共和国民法典〉婚姻家庭编的解释（二）》［以下简称《解释（二）》］及典型案例。最高人民法院民一庭庭长陈宜芳，最高人民法院民一庭副庭长吴景丽，最高人民法院民一庭二级高级法官王丹出席发布会并回答了记者提问。

**问：为规制“通过离婚方式意图逃债”行为，《解释（二）》是如何规定的呢？**

**答：**民法典第七条规定，民事主体从事民事活动，应当遵循诚信原则，秉持诚实，恪守承诺。在夫妻以一方名义对外负债的情况下，有的夫妻意图通过离婚方式“金蝉脱壳”，将全部或者大部分夫妻共同财产转移给未负债一方，使负债方的偿债能力降低，损害债权人利益。这种行为是不诚信的，法律坚决予以否定。《解释（二）》明确，如果债务人通过离婚恶意逃债，债权人可以参照适用民法典第五百三十八条或者第五百三十九条关于债权人行使撤销权的规定，请求撤销离婚协议中的相关财产分割条款，以保护自身合法权益。

要特别说明的是，离婚协议中夫妻双方的财产分割往往会考虑子女抚养费负担、离婚过错等因素，并非一定均等分割。不能简单以只要不均等分割就损害债权人利益为由撤销离婚协议，需要考虑婚姻家庭的特殊性，严格把握撤销标准。《解释（二）》在总结审判实践经验基础上明确，人民法院应当综合考虑夫妻共同财产整体分割及履行情况、子女抚养费负担、离婚过错等因素，依法予以支持。在保护债权人合法权益的同时，避免损害夫妻另一方和未成年子女利益。

**问：实践中，夫妻双方分居期间或离婚后，一方有采用激烈的、不合理的手段阻止另一方探望孩子，甚至出现抢夺、隐匿孩子的情形，《解释（二）》有哪些回应？**

**答：**民法典第一千零五十八条规定，夫妻双方平等享有对未成年子女抚养、教育和保护的权利。未成年人保护法第二十四条也明确规定，不得以抢夺、藏匿未成年子女等方式争夺抚养权。抢夺、藏匿未成年子女，不仅侵害了父母另一方对子女依法享有的抚养、教育和保护的权利，更为重要的是，会严重损害未成年子女身心健康，应当坚决预防和制止。在审理案件中，我们发现，夫妻间矛盾冲突激烈时，有时会失去理智，甚至出现“抢娃”大战。在这个过程中，双方往往更多关注自己的情感发泄和经济利益得失，而忽略了“角落里”的孩子。法律对抢夺、藏匿未成年子女行为应当作出否定性评价。基于此，《解释（二）》用三个条文对该行为予以规制：一是签发人身安全保护令或人格权侵害禁令，及时快速制止不法行为；二是在没有离婚的情况下，根据当事人请求，在监护权纠纷中暂时确定未成年子女抚养事宜；三是在离婚纠纷中确定未成年子女由哪一方直接抚养时，将该行为作为不利因素，优先考虑由另一方直接抚养。在司法审判中，法官一般会通过家事调查、心理评估、走访等方式全面了解各种情况，根据最有利于未成年子女的原则，综合各种因素判断未成年子女由哪一方直接抚养更为适宜，具体考量因素包括子女的个人意愿、年龄、性别、与双方的情感依赖程度、双方经济状况等。

我们要特别强调，孩子是独立的生命个体，他们有独立的思想、独立的人格，更有对父母的依赖和爱，不是可以随意争夺和处分的物品。

孩子与父母双方的血缘亲情无法割断，孩子的成长既需要父爱，也需要母爱，任何单独的一方或者其他人都不可替代。婚姻破裂，孩子已失去完整的家，但我们可以努力做到让他们不再失去完整的爱。

**问：在我国，父母为子女出资购房的现象较为普遍，在离婚分割夫妻共同财产时，上述房产该如何分割？**

**答：**子女结婚时由父母出资购房既是我国传统上家庭财产代际传承的方式，也是父母对子女婚姻幸福美满的祝福和物质支持，同时承载着父母对晚年享受天伦之乐的期盼，有着广泛的社会基础。但是在子女离婚时，父母的希望落空，利益平衡被打破，纠纷也由此产生。《解释（二）》处理该类纠纷的基本原则是：以习近平总书记关于注重家庭家教家风建设论述精神为指导，落实民法典第一千零六十二条、第一千零六十三条关于夫妻共同财产和个人财产范围的规定以及第一千零八十七条关于离婚分割夫妻共同财产的规定，在保护个人财产权利的同时，注重维护婚姻家庭和谐稳定，肯定和鼓励双方对家庭的投入和付出。

根据民法典第一千零六十二条和第一千零六十三条的规定，婚姻关系存续期间受赠的财产，除赠与合同中确定只归一方的以外，其余属于夫妻共同财产。基于父母为子女出资购房的特殊考量，如果婚姻关系解除，父母出资购房的行为基础丧失，在分割夫妻共同财产时应当考虑个案情况予以平衡。根据民法典第一千零八十七条的规定，夫妻离婚对分割共同财产协议不成时，由人民法院根据财产的具体情况，按照照顾子女、女方和无过错方权益的原则判决。其中“财产的具体情况”应当包括出资来源情况。鉴于实际生活中出资来源的复杂性，《解释（二）》区分一方父母全额出资和部分出资两大类情况分别予以规定：第一，针对一方父母全额出资的情况。《解释（二）》规定，如果赠与合同明确约定只赠与自己子女一方，依照约定处理；如果没有约定或者约定不明确，离婚分割夫妻共同财产时，房屋不论是否登记在自己子女名下，都可以判决该房屋归出资人子女一方所有，以保障出资父母一方的利益。但是，同时也要综合考虑共同生活及孕育共同子女情况、离婚过错、对家庭的贡献大小等因素，来确定是否需要对另一方予以补偿以及补偿的具体数额；第二，针对一方父母部分出资或者双方父母对房屋均有出资的情况，《解释（二）》规定，如果赠与合同明确约定，相应出资只赠与自己子女一方，依照约定处理；如果没有约定或者约定不明确，离婚分割夫妻共同财产时，因不同案件出资来源和各方出资比例不同，需要根据个案情况分别处理。比如，双方父母的出资比例为 2 : 8，如果双方没有明确约定房产归属，那么具体分割房产时，一般可以判决房屋归 80%出资比例的一方，但是并非一定给另一方 20%的补偿，需要在考虑共同生活及孕育共同子女情况、离婚过错、对家庭的贡献大小等因素的基础上，按照照顾子女、女方和无过错方权益的原则判决，补偿比例可能高于也可能低于 20%。《解释（二）》引导大家在婚姻中更注重双方的共同努力和付出，互相尊重，互相关爱，增强家庭认同感和婚姻凝聚力，既不能让一心一意为家庭付出的一方伤心又伤财，也不能让婚姻成为获取不当利益的借口。

# 涉婚姻家庭纠纷典型案例*

## 目　录



* 2025年1月15日，最高人民法院举行新闻发布会，发布《最高人民法院关于适用〈中华人民共和国民法典〉婚姻家庭编的解释（二）》及典型案例。

案例一

# 一方在结婚后将其婚前房产为另一方“加名”，离婚分割夫妻共同财产时，人民法院可以判决房屋归给予方所有，并综合考虑共同生活情况等因素合理补偿对方

——崔某某与陈某某离婚纠纷案

## 【基本案情】

崔某某与陈某某（男）于2009年1月登记结婚。2009年2月，陈某某将其婚前购买的房屋转移登记至崔某某、陈某某双方名下。陈某某为再婚，与前妻育有一女陈某。崔某某与陈某某结婚时，陈某十五岁，平时住校，周末及假期回家居住。崔某某与陈某某未生育子女。2020年，双方因家庭矛盾分居，崔某某提起本案诉讼，请求判决其与陈某某离婚，并由陈某某向其支付房屋折价款250万元。陈某某辩称，因崔某某与其女儿陈某关系紧张，超出其可忍受范围，双方感情已破裂，同意离婚。崔某某对房屋产权的取得没有贡献，而且，婚后陈某某的银行卡一直由崔某某保管，家庭开销均由陈某某负担，故只同意支付100万元补偿款。诉讼中，双方均认可案涉房屋市场价值600万元。

## 【裁判结果】

审理法院认为，崔某某与陈某某因生活琐事及与对方家人矛盾较深，以致感情破裂，双方一致同意解除婚姻关系，与法不悖，予以准许。案涉房屋系陈某某婚前财产，陈某某于婚后为崔某某“加名”系对个人财产的处分，该房屋现登记为共同共有，应作为夫妻共同财产予以分割。至于双方争议的房屋分割比例，该房屋原为陈某某婚前个人财产，崔某

某对房屋产权的取得无贡献，但考虑到双方婚姻已存续十余年，结合双方对家庭的贡献以及双方之间的资金往来情况，酌定崔某某可分得房屋折价款120万元。该判决作出后，双方均未提出上诉，判决已发生法律效力。

**【典型意义】**

根据民法典第一千零六十五条规定，男女双方可以约定婚姻关系存续期间所得的财产以及婚前财产归各自所有、共同所有或者部分归各自所有、部分共同所有。夫妻对婚姻关系存续期间所得的财产以及婚前财产的约定，对双方具有法律约束力。婚姻关系存续期间，夫妻一方将其个人所有的婚前财产变更为夫妻共同所有，该种给予行为一般是以建立、维持婚姻关系的长久稳定并期望共同享有房产利益为基础。离婚分割夫妻共同财产时，应当根据诚信原则妥善平衡双方利益。本案中，双方共同生活时间较长，但婚后给予方负担了较多的家庭开销，人民法院综合考虑共同生活情况、双方对家庭的贡献、房屋市场价格等因素，判决房屋归给予方所有，并酌定给予方补偿对方120万元，既保护了给予方的财产权益，也肯定了接受方对家庭付出的价值，较为合理。

案例二

# 婚姻关系存续期间，一方父母将其房产转移登记至夫妻双方名下，离婚分割夫妻共同财产时，人民法院可以判决房屋归出资方子女所有，并综合考虑婚姻关系存续时间、共同生活情况等因素合理补偿对方

——范某某与许某某离婚纠纷案

## 【基本案情】

2019 年 12 月，许某某（男）父母全款购买案涉房屋。2020 年 5 月，范某某与许某某登记结婚。2021 年 8 月，许某某父母将案涉房屋转移登记至范某某、许某某双方名下。范某某与许某某婚后未生育子女。2024 年，因家庭矛盾较大，范某某提起本案诉讼，请求判决其与许某某离婚，并平均分割案涉房屋。许某某辩称，同意离婚，但该房屋是其父母全款购买，范某某无权分割。诉讼中，双方均认可案涉房屋市场价值为 30 万元。

## 【裁判结果】

审理法院认为，范某某起诉离婚，许某某同意离婚，视为夫妻感情确已破裂，故依法准予离婚。关于案涉房屋的分割，虽然该房屋所有权已在双方婚姻关系存续期间转移登记至范某某和许某某双方名下，属于夫妻共同财产。但考虑到该房屋系许某某父母基于范某某与许某某长期共同生活的目的进行的赠与，而范某某与许某某婚姻关系存续时间较短，且无婚生子女，为妥善平衡双方当事人利益，故结合赠与目的、出资来源等事实，判决案涉房屋归许某某所有，同时参考房屋市场价格，酌定许某某补偿范某某 7 万元。

**【典型意义】**

根据民法典第一千零八十七条规定，离婚时，夫妻的共同财产由双方协议处理；协议不成的，由人民法院根据财产的具体情况，按照照顾子女、女方和无过错方权益的原则判决。婚姻关系存续期间，由一方父母全额出资购置的房屋转移登记至夫妻双方名下，离婚分割夫妻共同财产时，可以根据该财产的出资来源情况，判决该房屋归出资方子女所有，但需综合考虑共同生活及孕育共同子女情况、离婚过错、离婚时房屋市场价格等因素，确定是否由获得房屋一方对另一方予以补偿以及补偿的具体数额。本案中，人民法院综合考虑婚姻关系存续时间较短、未孕育共同子女、房屋市场价格等因素，判决房屋归出资方子女所有，并酌定出资方子女补偿对方 7 万元，既保护了父母的合理预期和财产权益，也肯定和鼓励了对家庭的投入和付出，较好地平衡了双方利益。

**案例三**

## 父母一方或者其近亲属等抢夺、藏匿未成年子女，另一方向人民法院申请人格权侵害禁令的，人民法院应予支持

——颜某某申请人格权侵害禁令案

**【基本案情】**

2015 年，颜某某与罗某某（男）登记结婚。2022 年 7 月，颜某某生育双胞胎子女罗大某（男）、罗小某（女）。罗大某、罗小某出生后，与颜某某、罗某某共同生活居住在 A 省。因家庭矛盾未能得到有效调和，2024 年 3 月，罗某某及其父母、妹妹等人将罗大某强行带离上述住所并

带至 B 省。此后，罗大某与罗某某的父母在 B 省共同生活居住。经多次沟通，罗某某均拒绝将罗大某送回。颜某某遂提起本案申请，请求法院裁定罗某某将罗大某送回原住所并禁止罗某某抢夺、藏匿未成年子女。

**【裁判结果】**

审理法院认为，父母对未成年子女抚养、教育和保护的权利是一种重要的身份权，抢夺行为严重侵害未成年子女的人格权益和父母另一方因履行监护职责产生的权利。颜某某以其对儿子罗大某的监护权受到侵害为由向人民法院申请禁令，人民法院依法应予受理并可以参照民法典第九百九十七条的规定进行审查。因抢夺子女形成的抚养状态，是一种非法的事实状态，不因时间的持续而合法化。该抢夺子女的行为强行改变未成年子女惯常的生活环境和亲人陪伴，不利于未成年人身心健康，严重伤害父母子女之间的亲子关系。人民法院裁定罗某某自收到裁定之日起七日内将罗大某送回原住所，并禁止罗某某实施抢夺、藏匿子女或擅自将子女带离住所等侵害颜某某监护权的行为。本案裁定发出后，人民法院组织对双方当事人开展家庭教育指导，并现场督促罗某某购买车票将罗大某从 B 省接回 A 省。

**【典型意义】**

解决分居状态下抢夺、藏匿未成年子女问题的前提是及时快速制止不法行为，尽量减少对未成年人的伤害。签发人格权侵害禁令，可以进行事先预防性保护，避免权利主体受到难以弥补的损害。民法典第一千零一条规定，对自然人因婚姻家庭关系等产生的身份权利的保护，在相关法律没有规定的情况下，可以根据其性质参照适用人格权保护的有关规定。父母对未成年子女抚养、教育和保护的权利是一种重要的身份权，人民法院针对抢夺、藏匿未成年子女行为参照适用民法典第九百九十七条规定签发禁令，能够快速让未成年子女恢复到原来的生活状态，是人格权保护事先预防大于事后赔偿基本理念的具体体现，对不法行为形成有力的法律震慑。

## 案例四

# 夫妻一方在婚姻关系存续期间违反忠实义务将夫妻共同财产赠与第三人的行为无效，另一方请求第三人全部返还的，人民法院应予支持

——崔某某与叶某某及高某某赠与合同纠纷案

### 【基本案情】

崔某某与高某某（男）于2010年2月登记结婚。婚姻关系存续期间，高某某与叶某某存在不正当关系，并于2019年3月至2023年9月向叶某某共转账73万元。同期，叶某某向高某某回转17万元，实际收取56万元。崔某某提起本案诉讼，请求判令叶某某返还崔某某的夫妻共同财产73万元。叶某某辩称，高某某转给其的部分款项已消费，不应返还。高某某认可叶某某的主张。

### 【裁判结果】

审理法院认为，在婚姻关系存续期间，夫妻双方未选择其他财产制的情况下，对夫妻共同财产不分份额地共同享有所有权。本案中，高某某未经另一方同意，将夫妻共同财产多次转给与其保持不正当关系的叶某某，违背社会公序良俗，故该行为无效，叶某某应当返还实际收取的款项。对叶某某关于部分款项已消费的主张，不予支持。

### 【典型意义】

根据民法典第一千零四十三条的规定，夫妻应当互相忠实，互相尊

重，互相关爱。婚姻关系存续期间，夫妻一方为重婚、与他人同居或者其他违反夫妻忠实义务等目的，私自将夫妻共同财产赠与他人，不仅侵害了夫妻共同财产平等处理权，更是一种严重违背公序良俗的行为，法律对此坚决予以否定。权益受到侵害的夫妻另一方主张该民事法律行为无效并请求返还全部财产的，人民法院应予支持。不能因已消费而免除其返还责任。该判决对于贯彻落实婚姻家庭受国家保护的宪法和民法典基本原则，践行和弘扬社会主义核心价值观具有示范意义。

# 《最高人民法院关于适用〈中华人民共和国民法典〉婚姻家庭编的解释（二）》的理解与适用

陈宜芳[*]　吴景丽[**]　王　丹[***]

家庭是社会的基本细胞。家庭和谐稳定是国家富强、民族复兴的基石。习近平总书记深刻指出："家庭和睦则社会安定，家庭幸福则社会祥和，家庭文明则社会文明。"[①] 党的二十届三中全会提出，要"完善培育和践行社会主义核心价值观制度机制""加强和改进未成年人权益保护""健全社会公德、职业道德、家庭美德、个人品德建设体制机制，健全诚信建设长效机制，教育引导全社会自觉遵守法律、遵循公序良俗，坚决反对拜金主义、享乐主义、极端个人主义和历史虚无主义。"为深入贯彻落实党的二十届三中全会精神和习近平总书记关于注重家庭家教家风建设的重要论述精神，正确实施民法典，统一法律适用，引导树立优良家风、弘扬家庭美德，维护婚姻家庭和谐稳定，最高人民法院在广泛深入调研的基础上制定了《最高人民法院关于适用〈中华人民共和国民法典〉婚姻家庭编的解释（二）》［以下简称《解释（二）》］。《解释（二）》

---

* 最高人民法院民事审判第一庭庭长。
** 最高人民法院民事审判第一庭副庭长。
*** 最高人民法院民事审判第一庭二级高级法官。

① 习近平：《在会见第一届全国文明家庭代表时的讲话》，载《人民日报》2016年12月16日。

已于2024年11月25日由最高人民法院审判委员会第1933次会议通过，自2025年2月1日起施行。现就其制定背景和相关重要问题介绍如下。

## 一、《解释（二）》制定的背景

近年来，随着我国经济社会发展，城乡家庭的结构和生活方式发生了新变化，婚姻家庭呈现新特点，家事纠纷案件数量高位运行。近三年来，全国法院审结一审婚姻家庭继承纠纷案件每年大约200万件，占全部一审民事案件的12%左右。其中，离婚纠纷案件每年大约150万件，占所有家事案件的近80%。离婚纠纷中财产分割成为新的焦点，财产类型多样化、涉案标的额增大，矛盾冲突激烈。婚姻家庭与财产领域问题交织，案件疑难复杂，法律适用标准亟待统一。

2020年5月，习近平总书记在十九届中央政治局第二十次集体学习时指出："民法典颁布实施，并不意味着一劳永逸解决了民事法治建设的所有问题，仍然有许多问题需要在实践中检验、探索，还需要不断配套、补充、细化。"① 为贯彻落实习近平总书记重要讲话精神，最高人民法院在清理制定《最高人民法院关于适用〈中华人民共和国民法典〉婚姻家庭编的解释（一）》［以下简称《解释（一）》］后，即开展《解释（二）》的调研论证和起草工作。在《解释（二）》制定过程中，我们广泛征求了立法机关、有关部门和专家学者的意见，各方对解释内容基本形成共识。为更好回应人民群众关切，我们还就司法解释内容向社会公开征求意见。其间，共收到意见建议近1万份，对我们完善司法解释内容起到了重要作用。对这些意见建议，我们逐一研究，充分吸收。对于同居生活期间抚育共同子女、协助另一方工作等付出较多一方是否予以适当补偿以及离婚经济帮助的具体形式等争议较大的条文，予以删除或修改。

---

① 习近平：《充分认识颁布实施民法典重大意义，依法更好保障人民合法权益》，载《求是》2020年第12期。

## 二、《解释（二）》制定的原则

### （一）合法性原则

坚持在现有法律制度框架内，遵循法律规定本意，确定审判实践中适用法律的具体规定。比如，对争议极大的婚后父母为子女购房出资问题，在根据案件事实认定为赠与的前提下，根据民法典第一千零六十二条和第一千零六十三条的规定，如果双方没有明确约定，认定为对夫妻双方的赠与。在此基础上，夫妻双方离婚时，进一步解释民法典第一千零八十七条的“财产的具体情况”，将出资来源作为财产具体情况予以考虑，以妥善平衡各方利益，增强家庭的凝聚力和向心力。

### （二）弘扬社会主义核心价值观原则

《解释（二）》贯彻落实民法典关于树立优良家风，弘扬家庭美德，重视家庭文明建设的规定，旗帜鲜明地弘扬社会主义核心价值观，明确重婚不适用效力补正，违反公序良俗的赠与无效等，引导社会尊重婚姻，遵守夫妻之间的忠实义务。

### （三）问题导向原则

紧贴审判工作实践中的热点与难点问题，不务虚，不贪大求全，切实为审判实践提供裁判依据。《解释（二）》主要针对人民群众普遍关心的父母为子女出资购房、抢夺藏匿未成年子女、同居财产分割、基于婚姻给予房产、夫妻一方违反公序良俗的赠与、离婚协议约定将财产给付子女等家事审判中的重点、难点问题予以规范。同时，注重与原有司法解释规定在逻辑上协调一致。

### （四）“内外有别”原则

家庭虽不具有独立的民事主体资格，但作为社会的基本细胞，与外界始终处于互动之中。《解释（二）》注重民法典婚姻家庭编与物权编、合同编等其他各编以及公司法等其他法律的体系协调，既注重在外部上维护以公示公信为基础的市场经济规则，也强调在婚姻家庭内部保护配偶另一方合法权益，例如，超出家庭日常消费水平的直播打赏、夫妻一方转让股权等。

## 三、《解释（二）》中的几个主要问题

《解释（二）》以习近平新时代中国特色社会主义思想为指导，立足新的国情、社情、民情，深入贯彻落实习近平总书记关于注重家庭家教家风建设重要论述精神，积极回应人民群众新需求新期待。《解释（二）》共23条，主要包括以下几个方面。

### （一）明确重婚绝对无效的基本原则

民法典第一千零四十二条第二款规定，禁止重婚。第一千零五十一条规定，重婚的婚姻无效。《解释（一）》第十条规定，当事人依据民法典第一千零五十一条规定向人民法院请求确认婚姻无效，法定的无效婚姻情形在提起诉讼时已经消失的，人民法院不予支持。实践中，对重婚情形能否适用《解释（一）》上述规定，存在不同认识。有观点认为，如果提起诉讼时原合法婚姻当事人已经离婚或者配偶已经死亡的，也属于无效婚姻情形消失的情形，应适用上述司法解释规定，自合法婚姻当事人离婚或配偶死亡的节点开始，重婚的婚姻可以自动转为有效。这样可以减少当事人再次结婚登记的行政成本。但是，从公序良俗的角度看，重婚行为与未达法定婚龄以及婚姻法规定的“患有医学上认为不应当结婚的疾病”的情形在违法程度上存在轻重之分，前者违反的是公益要件，后者违反的仅是私益要件。因此，《解释（二）》从弘扬社会主义核心价值观的角度，明确重婚行为不适用效力补正。其中，第一条规定：“当事人依据民法典第一千零五十一条第一项规定请求确认重婚的婚姻无效，提起诉讼时合法婚姻当事人已经离婚或者配偶已经死亡，被

告以此为由抗辩后一婚姻自以上情形发生时转为有效的，人民法院不予支持。”本条在向社会征求意见过程中，曾有但书条款，目的是保护重婚善意的一方。但不少反馈意见认为，重婚是严重违背公序良俗的行为，甚至可能构成犯罪，不应当仅因一方的善意就使得重婚行为合法化。我们经研究认为，对于重婚中善意的一方，可以根据民法典第一千零五十四条第二款的规定，请求有过错的一方损害赔偿。该规定能够保护其合法权益。而且，随着婚姻登记管理制度的完善和信息技术的应用，如果双方有结婚的意愿，通过现场或网络途径均可查明各自的婚姻状态，以保护自己的合法权益，故删除了但书条款。

### （二）规制通过离婚损害债权人利益行为

在夫妻以一方名义对外负债的情况下，有些夫妻意图通过离婚方式“金蝉脱壳”，损害债权人利益。为此，《解释（二）》第三条规定：“夫妻一方的债权人有证据证明离婚协议中财产分割条款影响其债权实现，请求参照适用民法典第五百三十八条或者第五百三十九条规定撤销相关条款的，人民法院应当综合考虑夫妻共同财产整体分割及履行情况、子女抚养费负担、离婚过错等因素，依法予以支持。”债权人撤销权制度是针对市场交易中的债务人不当减少责任财产行为的债的保全制度，离婚协议纳入债权人撤销权制度仅为参照适用，非直接适用。对于离婚协议中的财产分割条款是“无偿”还是“不合理价格”的判断，应考虑离婚协议的特殊性。我们认为，离婚协议中的财产分割条款具有附随性，以婚姻关系解除为前提，往往财产分割会考虑未成年子女由哪一方直接抚养、一方是否存在过错等因素，并非必须均等分割。不能简单以只要不均等分割就损害了一方的债权人利益为由撤销离婚协议。在总结审判实践经验基础上，《解释（二）》明确，在参照适用时，需要考虑夫妻共同财产整体分割及履行情况、子女抚养费负担、离婚过错等事实，严格把握撤销标准，在依法保护债权人合法权益的同时，避免损害夫妻另一方和未成年子女利益。

在适用《解释（二）》第三条时，需要注意以下三点：第一，债权人的债权应当发生在离婚之前。第二，该债务已认定为夫妻一方的个人债务。如果该债务被认定为夫妻共同债务，夫妻双方均为债务人，债权人可以同时向夫妻双方主张债权，因此，离婚协议中关于夫妻共同财产分割的约定，不存在影响债权人债权实现的情形，无须动用债权人撤销权制度。第三，夫妻双方通过离婚恶意逃债的情况下，也可能存在民法典第一百五十四条关于恶意串通的民事法律行为无效之规定的适用余地。从举证责任的角度看，恶意串通的举证证明标准较高，需要达到排除合理怀疑的程度。因此，实践中，债权人大部分是以撤销权纠纷提起诉讼。《解释（二）》第三条主要是针对该类案件处理作出的规定，并非否认当事人以恶意串通损害他人合法权益的民事法律行为无效为由提起诉讼的权利。

### （三）细化同居析产规则

自1994年《婚姻登记管理条例》实施以来，我国实行婚姻登记制度，不再认可所谓“事实婚姻”。婚姻家庭受国家保护，是宪法确定的基本原则。只有办理结婚登记，双方才具有婚姻关系，才享有夫妻之间的权利义务，包括互相忠实的义务、相互扶养的义务、法定的夫妻共同财产权、相互享有继承权等。近年来，随着社会观念的更新和开放，同居逐渐为一部分人所接受或者默许，但在整个社会中仍远未达成共识。从司法实践看，近年来，双方因同居引发的析产纠纷、子女抚养纠纷有增多趋势，相关纠纷成为审判实践中的疑难问题。同居当事人的财产权利需要得到法律平等的保护。统一裁判规则和理念，能够更好地回应人民群众的新要求、新期待。基于同居不同于婚姻的基本前提，《解释（二）》根据民法典意思自治原则和民事主体的财产权利受法律平等保护的规定，明确如果同居双方事先就财产问题有明确约定，则按照约定处理；在双方无约定的情况下，基于当前大部分人的心理预期和同居不同于婚姻保护的价值理念，规定在财产分割时遵循“各自所得归各自所有”的原则。鉴于共同生活的复杂性和紧密性，同居双方可能因共同出资购置、共同生产经营投资等情况导致财产无法清晰区分，为此，《解释（二）》规定，此种情况，出资比例为首要考虑因素，应以此为基础进行分割，以充分保护当事人个人财产权利。

在此基础上，在财产分割时还需要考虑的具体因素如下：一是共同生活情况，比如同居生活时间长短、双方的付出情况等。也要考虑一方是否存在暴力行为等严重过错。根据反家庭暴力法第三十七条的规定，同居生活的人虽不属于家庭成员范围，但如果他们之间实施暴力行为，参照执行该法的有关规定。因此，如果一方存在暴力行为导致分手的，在同居析产时也可以作为考虑因素。二是有无共同子女。基于最有利于未成年子女的原则，同居期间生育共同子女的，同居结束后，对于直接抚养未成年子女一方，也要予以特别考虑。三是双方对财产贡献大小，比如，双方共同投资，财产增值部分主要由一方经营所得，就不能完全按照出资比例分割。总之，要根据具体案件情况，综合考量上述因素，妥善平衡双方利益。

关于是否需要对同居生活期间因抚育子女、照料老年人、协助对方工作的一方给予适当经济补偿的问题。《解释（二）》在向社会征求意见稿中，曾对此予以规定。该条反对意见较多。我们经反复研究认为，应坚持婚姻家庭受国家保护的基本原则，对于同居关系，不能等同于婚姻的保护。现实生活中，同居关系双方生活紧密度较高，也往往存在互相扶助的情况，较为复杂，纠纷产生的原因和背景也不尽相同，相关裁判规则需要继续探索，故删除了该规定。在个案处理中，应当综合考虑共同生活情况，基于诚信原则和权利义务相一致原则，妥善平衡双方利益。

### （四）明确父母为子女婚后购房出资分割原则

子女结婚时由父母出资购房既是我国传统家庭财产代际传承的方式，也是父母对子女婚姻幸福美满的祝福和物质支持，更有父母对晚年安享天伦之乐的期盼，有着广泛的社会基础。基于父母子女间密切的人身关系和特有的中国传统家庭文化，父母在出资时，一般未明确或不愿明确出资性质以及具体内容。但是，在子女离婚时，父母的希望落空，利益平衡被打破，纠纷也由此产生。如何审理好相关案件，实现出资父母权益与子女配偶一方权益的平衡保护，长期以来是司法实践面临的难题。从《最高人民法院关于适用〈中华人民共和国婚姻法〉若干问题的解释（二）》第二十二条到《最高人民法院关于适用〈中华人民共和国婚姻法〉若干问题的解释（三）》第七条，再到《解释（一）》第二十九条，司法政策也一直在探寻更好的解决方式。我们认为，保护出资父母一方权益体现的是对个人财产权利的尊重；而维护子女配偶一方合法权益，有助于增强其对家庭的认同，鼓励其对家庭的投入和付出，并协助另一方更好地赡养父母，实际上蕴含着对婚姻家庭的保护，这从根本上有利于保护出资父母一方权益。审理相关案件要以习近平总书记关于良好家庭家教家风建设论述精神为指导，实现个人财产利益与家庭团体利益的平衡保护。

根据民法典的规定，婚姻关系存续期间受赠的财产，除赠与合同确定约定只归一方的外，属于夫妻共同财产。因此，在父母与子女及配偶未明确约定只赠与自己子女的情况下，应按照民法典规定，认定为是赠与夫妻双方。但是，父母给子女出资购房的特定目的应作为审理案件时的重要考量因素，在子女离婚尤其是婚龄较短时，父母出资购房的行为基础丧失，在分割夫妻共同财产时就要考虑个案情况予以平衡。根据民法典第一千零八十七条的规定，夫妻离婚时双方对分割共同财产协议不成时，由人民法院根据财产的具体情况，按照照顾子女、女方和无过错方权益的原则判决。其中，“财产的具体情况”应当包括出资来源情况，并按照照顾子女、女方和无过错方权益的原则公平合理分割。

鉴于实际生活中出资来源的复杂性，《解释（二）》区分一方父母全额出资与一方父母部分出资（包括双方父母出资）两种情况分别予以规定：第一，在一方父母全额出资的情况下，如果赠与合同明确约定，该出资只赠与自己子女一方，应当按照约定处理。如果没有约定或者约定不明确的，房屋不论是否登记在自己子女一方名下，都可以判决该房屋归出资人子女一方所有，同时，要综合考虑共同生活及孕育共同子女的情况、离婚过错等因素，确定是否对另一方补偿以及补偿的具体数额。第二，在一方父母仅部分出资或者双方父母对房屋均有出资的情况下，因不同案件出资来源和各方出资比例不同，无法明确房屋归哪一方所有，需要根据个案情况分别处理。因此，根据《解释（二）》第八条第二款的规定，夫妻购置房屋由一方父母部分出资或者双方父母出资，如果赠与合同明确约定相应出资只赠与自己子女一方，离婚分割夫妻共同财产时，依照约定处理；没有约定或者约定不明确，双方均主张房屋所有权且一方不同意竞价取得的，人民法院可以以出资来源及比例为基础，综合考虑共同生活及孕育共同子女情况、离婚过错等因素，判决房屋归其中一方所有，同时参考离婚时房屋市场价格等因素，由获得房屋一方对另一方予以合理补偿。比如，双方父母的出资比例为 2∶8，如双方没有明确约定房产归属，具体分割时，一般可以判决房屋归 80% 出资比例的一方，但是并非一定给另一方 20% 的补偿，需要在考虑共同生活及孕育共同子女情况、离婚过错等事实的基础上，按照照顾子女、女方和无过错方权益的原则判决，补偿比例可能高于也可能低于 20%。总之，处理父母为子女婚后出资购房问题，应当以平衡保护个人权益和婚姻家庭团体利益为基本理念，关注婚姻家庭的伦理性、团体性特征，既要引导婚姻当事人注重对家庭的付出，也要防止借短暂婚姻不劳而获大额财物的投机行为，真正实现婚姻家庭的和谐稳定。

### （五）调整夫妻间给予房产行为

实践中，男女双方在婚前或者婚姻关系存续期间约定将一方所有的房产给予另一方或者为另一方“加名”的情况比较普遍。一般情况下，此种给予的目的是成立或维护婚姻关系并共同享有房产利益，这是该行为的基础，也是该行为与普通赠与合同完全无偿的特征不尽相同之处。《解释》第五条向社会征求意见后，有两种不同的反馈意见：一种意见认为，应当坚持诚信原则，不允许给予方反悔；另一种意见认为，要严厉打击不劳而获的行为，不能因短暂婚姻即获得大额财产。我们经研究认为，上述两种意见在特定案件中均有一定道理，这实际上也是《解释（二）》对此问题予以规范的原因。

实践中，有两种典型情况：一是双方长期共同生活，虽曾约定将一方所有的房屋给予另一方或者为另一方“加名”，但因各种原因未办理不动产转移登记。如果适用赠与合同规则，认可给予方享有任意撤销权，实际上损害了另一方的信赖利益；二是房产转移登记后，接受方短时间内即提出离婚。在不符合法定撤销权的情况下，认定房屋无法返还，对给予方是不公平的。为此，《解释（二）》第五条贯彻落实民法典第一千零六十五条规定，根据诚信原则，综合考虑婚姻家庭的特殊情况，区分尚未办理转移登记和已经办理转移登记两种情况分别予以规定：（1）尚未办理转移登记的。首先，《解释（二）》第五条第一款明确，该约定对双方具有法律约束力，也即给予方不能任意撤销。对于是继续履行该协议，还是基于行为基础的丧失，变更或者解除该协议，需要综合考虑婚姻关系的特殊情况。为此，《解释（二）》第五条第一款规定，人民法院可以根据当事人诉讼请求，结合给予目的，综合考虑婚姻关系存续时间、共同生活及孕育共同子女情况、离婚过错、对家庭的贡献大小以及离婚时房屋市场价格等因素，判决房屋归其中一方所有，并确定是否补偿以及补偿的具体数额。（2）已经办理转移登记的。《解释（二）》规定，婚姻关系存续时间较短且给予方无重大过错的，可以判决该房屋归给予方所有。这也就意味着，如果婚姻关系存续时间较长或者给予方有重大过错的，可以由接受方保有该房产，以维护财产秩序的相对稳定，保护接受方合理预期，弘扬诚信价值。当然，还要综合考虑共同生活及孕育共同子女情况、对家庭的贡献大小以及离婚时房屋市场价格等因素，确定获得房产一方对另一方是否予以补偿以及补偿的具体数额。上述规定有助于实现个案中双方当事人利益的平衡。

实践中还存在一些情况，例如，接受房屋一方存在欺诈、胁迫或者严重侵害给予方或其近亲属的合法权益、对给予方有扶养义务而不履行等情况，为此，《解释（二）》第五条第三款规定：“给予方有证据证明另一方存在欺诈、胁迫、严重侵害给予方或者其近亲属合法权益、对给予方有扶养义务而不履行等情形，请求撤销前两款规定的民事法律行为的，人民法院依法予以支持。”根据相关法律规定，此种情形撤销赠与后，无须给予对方补偿。但需要注意的是，撤销权应在法定期间内行使。

有的意见认为，《解释（二）》的规定赋予法院自由裁量权过大，不利于司法裁判统一。我们研究认为，在市场交易中，大家按照一定的规则行使就能保持相对可预期的秩序，但婚姻家庭与之不同，婚姻家庭涉及伦理、情感、心理等因素，每个家庭也并非按照法律规定的方式生活，而是各有自己的相处模式。家事案件中的“个案”情况较多：有的给予方存在过错，有的接受方存在过错；有的双方已经长久共同生活，而有的则“闪离”；有的已生育共同子女，有的无子女。不同因素叠加更会出现各种不同的“组合”。如果一律适用同样的规则，看似整齐划一，但是，案件处理结果可能反倒损害一方当事人的合法权益。赋予法院一定程度自由裁量权，实现个案中的平衡保护，是实现司法裁判公平正义的要求。下一步，我们将通过发布典型案例、法答网答疑、推荐典型案例入人民法院案例库等方式，进一步细化相关因素的把握尺度，努力让人民群众在每一个司法案件中感受到公平正义。

### （六）规范夫妻一方对外赠与行为，维护公序良俗

近年来，婚姻家庭领域一类比较多的纠纷是因“婚外情”赠与财物产生的纠纷。民法典规定，家庭应当树立优良家风，弘扬家庭美德，重视家庭文明建设。夫妻应当互相忠实、互相尊重、互相关爱。婚姻关系存续期间，夫妻一方为重婚、与他人同居以及其他违反夫妻忠实义务等目的，私自将婚内共同财产赠与他人，不仅侵害了夫妻共同财产平等处理权，更是一种严重违背公序良俗的行为，为社会主义核心价值观所不容。审判实践中，对赠与行为的性质、效力认定以及返还比例等，存在不同认识，需要统一裁判标准，为此，《解释（二）》第七条第一款规

定："夫妻一方为重婚、与他人同居以及其他违反夫妻忠实义务等目的，将夫妻共同财产赠与他人或者以明显不合理的价格处分夫妻共同财产，另一方主张该民事法律行为违背公序良俗无效的，人民法院应予支持并依照民法典第一百五十七条规定处理。"具体说明如下。

第一，认定合同无效的路径主要是违背公序良俗。"婚外情"行为不仅违反了法律规定的夫妻忠实义务，也严重违背公序良俗。鉴于民法典修改了合同法的规定，处分人无处分权不再影响合同效力。夫妻一方未经对方同意处分夫妻共同财产属于广义上的无权处分，在解释上亦不能因此否认合同效力。因此，在路径上应当解释为双方基于维护"婚外情"的目的赠与，该目的违背公序良俗，依据民法典第一百五十三条第二款的规定，该民事法律行为应认定为无效。

第二，相应的法律后果应根据民法典第一百五十七条规定确定。根据民法典第一百五十七条的规定，民事法律行为被认定无效后，行为人因该行为取得的财产，应当返还；不能返还或者没有必要返还的，应当折价补偿。因此，受赠人应当返还已经接受的财物。如果原物已转让他人且他人构成善意取得等不能返还，则应当折价补偿。

第三，该情况不仅包括婚姻关系存续期间，还包括离婚后。有的观点认为，如果配偶起诉时双方仍在婚姻关系存续期间，那么其有权要求返还全部财物；但是，如果配偶起诉时，双方已经离婚，共有基础已不存在，那么其只能要求返还其中的一半。我们经研究认为，不论配偶起诉是在离婚前还是离婚后，都不能改变当事人处分的财物为夫妻共同财产的性质。对夫妻共同财产，双方不分份额地共同享有所有权，而非每人享有一半的所有权。而且，在分割夫妻共同财产时，由于违反夫妻忠实义务一方存在过错，财产并非平均分配，违反夫妻忠实义务一方可能不分或少分财产。因此，另一方应有权全部要求返还。

有意见提出，实践中存在夫妻合谋以另一方名义要求返还财产的情况，这对存在严重过错的违反夫妻忠实义务一方没有起到惩罚的效果。我们经研究认为，在无过错的配偶与破坏他人家庭的婚外第三者之间，法律保护的是前者，这是必须旗帜鲜明坚持的原则。对于违反夫妻忠实义务的一方，有其他法律制度予以规制，包括可以在不解除婚姻关系的情况下，请求分割夫妻共同财产，也可以在离婚分割夫妻共同财产时要求对违反夫妻忠实义务的一方少分或不分。为此，《解释（二）》第七条也专门增加了第二款，即“夫妻一方存在前款规定情形，另一方以该方存在转移、变卖夫妻共同财产行为，严重损害夫妻共同财产利益为由，依据民法典第一千零六十六条规定请求在婚姻关系存续期间分割夫妻共同财产，或者依据民法典第一千零九十二条规定请求在离婚分割夫妻共同财产时对该方少分或者不分的，人民法院应予支持”。也就是说，返还给另一方的财产在离婚时并不是夫妻对半分割，违反夫妻忠实义务一方甚至有可能完全分不到。同时，在子女抚养方面，根据《解释（二）》第十四条的规定，离婚诉讼中，父母均要求直接抚养已满两周岁的未成年子女，如果一方存在重婚、与他人同居或者其他严重违反夫妻忠实义务情形的，作为对其不利因素，优先考虑由另一方直接抚养。此外，根据民法典第一千零九十一条规定，一方存在重婚、与他人同居等严重过错的，还需要在离婚时对另一方承担离婚损害赔偿责任。

### （七）明确离婚协议约定财产给予子女裁判规则

在离婚纠纷中，夫妻双方对于大额夫妻共同财产尤其是唯一房产的归属或分割往往难以达成一致，折中的办法常常是双方均同意将该财产给予共同子女。也有的当事人之所以同意离婚，正是因为对方同意将共同财产给予子女。但是，离婚后，基于各种原因，该财产的实际占有一方或者登记一方拒绝履行的现象也时有发生，甚至以享有任意撤销权为由主动提起诉讼，要求撤销该协议。对此，实践中存在不同理解。我们经研究认为，离婚协议中关于财产给予子女的约定，实际上是夫妻双方对共同财产协议处分的具体形式，且与解除夫妻关系、子女抚养等约定构成不可分割的整体，不能单独撤销其中一部分内容。在财产权利未转移前，一方不能根据赠与合同规则单独享有任意撤销权。为此，《解释

（二）》第二十条第一款规定："离婚协议约定将部分或者全部夫妻共同财产给予子女，离婚后，一方在财产权利转移之前请求撤销该约定的，人民法院不予支持，但另一方同意的除外。"

离婚协议的当事人为夫妻双方，一方不按照离婚协议约定履行义务时，原则上只能由夫妻一方主张权利。为此，《解释（二）》第二十条第二款规定："一方不履行前款离婚协议约定的义务，另一方请求其承担继续履行或者因无法履行而赔偿损失等民事责任的，人民法院依法予以支持。"离婚协议的当事人是夫妻双方，子女不是离婚协议的当事人，因此，一般情况下，应当由夫妻一方起诉，而不是子女起诉。这也有助于避免亲子关系受到进一步损害。当然，如果离婚协议明确约定子女可以请求一方履行的，可以依照约定处理。为此，《解释（二）》第二十条第三款参照民法典合同编中真正利益第三人合同制度规定："双方在离婚协议中明确约定子女可以就本条第一款中的相关财产直接主张权利，一方不履行离婚协议约定的义务，子女请求参照适用民法典第五百二十二条第二款规定，由该方承担继续履行或者因无法履行而赔偿损失等民事责任的，人民法院依法予以支持。"

此外，实践中，存在当事人将财产给予子女后，发现子女非亲生的情况，为此，《解释（二）》第二十条第四款进一步明确，离婚协议约定将部分或者全部夫妻共同财产给予子女，离婚后，一方有证据证明签订离婚协议时存在欺诈、胁迫等情形，请求撤销该约定的，人民法院依法予以支持。该条精神也与《解释（一）》第七十条规定一脉相承。

### （八）规制抢夺、藏匿未成年子女行为

抢夺、藏匿未成年子女不仅侵害了父母另一方对子女依法享有的抚养、教育、保护的权利，更为重要的是，该行为会严重损害未成年子女身心健康，应当坚决预防和制止。未成年人保护法第二十四条第一款明确规定，未成年人的父母离婚时，应当妥善处理未成年子女的抚养、教育、探望、财产等事宜，听取有表达意愿能力未成年人的意见。不得以

抢夺、藏匿未成年子女等方式争夺抚养权。《解释（二）》用三个条文对该行为予以规制。

一是快速制止不法行为。《解释（二）》第十二条第一款规定：“父母一方或者其近亲属等抢夺、藏匿未成年子女，另一方向人民法院申请人身安全保护令或者参照适用民法典第九百九十七条规定申请人格权侵害禁令的，人民法院依法予以支持。”签发人身安全保护令或者人格权侵害禁令，能够及时让未成年人子女恢复到原来的生活状态。人身安全保护令是反家庭暴力法设立的制度。反家庭暴力法第二十三条第一款规定，当事人因遭受家庭暴力或者面临家庭暴力的现实危险，向人民法院申请人身安全保护令的，人民法院应当受理。我们经研究认为，抢夺、藏匿未成年子女行为发生在家庭成员之间，也是一种暴力行为，可以通过签发人身安全保护令的方式预防和制止。人格权侵害禁令制度是民法典设立的制度。民法典第九百九十七条规定：“民事主体有证据证明行为人正在实施或者即将实施侵害其人格权的违法行为，不及时制止将使其合法权益受到难以弥补的损害的，有权依法向人民法院申请采取责令行为人停止有关行为的措施。”第一千零一条规定：“对自然人因婚姻家庭关系等产生的身份权利的保护，适用本法第一编、第五编和其他法律的相关规定；没有规定的，可以根据其性质参照适用本编人格权保护的有关规定。”父母对未成年子女抚养、教育和保护的义务是基于身份关系，相关身份权利的保护可以参照适用关于人格权保护的有关规定。此外，基于家庭纠纷的复杂性，一方存在赌博、吸毒、家庭暴力等严重侵害未成年子女利益的情况，另一方紧急带离的，应属于一种自助行为。《解释（二）》参照民法典第一千一百七十七条规定精神，在第十二条第二款规定：“抢夺、藏匿未成年子女一方以另一方存在赌博、吸毒、家庭暴力等严重侵害未成年子女合法权益情形，主张其抢夺、藏匿行为有合理事由的，人民法院应当告知其依法通过撤销监护人资格、中止探望或者变更抚养关系等途径解决。当事人对其上述主张未提供证据证明且未在合理期限内提出相关请求的，人民法院依照前款规定处理。”

二是在一方提起的监护权纠纷案件中，明确可以暂时确定未成年子女抚养事宜。监护权纠纷是侵权责任纠纷的类型之一，主要是针对监护权受到侵害产生的纠纷。民法典第二十七条第一款规定：“父母是未成年子女的监护人。”第三十四条第二款规定：“监护人依法履行监护职责产生的权利，受法律保护。”因一方实施抢夺、藏匿未成年子女行为，导致另一方无法对未成年子女进行抚养、教育、保护的，受到侵害的一方有权提起监护权纠纷。根据民法典第一百七十九条的规定，承担民事责任的方式包括停止侵害、排除妨碍等。但是，判项中如此表述，存在执行内容不明的问题。而且，实践中，一般当事人提起此类诉讼的主要目的是明确分居期间未成年子女暂由哪一方直接抚养。为此，《解释（二）》第十三条根据当事人诉请和婚姻家庭领域的实际情况，进一步具体化规定为：“夫妻分居期间，一方或者其近亲属等抢夺、藏匿未成年子女，致使另一方无法履行监护职责，另一方请求行为人承担民事责任的，人民法院可以参照适用民法典第一千零八十四条关于离婚后子女抚养的有关规定，暂时确定未成年子女的抚养事宜，并明确暂时直接抚养未成年子女一方有协助另一方履行监护职责的义务。”其中的暂时确定未成年子女的抚养事宜并明确其协助义务，实际上是停止侵害、排除妨碍的具体形式，有助于更准确地指导审判实践。

三是在离婚诉讼中，确定未成年子女由哪一方直接抚养时，将抢夺、藏匿未成年子女行为作为对实施一方的不利因素，优先考虑由另一方直接抚养。依据《解释（二）》第十四条的规定，离婚诉讼中，父母均要求直接抚养已满两周岁的未成年子女，一方抢夺、藏匿未成年子女且另一方不存在实施家庭暴力，虐待、遗弃家庭成员，或者有赌博、吸毒恶习等严重侵害未成年子女合法权益情形的，人民法院应当按照最有利于未成年子女的原则，优先考虑由另一方直接抚养。需要特别说明的是，在确定未成年子女由哪一方直接抚养时，应当根据最有利于未成年子女的原则，综合各种因素进行判断，具体考量因素包括子女的年龄、性别、与双方的情感依赖程度、双方经济状况等，而非绝对适用某一有利因素或者不利因素。

### （九）需要特别说明的事项

1. 关于直播打赏款项处理问题

从司法统计数据看，近年来，涉及直播打赏的纠纷主要是未成年人和夫妻一方未经对方同意的直播打赏。为维护未成年人合法权益、保障未成年人健康成长，《解释（二）》征求意见稿明确规定，未成年人打赏的款项，应予退还。该规定精神应予以坚持。考虑到网信部门已经出台相关规定，限制未成年人账户打赏功能，该问题已经基本得到解决。而且，从司法实践看，目前产生争议的多是未成年人用监护人的账号打赏，甚至也不排除实际上是成年人自己打赏，但恶意以未成年人名义要求返还。因此，需要解决的是如何查清实际打赏者是谁这一事实以及如何合理分配直播平台管理责任和监护人责任的问题。这需要进一步总结审判实践经验，故对该款予以删除。对于直播内容含有淫秽、色情等低俗信息引诱用户打赏的，《解释（二）》征求意见稿明确，夫妻另一方可要求直播平台返还。该规定的精神对于净化网络空间，践行社会主义核心价值观，督促直播平台履行监管职责具有重要意义。部分反馈意见认为，应进一步细化平台与主播之间的责任划分，明确淫秽、色情的认定标准。我们经慎重研究认为，该意见有一定道理。涉直播打赏纠纷涉及对新业态中各方利益的平衡，目前尚未达成共识。考虑到直播内容的即时性、观众的不特定性等，各主体之间的权利义务关系需要进一步明晰。而且，如果直播内容涉及淫秽、色情等违法信息的，根据治安管理处罚法的有关规定，还存在收缴等情况，严重的甚至有可能构成刑事犯罪，需要通盘考虑民事、行政、刑事责任的有机衔接，故《解释（二）》对该款予以删除。下一步，我们将继续总结审判实践经验，通过发布典型案例等方式加强监督指导。

2. 关于离婚经济帮助的具体形式

离婚经济帮助是古今中外法治文明的重要体现。1950 年婚姻法就规定了离婚经济帮助制度。此后的婚姻法和民法典均延续该项制度。离婚经济帮助不是劫富济贫，不是均贫富，而是体现社会主义核心价值观中“友善”的必然要求。离婚经济帮助制度的适用需要满足四个条件：第一，判断时点为离婚之时。一方生活困难必须是在离婚时已经存在的困难，而不是离婚后任何时间所发生的困难都可以要求帮助。因此，《解释（二）》征求意见稿明确是在“离婚纠纷中”。一方如果在离婚判决后提出经济帮助，人民法院则不会受理。这就排除了部分别有用心之人在离婚后大肆挥霍财产最终身无分文，并要求前配偶提供经济帮助之可能。第二，受帮助的一方生活确有困难。其生活困难是指依靠分得的夫妻共同财产和个人财产仍不能维持当地基本生活水平。现实生活中，夫妻双方在离婚时一般会通过分割夫妻共同财产获得一定数额的财产，即使是婚姻过错方，一般也不会达到“净身出户”之程度。即使未分割到夫妻共同财产，如果其有退休金、失业保险金、社会救助金等社会保障，已达到满足基本生活之需要，对方也无须给予离婚经济帮助。因而，离婚经济帮助的对象实则是不仅没有生活来源，同时因为年老、重病、残疾等丧失了劳动能力之群体。第三，提供帮助的一方应有负担能力。即在满足自己的合理生活需要后仍有剩余。这就意味着，如果离婚双方均只能维持一般的生活水平，也不需要向对方提供经济帮助。对此，《解释（二）》征求意见稿也明确是“有负担能力的一方”。第四，时间限制。离婚经济帮助，不是夫妻扶养义务的延续，而是解除婚姻关系时的一种善后措施，因此，只能是暂时的帮助，这是该制度的题中应有之义，也是审判实践的通常做法。而且，如果接受帮助的一方已经再婚或与他人同居生活等，帮助也应予以终止。考虑到实践中生活困难的重要方面是无房居住，为落实民法典该项制度，统一法律适用，《解释（二）》征求意见稿明确了具体的帮助形式。该条向社会征求意见过程中，不少意见对离婚经济帮助制度有一定程度的误读。考虑到房屋价值较大，实践中也需要考虑有负担能力一方的后续生活等，《解释（二）》对具体帮助形式不再作规定，实践中可以根据个案情况妥善处理。下一步，我们将继续总结审判实践经验，通过发布典型案例等方式加强监督指导。

# 【老年人权益保护专题】

## 最高人民法院关于发布老年人权益保护典型案例的新闻发布稿

党的十八大以来，以习近平同志为核心的党中央高度重视老龄工作，将积极应对人口老龄化确定为国家战略。人民法院坚持以习近平新时代中国特色社会主义思想为指导，充分发挥审判职能，依法审理涉及老年人的民事纠纷，维护老年人合法权益，不断增强老年人的获得感、幸福感、安全感。为深入贯彻党的二十届三中全会和第十五次全国民政会议精神，进一步落实“着力推进实施积极应对人口老龄化国家战略”，充分发挥典型案例的示范引领作用，2024 年 12 月 31 日，最高人民法院发布六个老年人权益保护典型案例。本次发布的案例具有以下特点。

一是尊重老年人自主意愿，依法充分满足老年人需求。案例二中，人民法院积极正确适用意定监护制度，确保老年人能够按照符合自己意愿的生活方式安度晚年，满足老年人自身的养老需求。案例三中，人民法院制止子女无理阻碍老年人自主管理财产，充分保护老年人享有的财产权利。

二是聚焦老年人现实困难，着力解决老年人急难愁盼。案例一中，人民法院正确把握解除合同的条件，支持老年人在合同约定的考虑期内解除合同并退还预付费的请求，解决预付费“退费难”，有利于引导经营者诚信、规范经营和老年人安心消费。案例五中，人民法院针对失独老人客观情况和特殊困难，积极组织相关各方进行调解，根据具体情况为老年人量身定制一站式调解方案，并积极督促履行，不仅实现了案结事了，而且彻底解决了老年人的生活焦虑和忧愁。

三是做深做实老有所养，促推养老服务保障可感可及可享。案例四中，人民法院依法认定继子女应当向形成稳定抚养教育关系的继父母给付养老生活费，解决了老年人养老后顾之忧。案例六中，人民法院对司法裁判中发现的长期护理保险服务平台存在的普遍性问题，积极向有关部门建议适老化改造，迈好实施长期护理保险制度“最初一公里”，助推老年人就业和新型社会保障制度发展完善，做深做实老有所养。

尊老敬老是中华民族传统美德，加强老年人权益保护意义重大。人民法院将深入贯彻习近平法治思想，加大审判执行力度，进一步提升保障老年人合法权益的能力和水平，推动构建老年友好型社会，让老年人共享改革发展成果，安享幸福晚年。

# 老年人权益保护典型案例

## 目　录

## 案例一

# 支持依约解除合同　解决预付费“退费难”

## ——赵某某诉某养老产业公司服务合同纠纷案

### 【基本案情】

赵某某在某养老产业公司销售人员朱某的介绍下，与该公司签订《养老卡合同》。合同约定：赵某某以 10 万元价格购买入住该公司养老院六十个月的服务；赵某某交清费用后三日内作为考虑期，考虑期内提出退款并填写退款申请，可在七个工作日内全额退款。赵某某支付 10 万元费用后，当日即联系负责办理签约事宜的朱某要求办理退费，但未果。后来，该公司称赵某某未提交书面退款申请、未拨打合同载明的退款电话，故赵某某不符合考虑期内全额退款的条件。赵某某诉至法院，请求判令某养老产业公司全额退款并赔偿利息损失。

### 【裁判结果】

审理法院认为，《养老卡合同》明确约定，办卡人在考虑期内可申请全额退款，但并未约定申请退费的渠道和步骤。某养老产业公司认可朱某系其销售人员，赵某某提供的证据能够证明其在签订合同和付款当日即联系朱某要求退费。赵某某解除合同的请求符合双方约定，应产生解除合同的法律效果。最终判决：某养老产业公司向赵某某退还全部费用并赔偿相应的利息损失。

### 【典型意义】

部分养老机构出于快速回笼资金、增强用户黏性等目的，采取预付费模式运营。实践中，当老年人按照合同约定请求退还预付费时，一些养老机构以各种理由推诿、拖延甚至拒绝退还，导致合同“解除难”、预付费“退费难”，损害老年人合法权益。本案中，人民法院认真核查老年人缔结合同的过程和相关情况，认定老年人解除合同符合法律规定，依法支持老年人解除合同、退出交易，维护了老年人订立合同时的合理预期。本案的裁判有利于激励老年人安心消费，有利于引导养老机构诚信、规范经营。

**案例二**

## 落实意定监护　尊重老年人自主意愿

——卢某申请指定监护人案

### 【基本案情】

老年人杨某与其配偶未生育子女。杨某的配偶去世后，杨某由配偶之侄卢某照顾。经过公证，杨某与卢某签订了意定监护协议。该协议约定，杨某在丧失民事行为能力时由卢某担任其监护人，管理杨某财产，安排其养老、就医等事宜。后来，杨某突发严重疾病，意识出现障碍。医院的诊断证明书载明杨某肾功能衰竭、心力衰竭；卢某提交的视频光盘显示，杨某已无法独立进行意思表示。经卢某自行委托鉴定，鉴定结论为杨某系重度失能人员。杨某户籍地社区居民委员会出具意见确认杨某意识不清醒，长期生活不能自理，同意卢某担任杨某的监护人。卢某向法院申请：认定杨某为无民事行为能力人并指定卢某担任其监护人。

### 【裁判结果】

审理法院认为，本案证据能够证明杨某已完全不能辨认和控制自身的行为，应认定杨某为无民事行为能力人。杨某与卢某签订的意定监护协议经过公证，为双方当事人真实意思表示，属合法有效。根据意定监护协议约定，结合杨某住所地居民委员会的意见，卢某担任杨某监护人的申请应予支持。最终判决：认定杨某为无民事行为能力人；指定卢某担任杨某的监护人。

**【典型意义】**

《中华人民共和国民法典》规定了意定监护制度。即，具有完全民事行为能力的成年人，可以与他人协商后以书面形式确定他人担任自己的监护人，在自己丧失或者部分丧失民事行为能力时，由该监护人履行监护职责。意定监护制度有利于充分尊重老年人自主意愿，周延保障老年人权益。实践中，不少老年人对意定监护制度不了解、不熟悉，导致产生实际需求时无法享受此项权利，引发监护困境。本案中，人民法院按照老年人意愿，依法支持意定监护，彰显了意定监护法律制度的功能和价值，有利于社会公众积极认识、接受和用好用足意定监护，让晚年生活多一份保障。

**案例三**

## 老年人自主管理财产　子女不得无理阻碍
### ——徐某诉许某保管合同纠纷案

**【基本案情】**

高龄老年人徐某的老房拆迁后便同其子许某共同生活，并将 70 万元积蓄交给许某代为保管，同时明确表示该笔积蓄用于徐某自己日后养老就医。后来，徐某、许某双方因生活琐事产生矛盾，徐某不再希望许某代为保管积蓄，要求许某返还 70 万元。许某拒绝返还，双方多次协商未果。徐某诉至法院，请求判令许某返还 70 万元。

**【裁判结果】**

审理法院认为，许某系受徐某委托代其保管徐某的 70 万元积蓄。徐某虽系高龄老年人，但其具有完全民事行为能力，有权占有、管理自己的财产。徐某要求许某返还代为保管的钱款，许某理应及时返还。最终判决：许某向徐某返还 70 万元。判决生效后，许某主动向徐某返还了 70 万元。

**【典型意义】**

现实生活中，不少老年人都有一定的积蓄或财产。由于种种原因，容易发生子女干涉父母自主管理、处分财产的情况，由此也引发不少家庭矛盾和纠纷。按照法律规定，具有完全民事行为能力的老年人享有自主管理处分自己财产的权利，子女应当尊重和配合，不得无理拒绝和阻碍。本案中，人民法院判决保护老年人依法享有的财产权利和处分自由，既有利于彰显老年人的权利保护，也有利于引导家庭成员树立正确的财产观念。

**案例四**

## 受继父母抚养教育　继子女应当给付养老生活费

——柳某诉延甲、延乙等赡养纠纷案

**【基本案情】**

柳某（女）与延某（男）于 1979 年登记结婚，延某为再婚。婚后，柳某同延某以及延某的 5 名未成年子女延甲、延乙、延丙、延丁、延戊共同生活。双方结婚时，延甲已满十六周岁且以自己务农为主要生活来源，延乙、延丙、延丁、延戊年幼，由柳某、延某共同抚养。2023 年，延某去世，柳某也年过七旬，缺乏劳动能力，有一定的固定收入。柳某在养老问题上与 5 名继子女产生矛盾。柳某诉至法院，请求判令延甲、延乙、延丙、延丁、延戊每人每月给付生活费 1000 元。

## 【裁判结果】

审理法院认为，柳某与延某结婚时，延甲虽不满十八周岁，但已满十六周岁并以自己的劳动收入为主要生活来源，柳某与延甲未形成抚养关系。延乙、延丙、延丁、延戊在成长过程中均受柳某的抚养教育，彼此间权利义务关系适用《中华人民共和国民法典》关于父母子女关系的规定。延某去世后，柳某已年过七旬，缺乏劳动能力，有权请求延乙、延丙、延丁、延戊给付一定的生活费。延乙、延丙、延丁、延戊家庭经济条件并不宽裕，应当综合考虑柳某和继子女的经济状况、柳某的实际需求等因素认定生活费金额。最终判决：延乙、延丙、延丁、延戊每人每月向柳某支付生活费100元。

## 【典型意义】

随着老龄人口逐年增加，再婚重组家庭夫妻面临养老新问题。继父母在家庭中的付出与随着年龄增大而日益增强的养老需求之间的关系，影响到个人幸福、家庭和睦和社会和谐，需要准确把握和妥当处理。人民法院以继父母与继子女间是否形成长期稳定的抚养教育关系作为继子女是否应当给付继父母养老生活费的重要标准，符合法理和情理。本案中，人民法院认真调查案件事实，根据每名继子女的情况客观地作出认定和处理，有利于激励作为成年人的继父母关爱幼小，切实承担家庭责任，也有利于激励继子女孝老爱亲、相互扶持，推动亲情关系和谐美满。

**案例五**

# 促成多方调解　做实一站解纷

## ——任某诉某地产公司、某银行商品房预售合同纠纷案

**【基本案情】**

邱某购买某地产公司开发的商品房一套，支付首付款 172 万元，剩余购房款 260 万元办理了住房公积金贷款和商业银行贷款，月供合计 1.4 万元。购房后不久，邱某离世。邱某系家中独子，其母任某系唯一法定继承人。任某年事已高且无独立经济来源，无力继续负担房贷。任某诉至法院，请求判令解除购房合同和贷款合同，退还购房首付款及已还的房贷款。

**【裁判结果】**

审理法院认为，购房合同、贷款合同发生在多个民事主体之间，解除购房合同涉及购房首付款返还、贷款清结、权利注销登记等一系列问题，需要某地产公司、某银行、住房公积金管理机构、不动产登记机构及合同网签备案部门的同意和共同协作配合。审理法院积极邀请人民调解员共同参与调解，通过各方努力，最终达成“解除购房合同，解除贷款合同，开发商退还贷款，办理贷款结清，注销房屋抵押登记及网签备案，退还房屋首付款”的连环调解方案。同时，考虑到任某系失独老人，法院向某地产公司加强说理劝导，该公司同意免除任某应支付的违约金。调解协议达成后，审理法院进行了司法确认，并加强督导，各方均及时履行了调解协议。

**【典型意义】**

由于子女的购房合同、贷款合同并非由老年人订立，在失去子女后，

一些老年人受身体、年龄、经济状况等影响，面临偿还房贷压力和房屋处置困难。诉讼中，如果不全面充分考虑交易情况和客观条件而径行作出裁判，往往难以实现最佳效果。人民法院根据本案的实际情况，开展深入、细致的调解工作。针对购房交易涉及的多个主体和多个环节，积极引导各方直面问题、研究可行方案，协调共同解决，为老年人量身定制一站式实质解纷方案，充分回应了老年人的重大关切，解除了后顾之忧。本案是老年人权益保护中做实调解、实质解纷的良好示范。

## 案例六

# 积极发挥职能作用　促进养老制度优化

## ——王某某诉某护理机构劳务合同纠纷案

### 【基本案情】

王某某的母亲为长期护理险核定的失能人员。根据当地政策，失能人员家属可以作为长期护理险居家护理服务人员，在护理机构的管理下接受任务工单并领取报酬。王某某与某护理机构签订合同约定，由该护理机构通过平台派单，王某某为其母提供居家护理服务，王某某在该护理机构领取报酬。合同履行中，由于王某某年龄较大，对网络操作程序不熟悉，其未能上传符合平台要求的护理工单照片而被某护理机构停止结算和派单。王某某诉至法院，请求某护理机构支付报酬、赔偿损失。

### 【裁判结果】

审理法院认为，本案事实清楚，权利义务关系明确，开展诉前调解有利于及时化解纠纷、避免产生诉累。审理法院邀请了当地长期护理险分中心共同参与调解，王某某与某护理机构达成和解协议后撤诉，该案纠纷得到圆满解决。审理法院在办案中发现，长期护理险的护理人员中，中老年人占比较高，护理人员与护理机构因平台服务技术问题产生的纠纷并非个案，服务平台亟须适老化改造。审理法院有针对性地向相关部门建议对服务平台进行适老化改造，相关部门予以接受并作出改进。改进后，服务平台的实用性、便捷性得到显著提升。

**【典型意义】**

长期护理保险是针对失能人员长期护理需求的新型社会保障。人民法院在个案中发现制度运行出现新情况新问题，积极提出意见建议，协同有关部门改进完善，充分体现了工作协同和系统集成。本案中，人民法院总结类案中护理人员特点，针对实践中影响长期护理保险制度走深走实的机制障碍和技术短板，认真准确提出意见建议，切实促推改进，帮助护理人员跨越“数字鸿沟”，实现了老年护理人员就业和老年人新型社会保障制度走好“最初一公里”。

## 【劳动者权益保护专题】

# 中华全国总工会、最高人民法院、最高人民检察院联合发布劳动法律监督“一函两书”典型案例

中华全国总工会与最高人民法院、最高人民检察院 2024 年 2 月分别联合印发文件，协同协作全面推行“一函两书”。为发挥典型案例示范、指导和引领作用，中华全国总工会、最高人民法院、最高人民检察院筛选了十件劳动法律监督“一函两书”典型案例，并于 2024 年 12 月 27 日正式发布。

这十件典型案例突出法院、检察院司法职能与工会劳动法律监督“一函两书”的衔接协作，为工会维护劳动者合法权益提供司法保障，合力推动解决农民工、环卫工人、工伤职工等群体劳动报酬、伤残津贴被拖欠等问题，落实职业病防治等监管责任，保障户外劳动者高温天气津贴发放、快递员工伤保险等权益。

各级工会和人民法院、人民检察院要强化责任担当，深刻认识依法保障劳动者合法权益的重要性，以案为鉴，加大对侵害劳动者合法权益行为的监督纠正力度，切实维护好实现好广大劳动者合法权益。

# 劳动法律监督“一函两书”典型案例

## 目　录

## 案例一

# 天津市河北区检察院、法院联动化解武某英等 97 人与环境卫生管理所劳动争议

### 【关键词】

检法联动　支持起诉　确认劳动关系　社会保险

### 【基本情况】

武某英等 97 人分别受雇于天津市 3 家环境卫生管理所（以下简称环卫所），从事道路清扫等工作。双方就劳动关系确认发生争议，经天津市河北区劳动人事争议仲裁委员会仲裁及天津市河北区人民法院（以下简称河北区法院）和天津市第二中级人民法院两审终审，确认存在劳动关系。用工期间，3 家环卫所没有为武某英等 97 人登记社保并缴纳社会保险费，导致已退休人员无法享受社会保险待遇。当武某英等 97 人再次向河北区劳动人事争议仲裁委员会申请仲裁，要求环卫所赔偿损失时，该劳动人事争议仲裁委员会以超过法定退休年龄为由未予受理。后武某英等 97 人拟向法院提起民事诉讼。

### 【协同协作履职情况】

天津市河北区人民检察院（以下简称河北区检察院）依托设在河北区法院的支持起诉接待窗口，指导符合支持起诉条件的申请人收集线索、整理证据，打通劳动者权益保障绿色通道，共受理武某英等人与环卫所劳动争议支持起诉案 97 件，以检法联动深化协作为劳动者诉讼“降本增效”，进一步提高诉讼效率，降低诉讼成本，让弱势群体得到及时有效的法律指引。

河北区检察院经审查认定，武某英等97人与案涉3家环卫所存在劳动关系，环卫所在用工期间没有为劳动者登记社保并缴纳社会保险费，导致案涉劳动者在退休后无法享受社会保险待遇。依托与天津市河北区总工会（以下简称河北区总工会）制定的《关于建立职工劳动权益保障协作配合工作机制的意见》，河北区检察院及时向河北区总工会通报案件线索和审查认定结果。针对案涉劳动者文化水平、诉讼能力等方面存在的问题，河北区检察院强化会商研判、深化办案协作，决定支持起诉，并向河北区法院发出支持起诉书。河北区法院在一审审理中认定，案涉3家环卫所没有为武某英等97名劳动者登记社保并缴纳社会保险费，导致案涉劳动者在退休后无法享受社会保险待遇，遂作出一审民事判决，支持97名劳动者赔偿社会保险损失的诉讼请求共计750余万元。河北区检察院在接到河北区法院的生效判决文书后，及时向河北区总工会通报案件裁判结果，参与研商资金筹措方案，推动社会保险待遇落实到位。

河北区检察院对近三年办理的劳动争议支持起诉案件进行梳理，发现案件发生的主要原因在于案涉单位用工不规范，存在管理漏洞。为推动企业依法规范用工、前端化解劳动纠纷，河北区检察院与河北区总工会协商沟通，向案涉单位制发《工会劳动法律监督意见书》，并就保障劳动者权益，构建和谐劳动关系，深入企业“把脉施策”，通过普法宣讲进一步规范企业经营秩序，增强保护职工劳动权益的意识，推动“一函两书”制度取得实效。

**【典型意义】**

劳动者退休后依法享受社会保险待遇，事关劳动者切身利益和社会和谐稳定。河北区检察院探索“检察院支持起诉+法院+工会”工作模式，在强化检法联动，提高诉讼质效的基础上，重视源头治理预防在前，以“一函两书”落地见效助力企业单位“查漏补缺”。充分发挥检察机关与工会各自职能优势，用好“检察监督+劳动监督”机制，以两种监督双向赋能为劳动者权益“保驾护航”，为劳动者织密劳动权益保护网，以支持起诉为保障劳动者依法享有社会保险待遇提供有力举措，切实解决好弱势群体的忧“薪”事。

案例二

## 黑龙江省延寿县“法院+工会”促推用人单位主动履行定期支付伤残津贴义务

【关键词】

工伤保险待遇　支付义务　履行生效判决

【基本情况】

2002年，邓某因工伤保险待遇与某公司发生争议并诉至法院。黑龙江省延寿县人民法院判决，某公司应支付邓某相关工伤保险待遇，其中包括每月向邓某支付伤残抚恤金（现称伤残津贴）。判决生效后，某公司在近二十年的时间里从未主动履行过给付伤残津贴的义务，导致邓某每年都要向人民法院申请强制执行。某公司的做法不仅给邓某造成了负担，同时也耗费了有限的司法资源。

【协同协作履职情况】

2024年初，延寿县人民法院针对某公司行为发出司法建议书，建议某公司通过合法且便捷的方式履行其对邓某的给付义务，同时将司法建议书抄送至延寿县总工会。延寿县总工会根据司法建议书，向某公司发出《工会劳动法律监督提示函》。某公司接受了相关建议，自2024年起定期向邓某支付伤残津贴，并将整改结果以回函的方式进行反馈。

【典型意义】

工伤保险是社会保险的重要组成部分。用人单位依法负有缴纳工伤保险费的义务。未依法参加工伤保险的用人单位职工发生工伤的，由用人单位支付工伤保险待遇。伤残津贴是在职工因工致残而退出工作岗位后定期享有的经济补偿，旨在保障其基本生活。在用人单位不主动履行生效判决给劳动者造成负担的情况下，人民法院通过发出司法建议书，同步抄送至总工会的形式，以柔性手段最终成功化解了近二十年的执行问题。通过协调推进“一函两书”制度，用人单位从被动强制执行转变为主动履行，既有效保障了劳动者的合法权益，又促使用人单位认识到主动承担社会责任、遵守法律规定是构建和谐社会的重要组成部分，一次性解决了劳动者胜诉权益保障问题，有利于引领社会法治意识养成。

**案例三**

## 江苏省镇江市司法建议助力工会在用人单位单方解除劳动合同中发挥监督作用

**【关键词】**

用人单位单方解除劳动合同　解除程序　监督　协同化解纠纷

**【基本情况】**

近年来，江苏省镇江市两级法院在劳动争议案件审理过程中，发现用人单位单方解除劳动合同前未履行通知工会程序问题易发多发。用人单位因未履行通知工会程序而被认定为违法解除劳动合同，需承担向劳动者支付赔偿金的责任。

**【协同协作履职情况】**

镇江市中级人民法院于2024年4月28日向镇江市总工会发出《关于充分发挥工会监督职能依法保障劳动者合法权益的司法建议书》，提出如下建议：1. 帮助和指导企业职工组建工会；2. 设置工会接收通知的规范性流程；3. 明确工会审查通知的操作要求；4. 加强工会组织建设与职能宣传。

镇江市总工会收到司法建议书后，高度重视、积极研商落实措施，对用人单位单方解除劳动合同中工会监督职能的作用发挥情况进行了专项调研，于 2024 年 6 月 13 日复函人民法院，提出以下措施：一是联合法院、检察院、人社部门出台专门意见指导用人单位规范履行单方解除劳动合同通知工会程序；二是试行工会对用人单位单方解除劳动合同监督预核查制度；三是大力推行“一函两书”提升工会监督实效。

2024 年 8 月，镇江市总工会、镇江市中级人民法院、镇江市人民检察院、镇江市人力资源和社会保障局联合印发《工会监督预核查用人单位单方解除劳动合同工作指引（试行）》，在镇江市建立和试行用人单位单方解除劳动合同工会监督预核查机制，进一步完善劳动者权益保障制度，实现矛盾纠纷前端预防化解。

**【典型意义】**

《中华人民共和国工会法》第二十二条第二款规定：“用人单位单方面解除职工劳动合同时，应当事先将理由通知工会，工会认为用人单位违反法律、法规和有关合同，要求重新研究处理时，用人单位应当研究工会的意见，并将处理结果书面通知工会。”用人单位单方解除劳动合同，负有事先将理由通知工会的义务，否则将构成违法解除，需承担法定责任。人民法院在审理案件时，发现用人单位单方解除劳动合同过程中存在工会监督机制虚化、职能发挥不充分等问题，遂向总工会发出司法建议书，建议工会对用人单位单方解除行为的合法性进行预先核查，充分发挥监督作用。总工会积极回应，提出具体落实措施并与法院、检察院、人社部门联合出台文件，构建用人单位单方解除劳动合同工会监督预核查机制，为进一步保障劳动者合法权益、促进劳动纠纷预防化解和社会和谐稳定发挥了良好的示范作用。

案例四

# 浙江省宁波市人民检察院制发检察建议督促规范小微放射诊疗机构职业病防治

【关键词】

行政公益诉讼检察建议　职业病防治　电离辐射风险

【基本案情】

口腔和宠物等小微放射诊疗机构在未办理辐射安全及放射诊疗许可，且未规范进行放射防护、未按要求安排放射工作人员进行职业健康体检的情况下，常年使用X射线设备开展放射诊疗活动，可能存在电离辐射风险。

【协同协作履职情况】

2023年8月，浙江省宁波市镇海区人民检察院（以下简称镇海区检察院）收到镇海区总工会（以下简称区总工会）反映部分小微放射诊疗机构放射防护不到位可能存在职业健康隐患线索，经研判后以行政公益诉讼立案，在联合区总工会随机抽取4家机构进行现场调查核实基础上，调取关键数据进行建模比对，发现19家机构无辐射安全、放射诊疗许可信息，20家机构未落实职业健康体检要求。

镇海区检察院经咨询法学专家，明确小微放射诊疗机构涉及职业卫生健康、放射设备、宠物诊疗等具体监管事项，于2023年9月14日和22日，分别向镇海区卫生健康局（以下简称区卫健局）、宁波市生态环境局镇海分局（以下简称市生态环境镇海分局）制发检察建议，督促依法履职。同年10月31日，镇海区检察院组织区卫健局、市生态环境镇海分局以及区农业农村局召开公开听证会，邀请人大代表、政协委员、法学专家、放射卫生专家以及工会代表参加，明确行政监管职责，分类施策针对性整改，合力促进小微放射诊疗机构规范化建设。同年 11 月 6 日，以工作推进会形式，进一步明确区农业农村局作为宠物行业主管部门常态化通报动态数据，区卫健局及市生态环境镇海分局根据通报数据快速反应，跟进处置。

截至 2023 年 11 月底，整改工作基本完成。针对许可不全，区卫健局和市生态环境镇海分局全面排查全区 72 家机构，对筹建中的 10 家机构“点对点”指导许可审批事项。针对诊疗不规范和职业健康体检问题，区卫健局对 4 家明显违法机构予以罚款 66600 元，督促 12 家机构安排劳动者进行职业健康体检。针对射线设备管理不规范，市生态环境镇海分局对 4 家轻微违法机构责令限期整改。相关行政机关同步约谈小微放射诊疗机构，引导严格落实电离辐射污染和职业健康防治主体责任。2024 年 4 月，镇海区检察院经跟进调查，确认整改取得实际成效。

2024 年 5 月，宁波市人民检察院（以下简称市检察院）部署专项监督，督促行政机关针对存在严重问题的立案查处 27 件。同年 7 月，市检察院向牙科、宠物行业协会制发社会治理检察建议，市总工会同步送达《工会劳动法律监督提示函》，建议规范行业自律管理。同年 8 月，市检察院联合相关行政机关建立协作机制，推动小微放射诊疗活动纳入“双随机”及新业态跨部门联合执法。

## 【典型意义】

随着口腔医院、宠物医院的快速发展，小微放射诊疗职业安全问题日益引起重视。检察机关与工会深度协作，从线索挖掘、案件办理到成效评估全流程互动，协同联动、双向赋能，推动市域层面规范小微放射诊疗活动和职业健康防治工作，引导行业自律，切实维护劳动者合法权益。

案例五

# 福建省厦门市湖里区引入“12368”热线
# 助力工会化解农民工异地维权难

【关键词】

法院“12368”诉讼服务热线　农民工拖欠劳动报酬

【基本情况】

2024年1月初，贵州籍农民工张某向福建省厦门市湖里区人民法院“12368”诉讼服务热线咨询欠薪纠纷网上立案事宜。张某称，自己在该区某项目工程做铝板安装工，承包劳务项目的个人拖欠其3225元劳务费，其现已不在厦门务工，不知如何维权。

【协同协作履职情况】

福建省厦门市湖里区人民法院研判后认为，该案标的额较小且争议不大，张某异地诉讼有诸多不便，更适合通过“工会+法院”纠纷化解机制处理，遂引导张某至该区总工会劳动法律监督委员会进行调解。2024年1月31日，厦门市湖里区总工会劳动法律监督委员会受理后，将该案委派至街道工会劳动法律监督员处。工会劳动法律监督员首先联系了项目组长，核实了张某劳务用工及劳务费支付情况，了解到承包劳务项目的个人称需等工程款下来才能发放。为帮助张某快速取得劳务费，工会劳动法律监督员将相关情况上报至“园区枫桥”基地，最终决定借助“工会+法院”构建的“一函两书”工作机制向案涉工地项目部负责人发出《工会劳动法律监督意见书》，根据法律规定提醒其无故拖欠农民工工资的法律风险。该意见书发出后，项目部负责人立即向张某支付了劳务费3225元。

【典型意义】

按时足额获得劳动报酬是劳动者最关心的权益。欠薪纠纷关系劳动者生存利益的维护，保障其利益诉求快速实现具有重要意义。人民法院立足司法职能，坚持和发展新时代“枫桥经验”，有效发挥调解在矛盾纠纷预防化解中的基础性作用，让大量矛盾纠纷止于未发。针对农民工异地讨薪难的问题，人民法院将“12368”诉讼服务热线作为化解矛盾纠纷的前沿阵地，通过分析研判，将标的额小、争议不大的案件引导至工会调解化解。工会发挥贴近一线优势，及时通过发出《工会劳动法律监督意见书》，促使案涉项目企业全额支付劳务费。“工会+法院”协作机制和“一函两书”制度的落实使农民工异地维权更加方便、快捷，降低了维权成本。

案例六

## 湖北省鄂州市“一函两书”与司法建议联动化解某钢铁公司社会保险劳动争议

【关键词】

司法建议　社会保险　劳动争议

【基本情况】

2024 年 4 月，湖北省鄂州市中级人民法院审理了涉及 4 名劳动者与某钢铁公司的劳动争议案件。该企业以劳动者出具不缴纳社保承诺书为由，不为劳动者办理社会保险登记。经过法院与“法院+工会”诉调对接工作室的多方共同努力沟通，最终劳动者与公司达成了调解协议，劳动纠纷得以圆满解决。这批案件反映出的不为劳动者办理社会保险登记等劳动用工方面存在的问题，引起法院和工会的关注。

【协同协作履职情况】

为预防和化解类似劳动争议，鄂州市总工会和鄂州市中级人民法院积极探索建立工会劳动法律监督“一函两书”与司法建议联动机制，推进劳动权益保护。通过初步摸底，某钢铁公司涉及同类型劳动用工问题的职工约有140名，用工违法的问题如不尽快解决，将持续损害劳动者的合法权益。鄂州市中级人民法院经与鄂州市总工会会商后，协同推进运用司法建议、“一函两书”制度保障劳动者合法权益。2024年5月13日，鄂州市中级人民法院向该公司发出司法建议书，并抄送市、区两级工会，要求对劳动用工违法的问题进行整改。收到法院抄送的司法建议书后，鄂州市总工会指导区总工会立即向该公司发出《工会劳动法律监督提示函》，并当面送达。该公司收到司法建议书和《工会劳动法律监督提示函》后，非常重视该问题并采取了三个措施：一是立即组织公司人事部门对全体劳动者社保登记和缴纳问题进行了摸底和排查；二是对全部问题提出了整改方案；三是为全体劳动者缴纳社会保险费。

【典型意义】

本案是湖北省首例成功运用“一函两书”与司法建议联动推进劳动权益保护的典型案例。鄂州市中级人民法院、鄂州市总工会在不断充分运用和完善“法院+工会”的联动机制的情况下，探索建立工会劳动法律监督“一函两书”制度与司法建议衔接机制，及时向用人单位发出司法建议书和提示函，共同推动劳动法律法规贯彻执行，有效预防化解劳动关系矛盾纠纷，为实现好、维护好、发展好广大劳动者合法权益提供法治保障，有助于构建和谐劳动关系。

案例七

# 重庆市北碚区运用劳动法律监督联动化解某科技发展有限公司加班工资劳动争议

【关键词】

劳动争议　加班工资　工会劳动法律监督

【基本情况】

张某于 2009 年 2 月 4 日入职重庆某科技发展有限公司（以下简称某科技公司），主要从事生产管理工作。2019 年 8 月 5 日，双方续签了无固定期限劳动合同，约定加班费计算基数、工时制度、基本工资等内容。张某在上班期间每日超时工作，但公司并未支付张某加班费，故张某诉至法院。法院最终判决某科技公司支付张某加班费。

【协同协作履职情况】

判决生效后，北碚区人民法院向某科技公司发送司法建议书，并根据工会与法院构建的劳动法律监督联动机制、司法建议书抄送工会制度等制度机制，将司法建议书抄送北碚区总工会。北碚区工会劳动法律监督委员会向某科技公司发送《工会劳动法律监督提示函》，提醒某科技公司应加强管理，严格执行劳动定额标准，不得强迫或变相强迫劳动者加班。用人单位安排加班的，应当按照国家有关规定向劳动者支付加班费。同时严格执行国家有关规定，加班费计算基数不得低于最低工资标准。

区总工会根据司法建议书，通过查阅公司内部规章制度、执行劳动定额标准情况等，指导某科技公司对此前维权职工个人情况进行全面梳理，并反馈了规章制度中存在的问题，提出了整改意见。某科技公司向北碚区总工会复函，汇报了公司执行劳动定额标准情况，表示公司会在运营管理中逐步完善公司规章制度，强化管理、合规经营，对于加班、工作时间，将严格按国家标准执行。

【典型意义】

本案涉及劳动争议领域加班时间、加班工资与劳动合同中约定加班费计算基数不得低于最低工资标准的认定问题，呈现出公司在该领域用工过程中存在的普遍性问题，工会充分发挥“工会+法院”协同推进“一函两书”工作机制，多管齐下，督促企业依法依规运行，共同保障职工合法权益。一是“司法建议书+提示函”双管齐下，共同督促企业核查并整改不规范用工行为，强化合规管理，与法院携手融入社会治理大格局，“抓前端、治未病”，优化营商环境。二是做实跟踪回访，确保良性交流，在保障劳动者权益的同时为民营企业营造更好的法治环境，实现企业和职工双赢。三是通过工会调解、法律援助、法院司法建议等关注辖区内企业劳动领域用工过程中存在的问题，总结梳理普遍性、代表性、典型性问题，做强指导监督，对标对点开展“一函两书”工作，助推企业健康良性发展、构建和谐劳动关系。

案例八

## 四川省都江堰市“检察+工会”督促落实劳动者职业病防治监管责任

【关键词】

行政公益诉讼检察建议　劳动者权益　职业病防治　安全生产

## 【基本案情】

四川省都江堰市部分汽车维修服务企业在喷涂作业过程中，未按规定向职工提供符合国家标准或行业标准的劳动防护用品，也未监督、教育职工按照使用规则正确佩戴、使用，部分企业职工甚至未佩戴任何防护用品进入喷漆房受限空间进行喷涂作业，健康安全存在严重风险。

## 【协同协作履职情况】

2023年11月，都江堰市总工会在工作中发现部分汽修企业未为劳动者提供防护用品，经《工会劳动法律监督提示函》《工会劳动法律监督意见书》等“一函两书”督促提醒后仍未改正，遂将案件线索移送都江堰市人民检察院（以下简称都江堰市检察院）。都江堰市检察院于2024年4月以行政公益诉讼立案。经现场调查、职工走访等方式，查明辖区内部分汽修企业未向职工提供防护用品，或提供的防护用品不符合标准。经咨询专家，汽车喷漆过程中产生挥发性有机化合物等有毒有害气体，易造成呼吸系统疾病、神经系统损害等职业病危害。

2024年4月8日，都江堰市检察院组织都江堰市卫生健康局（以下简称市卫健局）等部门及企业代表召开听证会，邀请市总工会、汽修协会派员参加。听证员一致认为，汽修企业未落实职业病防治主体责任，损害劳动者合法权益，应当立即整改。同年4月10日，都江堰市检察院依据《中华人民共和国安全生产法》《中华人民共和国职业病防治法》等规定，向市卫健局发出行政公益诉讼检察建议，建议对案涉汽修企业未按规定提供劳动防护用品的行为履行监管职责。同时，向市交通运输局制发社会治理检察建议，建议进一步规范汽修行业管理，指导行业协会、用人单位严格落实劳动者权益保护法定义务。

2024年5月31日，市卫健局作出回复，对3家汽修企业依法责令整改，并处以警告处罚。该局将汽修行业纳入2024年度职业病防治重点范围，联合市交通运输局、市应急局等开展职业病防治安全生产专项行动。全市 68 家一类、二类汽修企业已投入 300 余万元用于开展职业健康体检和职业病危害因素监测、更新配备符合要求的防护用品 3 万余件，开展职业病防治宣传培训 4000 余人次。推动市交通运输局、市应急局将汽修喷漆房参照有限空间予以管理，指导制定喷涂作业安全生产操作规程，确保生产作业安全。汽修协会发挥行业协会自律作用，建立标准化劳动防护用品推荐目录，指导企业采购符合要求的防护用品。

都江堰市检察院邀请市总工会跟进调查，确认案涉汽修企业已配备符合标准的劳动防护用品，相关制度得到完善。以本案办理为契机，都江堰市检察院与市总工会制定《关于共同推进劳动者权益保障构建和谐劳动关系工作的协作机制》，构建检察机关法律监督与工会劳动法律监督协同保障劳动者权益新格局。

**【典型意义】**

劳动防护用品是保护劳动者职业健康的重要屏障。汽车维修服务行业，尤其是汽车喷涂作业产生含有大量有毒有害气体的蕴毒空间，部分企业因重视不足和减少经营成本需要，劳动防护措施投入不足，极大危害劳动者身体健康，也存在安全生产隐患。检察机关加强公益诉讼监督与工会劳动法律监督同向赋能，促进汽车维修行业职业病防治工作系统整治、全域有效治理，保障劳动者身体健康安全，形成多元协同保护劳动者合法权益的治理格局。

案例九

# 贵州省册亨县人民检察院制发检察建议督促规范劳动者高温天气津贴发放

## 【关键词】

行政公益诉讼检察建议　劳动者高温天气津贴　大数据法律监督模型　类案监督

## 【基本案情】

贵州省册亨县位于贵州西南部，全年高温多雨，夏季气温33℃以上。特别是每年6月至9月，气温达到35℃的有60多天，户外劳动者工作时中暑等情形频发，但辖区内多家建筑单位、快递企业、外卖公司等未落实发放高温津贴规定，损害了劳动者合法权益。

## 【协同协作履职情况】

2023年5月，贵州省册亨县人民检察院（以下简称册亨县检察院）收到册亨县总工会移送的辖区内建筑单位、快递企业、外卖公司等未落实发放高温天气津贴规定的案件线索后，经初步调查核实，于同年6月30日依法立案办理。经向相关部门走访座谈、调阅相关资料等方式查明：2021年、2022年的6月至9月，册亨县日平均气温达33℃以上的有109天，气温达到35℃的有60多天。《防暑降温措施管理办法》第十七条第二款规定："用人单位安排劳动者在35℃以上高温天气从事室外露天作业，以及不能采取有效措施将工作场所温度降低到33℃以下的，应当向劳动者发放高温津贴，并纳入工资总额。……"检察机关对县城内的建筑工人、环卫工人、外卖员、快递员、网络维修工作人员共100人进行问卷调查发现，均表示未收到过高温天气津贴。

2023年7月6日，册亨县检察院就本案举行公开听证，邀请县人大代表、政协委员、人民监督员、县总工会代表及部分用人单位代表参加。听证员一致认为，册亨县夏季气温属于高温天气，用人单位应当按照相关法律法规规定，向高温天气作业的劳动者发放高温天气津贴。

2023年7月12日，册亨县检察院根据《防暑降温措施管理办法》《贵州省用人单位发放高温天气津贴的规定》等规定，依法向册亨县人力资源和社会保障局（以下简称县人社局）制发检察建议，建议其依法履行监督管理职责，督促全县用人单位按规定向高温天气作业的劳动者发放高温天气津贴。县人社局收到检察建议后，组织对辖区用人单位落实高温天气津贴政策开展专项排查，并督促用人单位向高温天气作业者482人发放高温天气津贴共计243399元。

结合本案办理，册亨县检察院与县总工会签订《关于建立劳动者权益保障工作协作机制的意见》，共同构建用人单位高温天气津贴合规发放公益诉讼大数据法律监督模型。通过提取辖区内用人单位工资明细表、气象发布情况、贵州省高温津贴发放政策等信息，以数据碰撞比对，共发现相关问题线索40余条。黔西南州总工会同步向各县总工会及各用人单位制发了《工会劳动法律监督提示函》，协同推进辖区高温天气津贴发放工作，检察机关以行政公益诉讼立案办理相关案件5件。在检察公益诉讼和劳动法律监督的有效协同下，有关企事业单位对766名劳动者依法落实了高温天气津贴法定待遇共计30万余元。

**【典型意义】**

高温津贴是保护劳动者在高温环境下安全生产和身体健康的劳动津贴，属于劳动者的劳动报酬。检察机关针对高温作业劳动者高温天气津贴未能落实的情形，通过公开听证、检察建议等方式开展精准监督，督促行政机关根据贵州省关于发放高温天气津贴的规定确定发放标准，推动用人单位及时发放高温天气津贴。强化“工会+检察院”协作模式，构建相关法律监督模型，推动从个案办理到类案监督，切实维护劳动者合法权益。

## 案例十

## 青海省总工会、青海省人民检察院运用“一函两书”协作机制保障快递企业劳动者工伤保险权益

### 【关键词】

行政公益诉讼检察建议　快递企业劳动者　工伤保险　“一函两书”

### 【基本情况】

2024 年 6 月，青海省人民检察院（以下简称青海省检察院）会同省总工会、省社会保险服务局、省邮政管理局等单位对全省范围内快递企业参加工伤保险进行数据比对，并向部分快递人员了解情况，发现全省有 60 余家快递企业存在断缴或未缴纳工伤保险费的情形，存在损害劳动者合法权益的风险和隐患。

### 【协同协作履职情况】

为维护快递企业职工合法权益，青海省总工会与青海省检察院建立“一函两书”协作机制，以部门联动机制保障劳动者合法权益。青海省检察院在了解掌握本省快递员的工作状况以及工伤保险缺失的实际情况后，于 2024 年 6 月以行政公益诉讼立案。经进一步详细调查后，青海省检察院向青海省人力资源和社会保障厅（以下简称省人社厅）发出行政公益诉讼检察建议，建议其核查本省范围内已取得邮政管理部门快递业务经

营许可、具备用人单位主体资格的基层快递网点参加工伤保险的情况，督促相关快递企业依法缴纳工伤保险费，保障快递员合法权益。

省人社厅收到检察建议后高度重视，分别向社保经办机构和邮政管理局下发核查通知，在全省范围内开展基层快递网点未参加工伤保险问题排查工作，并建立基层快递网点优先参加工伤保险工作会商机制，召集邮政管理部门及快递企业代表召开工作会议，现场研究存在的问题，分析研判工作态势，提出解决措施。通过与企业沟通协调、宣传法律法规等措施，督促企业落实整改。目前，断缴、漏缴的53户企业已正常缴费，未参加工伤保险的13家企业已于2024年8月底全部登记参保，劳动者的合法权益得到了有效保障。

**【典型意义】**

本案是工会运用“一函两书”制度协同检察机关办理的劳动者工伤保险公益诉讼案，为工会组织协同检察院、人社等部门，在现有法律框架之内，不断健全完善新就业形态劳动者包括工伤保险在内的各类社会保险制度提供了工作思路。案件办理过程中，检察机关与工会开展了深入调研，梳理分析新就业形态劳动者参加工伤保险的基础情况，结合劳动者的实际需求，发挥检察公益诉讼监督和劳动法律监督协同作用，积极稳妥推进问题的解决。

# 【企业名誉权保护专题】

## 最高人民法院关于发布企业名誉权司法保护典型案例的新闻发布稿

法治是最好的营商环境。客观的信用评价是企业经营发展的重要保障，依法保护企业名誉权是构建法治化营商环境的题中应有之义。近年来，人民法院始终坚持以习近平新时代中国特色社会主义思想为指导，深入贯彻习近平法治思想，依法加强企业名誉权司法保护，妥善审理了一批涉企业名誉权案件。为充分发挥典型案例宣传教育和示范引领作用，最高人民法院于2025年2月17日发布六个企业名誉权司法保护典型案例，案例涉及传统产业、中介行业、科技企业、征信机构等不同领域，体现了人民法院对企业名誉权的全面平等保护和及时充分救济。案例体现出以下特点。

一是切实保护企业名誉权，努力为企业经营发展提供有力司法保障。企业名誉是企业在生产经营中长期努力而沉淀形成的企业形象和市场评价，是企业生存和壮大的重要基础。卓著的名誉和良好的口碑来之不易，无疑是企业的重要财富。加强企业名誉权司法保护，坚决否定和及时制止损害企业名誉的违法行为，对于增强企业信心、稳定企业预期、激励企业家创业创新具有重要意义。案例一中，杨某某作为房地产领域自媒体账号运营者，在某房地产经纪公司正常经营过程中发布“黑稿”，诋毁该公司名誉。人民法院判令杨某某承担侵权责任，有利于严厉惩戒恶意侵害企业名誉行为，维护公平有序的市场环境。案例四中，人民法院充分关注企业创始人名誉与企业名誉的高度关联，结合案涉言论发布的具体情境等因素，依法认定针对企业创始人的贬损性言论构成对企业名誉权的侵害，为企业经营发展提供充分保护。案例六中，某餐饮公司、某食品公司的行为具有高度的侵权可能性且已引发较大社会关注。人民法院充分考虑受损企业权利救济的紧迫性，根据当事人申请依法采取行为保全措施，及时制止有损企业名誉的行为，防止了损害扩大，让正义及时抵达。

二是聚焦网络侵权形态，加大名誉权司法保护力度。实践中，很多侵害名誉权行为都是通过网络实施，这种侵权方式具有传播速度快、影响范围广的特点，往往会给企业经营发展造成严重负面影响，对此应予充分关注和重视。本次发布的案例基本都体现了人民法院对网络侵权行为的惩治。同时，随着网络技术发展，新的信用评价手段不断出现，其中一些名誉侵权因素更具有隐蔽性，带来司法认定的复杂性，对人民法院恰当确定行为边界、准确划分责任提出了更大考验和更高要求。案例三中，企业征信机构错误将他人的违法犯罪信息关联到同名的经营者信息中，给丙公司造成不利影响。人民法院判令企业征信机构承担侵权责任，有利于督促企业征信机构在拓展业务的同时强化对企业名誉权保护的意识，促进信用评价新业态与行业企业的和谐互动与良性发展。案例五中，测评人未经实际测评便在网络发布不实言论给企业名誉造成损害，人民法院认定行为人构成侵权，有助于明确测评言论的合理边界，避免不当言论损害企业名誉，同时规范引导测评业向善发展。

三是否定和制裁“唯流量”“抹黑”企业行为，更周延地维护企业名誉。网络媒体迅速发展，丰富了人民群众的精神文化生活，在信息传播、资源共享、社会监督等方面发挥了积极作用。然而，部分媒体出于博取流量、吸引“眼球”等动机，发布关于企业的不实信息，客观上造成“抹黑”企业名誉的后果，影响企业正常经营。人民法院对此予以鲜明否定和严厉制裁。案例二中，某传媒公司未认真调查核实即发布关于某饮品公司经营状况的不实信息，制造热点、创造话题，对某饮品公司经营造成负面影响。人民法院判令某传媒公司承担名誉权侵权责任，既保护了受损企业权益，又有利于规范网络媒体行为、构建健康清朗的网络空间。

# 企业名誉权司法保护典型案例

## 目　录

## 案例一

# 自媒体运营者发布“黑稿”损害企业名誉，应承担侵权责任

——某房地产经纪公司与杨某某网络侵权责任纠纷案

### 【基本案情】

杨某某系房地产领域自媒体账号运营者。在某房地产经纪公司与某房地产开发商签订分销代理合同的前一日，杨某某在其运营的自媒体账号中发布评论文章，在没有事实依据的情况下，将某房地产经纪公司分销代理行为评价为“搅乱市场”“打劫同行”等，同时使用“诈骗”“捣乱”“强盗”“抢劫”“无赖”等侮辱性词汇进行评价，引发较多社会关注和传播。某房地产经纪公司认为，杨某某在该公司关键经营节点发布文章恶意诋毁，相关内容给自己品牌信誉造成了严重负面影响。某房地产经纪公司诉至法院，请求判令杨某某赔礼道歉并赔偿损失。

### 【裁判结果】

审理法院认为，杨某某发布的评论文章内容严重失实，含有大量侮辱性言语，已超出合理评论的范围。该评论文章经广泛传播，足以使公众对某房地产经纪公司的经营行为形成负面评价，影响企业品牌信誉。杨某某作为房地产领域自媒体运营者，对其发布的文章会被关注房地产行业的用户阅知应当是明知的，其未对所发表文章的真实性负责，存在主观过错，应承担法律责任。而且，杨某某发布案涉文章的时间恰逢某房地产经纪公司签订分销代理合同的前一日，内容直指某房地产经纪公司的经营行为，影响合同签订及履行的目的明显。杨某某的行为不仅侵害企业名誉权，也对正常的市场秩序产生不良影响。最终判决：杨某某赔礼道歉并赔偿损失。

【典型意义】

企业名誉是社会对其商业信誉、经营能力等多方面因素的综合评价。良好的名誉是企业长时间合法诚信经营沉淀而成的宝贵财富，也是企业生存发展和壮大的社会信用基础。自媒体传播具有成本低、速度快、范围广等特点，如果自媒体运营者针对企业发布严重失实的负面评论，将很容易损害企业树之不易的形象，玷污企业名誉。对此行为，如不依法判令承担责任，不仅有损企业权益和企业家信心，而且容易滋生“黑稿产业链”，破坏公平有序的市场秩序。本案中，人民法院认定自媒体运营者损害企业名誉，构成侵权，有利于严厉惩戒恶意中伤企业名誉的行为，引导自媒体规范运营，构建健康清朗的网络空间。

案例二

## 为博取流量散布不实消息影响企业正常经营，应承担侵害名誉权责任

——某饮品公司与某传媒公司名誉权纠纷案

【基本案情】

某传媒公司是行业领先的深度信息资讯平台，在向某饮品公司人员询问该公司是否裁员的信息时，得到“暂时没有”的反馈。但该传媒公司随即在数个社交平台公众号发布文章，标题含有“独家”“传某饮品公司裁员 20%”等表述，文章近半内容描述该饮品公司裁员及经营困境。该文章被多家媒体转发，导致上述不实信息广泛传播。某饮品公司认为某传媒公司侵害其名誉权，诉至法院，请求某传媒公司赔礼道歉并赔偿损失。

**【裁判结果】**

审理法院认为，某饮品公司作为民事主体享有名誉权。对该公司人员状况、经营状况的报道和评价，往往会造成公众对公司、品牌的社会评价变化。本案中，某传媒公司未经认真调查核实即发布文章传播某饮品公司裁员的不实信息，客观上对该公司的名誉造成了负面评价，侵害了某饮品公司的名誉权，应当承担赔偿责任。最终判决：某传媒公司向某饮品公司赔礼道歉并赔偿损失。

**【典型意义】**

网络媒体报道企业新闻应依法依规，确保客观真实。商业网络媒体对拟报道的事件也负有认真调查核实的义务。对企业经营状况的不实报道会影响社会公众对企业的评价，进而对企业生产经营造成不利影响。实践中，有些网络媒体为吸引“眼球”、博取流量，在未认真调查核实的情况下发布关于企业的不实信息，制造热点、创造话题，客观上容易侵害企业名誉权。本案中，人民法院判令某传媒公司承担名誉权侵权责任，既维护了某饮品公司的合法权益，又有利于规范网络媒体行为。

**案例三**

## 企业征信机构错误关联信息影响企业名誉，应承担侵权责任

——丙公司与甲公司、乙公司网络侵权责任纠纷案

**【基本案情】**

甲公司、乙公司系企业征信机构，共同经营企业征信平台。丙公司在该征信平台中发现，案外人“卢某”犯合同诈骗罪、单位行贿罪、侵

占罪、挪用资金罪，其犯罪信息被关联到同名的丙公司董事长卢某的信息中。而且，与丙公司及其董事长卢某无关的多家吊销未注销的企业信息也被关联到丙公司。丙公司认为，甲公司、乙公司的行为侵害了其名誉权，对其正常商业及融资活动造成严重负面影响。丙公司诉至法院，请求判令甲公司、乙公司删除、更正错误信息，赔礼道歉并赔偿损失。

**【裁判结果】**

审理法院认为，甲公司、乙公司在其运营的企业征信平台中展示了丙公司及其董事长卢某的信息，还包括同名的案外人“卢某”被认定为犯罪的信息及多家吊销未注销的企业信息。以上信息对外发布，将使不特定公众对丙公司的经营行为产生怀疑，客观上降低其社会评价。甲公司、乙公司对于上述错误关联的信息未尽到与其能力相匹配的注意义务，已构成对丙公司名誉权的侵害。综合考量甲公司、乙公司的过错程度、侵权行为方式、案涉信息的影响范围等因素，应承担相应的侵权责任。最终判决：甲公司、乙公司向丙公司发布致歉声明并赔偿损失。

**【典型意义】**

实践中，企业征信平台在强化市场主体信用、维护交易安全、强化社会监督等方面具有积极作用。但是，征信平台运用算法进行大数据加工利用，在收集、加工、使用、公开相关信息时，应保证信息的真实、准确，避免错误和虚假信息误导公众、侵害企业名誉，对企业经营活动造成不良影响。本案中，人民法院认定经营征信平台的企业征信机构应对数据利用的错误结果承担相应责任，有利于督促该类机构审慎处理相关信息，及时做好信息更新与服务跟进，确保数据来源合法、内容准确，在拓展自身业态的同时不损害其他市场主体合法权益。

## 案例四

# 针对企业创始人的贬损性言论构成对企业名誉侵害的，应承担相应责任

## ——某科技公司与李某某网络侵权责任纠纷案

### 【基本案情】

某科技公司是国内科技行业知名企业，由王某创建并担任法定代表人。李某某是自媒体从业人员，注册运营多个自媒体账号。李某某在其运营的自媒体账号中发布了多篇关于某科技公司及其法定代表人王某的评论文章，其中包含针对某科技公司及王某的贬损性内容。某科技公司认为，李某某的行为侵害了其名誉权。某科技公司诉至法院，请求判令李某某删除案涉文章、赔礼道歉并赔偿损失。

### 【裁判结果】

审理法院认为，结合案涉言论的前后具体情境、一般大众的理解等，可以综合判断李某某发布内容指向了某科技公司及其关联企业。评价王某的言论均发布在评价某科技公司及其关联企业商业经营行为的语境中，系对企业经营行为的映射与提炼。王某与上述企业名誉高度关联，当某些针对王某的关乎商业经营的评价出现时，公众一般会直接联想到某科技公司。因此，某科技公司可以就案涉言论，包括针对王某的言论主张权利。案涉言论具有明显贬损意义、缺乏事实依据，已构成对某科技公司名誉权的侵害。最终判决：李某某删除案涉文章、赔礼道歉并赔偿损失。

### 【典型意义】

企业创始人对企业的经营发展具有重大影响。尤其是对于知名企业

而言，企业创始人名誉与企业名誉高度关联。正常商业经营中，对企业创始人的贬损性言论容易对企业名誉产生影响，可能构成对企业名誉权的侵害。本案中，行为人既有针对某科技公司的贬损性言论，又有针对其创始人商业经营行为的贬损性言论，人民法院支持企业就案涉侵权言论提出的诉请，有利于企业更全面、更有力地维护其名誉权。

**案例五**

## 未经实际测评发布不实测评文章，应承担侵权责任

——某汽车制造公司与马某网络侵权责任纠纷案

### 【基本案情】

某汽车制造公司为新能源汽车领域知名企业。马某为汽车行业职业测评人，就职于汽车测评机构。马某在其社交平台公众号就某汽车制造公司内部管理、经营行为、产品设计、质量等发布不实信息，而且在未经实际测评也无其他依据的情况下，对该公司制造的汽车作出“跑偏”“制动失效”“质量堪忧”等描述。某汽车制造公司诉至法院，请求判令马某停止侵权、赔礼道歉并赔偿损失。

### 【裁判结果】

审理法院认为，马某作为具备一定专业知识的汽车测评从业人员，负有较普通消费者更高的审慎义务，在发布关于汽车测评的言论时，应客观公正。马某在未进行实际测评且无其他依据的情况下作出的关于某汽车制造公司及其旗下产品的评论内容，缺乏事实依据，降低公众对该产品的社会评价，侵害该公司名誉权。最终判决：马某公开赔礼道歉并赔偿损失。

【典型意义】

产品测评是互联网经济下的一种市场评价方式。测评人依据自身专业知识和实践测试对特定经营者、商品和服务作出评价和建议，可以为消费者提供决策参考。测评人应客观地发布测评内容，真实反映产品的质量、功能等，避免不当言论侵害经营者合法权益。实践中，个别测评博主、测评公众号在未经实际测评且无事实依据的情况下，发布虚假的测评信息，该行为不仅会误导消费者，还可能侵害相关主体的名誉权，破坏正常市场秩序。本案判决有助于厘清测评言论的合理边界，引导规范测评领域相关行为。

案例六

## 依法采取行为保全，及时防止企业名誉损害扩大

——某物联网公司、某网络公司与某餐饮公司、某食品公司名誉权纠纷案

【基本案情】

某物联网公司与某网络公司系关联公司。某餐饮公司与某食品公司系关联公司。某物联网公司与某餐饮公司因供应商品的质量问题产生争议，某餐饮公司、某食品公司前往某物联网公司、某网络公司线下门店拉横幅，横幅中含有侮辱性文字，影响门店日常经营。某餐饮公司、某食品公司还陆续通过多家网络平台发布涉及某物联网公司和某网络公司的视频、图文等，其中含有贬损性内容，引发较大社会关注。某物联网公司、某网络公司诉至法院，提供相应担保，申请法院采取行为保全，责令某餐饮公司、某食品公司立即删除已发布的视频等内容，并停止实施相关行为。

**【裁判结果】**

审理法院认为，民事主体依法享有名誉权。为避免申请人在案件审理过程中继续遭受难以弥补的损害，法院可以依法责令被申请人作出一定行为或者禁止被申请人作出一定行为。本案中，某餐饮公司和某食品公司的横幅、视频、图文中包含较多贬损性内容，其行为具有较高的侵权可能性，若不采取措施，将导致某物联网公司、某网络公司的损害继续扩大。某物联网公司、某网络公司申请行为保全并提供了担保，该申请具有正当性和必要性，可采取行为保全措施。最终裁定：某餐饮公司、某食品公司立即删除案涉视频、图文并停止实施在线下门店出示横幅等行为。

**【典型意义】**

当前市场环境中通讯方式发达，侵害名誉的信息传播速度快、影响范围广，权利人对权利救济的效率需求较高。人民法院需统筹把握好程序审查和实体审理，针对具有较高侵权可能性的行为，可以根据当事人的申请，依法适用行为保全制度。本案中，人民法院充分考量侵权行为、损害后果以及权利救济的必要性和紧迫性等因素，依法及时适用行为保全制度，有助于及时有效保护企业名誉，避免损害结果进一步扩大，让正义及时抵达。

# 【地方法院案件解析】

## 申请财产保全错误的认定

### ——孙某诉某棉花交易市场、某保险公司因申请财产保全损害责任纠纷案

施　忆*

**【法理提示】**

1. 申请诉讼保全是当事人的一项诉讼权利，如果仅以申请人的诉讼请求未能得到全部支持作为认定申请保全是否错误的充分条件，势必会妨碍善意当事人通过诉讼保全行使自身正当权利，不利于诉讼保全制度的功能发挥。但是，如果申请人存在滥用权利的情形，或者对错误保全存在故意或重大过失，则可以认定申请保全人存在主观过错。

2. 评价申请人是否存在主观过错，可以综合考虑以下因素：第一，申请人提起诉讼、申请财产保全的行为，是否符合民事诉讼诚信原则。第二，申请人的起诉是否明显不存在诉之利益，即当事人实体权利主张有无司法救济之必要，是否存在滥用诉权的行为。第三，申请人在诉讼中所提诉讼请求是否明显缺乏相应事实及法律依据。第四，是否存在以不正当方法或者手段骗取有利于己方的诉讼状态，以不正当手段或者不正当理由获得财产保全。第五，申请人申请财产保全是否存在必要性。

* 作者单位：北京市第二中级人民法院。

第六，是否不当扩大申请保全对象范围，将与纠纷无实质性关联的主体作为被申请人，对其财产实施保全措施，致使与案件无关的第三人遭受损失。第七，是否不当扩大申请保全的财产范围。第八，对被保全财产申请采取的保全措施是否适当，是否有违民法典规定的节约资源等原则。第九，申请人是否怠于履行申请解除保全之义务。

3. 诉讼保全是在诉讼系属之前或者诉讼过程中，为保护申请人权益而对被申请人的财产所采取的一种相对严厉的司法措施，一定程度上限制了被申请人对相关财产的使用和处分权利，因此，在对申请人主观过错进行评价时，还应当兼顾申请人权利救济与被申请人权利保护的衡平。

## 【案件索引】

一审：北京市西城区人民法院（2022）京 0102 民初 11398 号民事判决（2023 年 1 月 6 日）

二审：北京市第二中级人民法院（2023）京 02 民终 9624 号民事判决（2023 年 8 月 31 日）

## 【基本案情】

孙某诉称：某棉花交易市场在诉其买卖合同纠纷案件中，滥用诉权随意扩大起诉范围，错误申请保全了其名下账户内资金，给其造成巨大损失；某保险公司为某棉花交易市场申请财产保全提供了担保，应承担相应担保责任。故提起本案诉讼，要求某棉花交易市场、某保险公司赔偿其损失 567406 元。

某棉花交易市场辩称：某棉花交易市场申请财产保全系依法行使诉讼权利，对此不存在故意或者重大过失，申请保全程序合法，且孙某所主张的损失缺乏依据，故不同意孙某诉讼请求。

某保险公司同意某棉花交易市场的答辩意见。同时辩称，上述买卖合同纠纷案件案情极其复杂，某棉花交易市场在申请保全时无法准确预判裁判结果，且当事人对于该案判决结果仍持有异议，并依法提出了再审申请。

法院经审理查明：2018 年 12 月 3 日，山东省嘉祥县人民法院作出刑事判决认定，2016 年 11 月 24 日，被告人李某使用由祥某公司提供的加盖合同专用章的合同文本，并利用祥某公司的银行账户及祥某公司的棉花交易市场交易商资格，与某棉花交易市场签订合同进行交易合作。其间，李某在未变更棉花货权、未经某棉花交易市场同意的情况下，私自以多家公司名义出售棉花，造成某棉花交易市场损失 3000 余万元。李某因犯合同诈骗罪、虚开增值税专用发票罪，被判处有期徒刑并处罚金，生效刑事判决同时判令李某退赔某棉花交易市场经济损失 3000 余万元。

2019 年 9 月 29 日，北京市西城区人民法院依据某棉花交易市场的申请，作出（2019）京 0102 财保 730 号民事裁定书，对被申请人祥某公司、孙某银行账户采取了保全措施。实际冻结孙某名下中国农业银行尾号 111 账户存款 200 万元、中国工商银行尾号 352 账户存款 166.33 元、中国农业银行尾号 375 账户存款 735.05 元，冻结实际可用金额 200.09 万余元。冻结期限为 2019 年 10 月 10 日至 2020 年 10 月 9 日。某保险公司为某棉花交易市场出具保单，承诺如因申请人诉讼保全申请错误致使被申请人遭受损失，被保险人依法应当承担的责任，保险人在赔偿限额内不可抗辩地进行赔偿。

2019 年 10 月 11 日，某棉花交易市场以合同纠纷案由起诉祥某公司、杜某、孙某，请求法院判令祥某公司赔偿其合同款 331 万元及利息损失，同时，主张杜某系祥某公司股东、孙某系祥某公司实际控制人，故杜某、孙某应承担连带责任。案件审理过程中，北京市西城区人民法院于 2020 年 9 月 30 日作出（2019）京 0102 民初 41910 号民事裁定书，裁定继续查封、冻结祥某公司、孙某名下财产。北京市西城区人民法院经审理于 2020 年 12 月 8 日作出（2019）京 0102 民初 41910 号民事判决书，驳回某棉花交易市场的诉讼请求。某棉花交易市场不服提出上诉，北京市第二中级人民法院于 2021 年 5 月 31 日作出（2021）京 02 民终 7452 号民事判决书，终审判决驳回上诉，维持原判。

2021 年 6 月 10 日，祥某公司、孙某向北京市西城区人民法院申请解除上述保全措施。2021 年 7 月 29 日，北京市西城区人民法院作出（2019）京 0102 民初 41910 号民事裁定书，裁定：解除对祥某公司、孙某名下财产的冻结、查封。2021 年 9 月 7 日，孙某的案涉账户被解除冻结。

现孙某主张某棉花交易市场滥诉、盲目扩大起诉范围及故意错误申请诉前保全等，给孙某造成损失，提起本案诉讼，主张某棉花交易市场、某保险公司赔偿孙某因申请诉前财产保全错误造成的损失 567406 元。某棉花交易市场、某保险公司抗辩，某棉花交易市场对孙某采取的财产保全措施符合法律规定，不存在故意或者重大过失，孙某主张的损失与保全行为之间不存在因果关系等，均不同意承担损害赔偿责任。

**【裁判理由】**

法院生效裁判认为，某棉花交易市场在对孙某名下账户资金申请财产保全中存在以下过错。

第一，从诉的利益看，根据生效刑事判决认定，被告人李某在签订、履行合同过程中，采取隐瞒交易关联关系、私自出库销售、以空心码垛应对查验等欺骗手段，取得某棉花交易市场等被害公司财物，并非法予以处置，造成某棉花交易市场等公司损失，人民法院据此认定李某犯合同诈骗罪等，判处有期徒刑并处罚金，生效刑事判决同时判令李某退赔某棉花交易市场等受害公司相关经济损失。在生效刑事判决对相关事实已作出认定，并判令被告人退赔相关损失的情况下，某棉花交易市场就相同损失，再行以祥某公司、杜某、孙某作为被告提起买卖合同纠纷诉讼，请求相关被告予以赔偿依据不足，且存在同一损失获得重复赔偿的可能性。

第二，从申请财产保全的必要性看，诉讼保全的立法目的，是在出现“可能因当事人一方的行为或者其他原因，使判决难以执行或者造成当事人其他损害”或“情况紧急，不立即申请保全将会使其合法权益受到难以弥补的损害”的情形时，赋予当事人、利害关系人的一项特殊司法救济权利，以保障将来之判决得以实现。在某棉花交易市场相关损失已经生效刑事判决确认由被告人李某予以退赔的情况下，并无证据证明其申请本案所涉财产保全时，上述生效判决确定的退赔权利已无实现可能，或者存在因当事人一方行为或者其他原因，致将来判决难以执行或当事人权益受到难以弥补损害的情形。依据现有证据难以认定某棉花交易市场在前诉中申请财产保全存在现实紧迫性。

第三，从是否存在不当扩大起诉和申请保全对象看，在前案合同纠纷之诉中，某棉花交易市场以祥某公司、杜某、孙某作为共同被告提起诉讼并主张孙某承担连带责任的理由是，孙某系祥某公司实际出资人、与祥某公司存在人格及财产混同、孙某及祥某公司与被告人李某存在恶意串通行为等。但从生效刑事判决所作认定看，造成某棉花交易市场损失的直接原因是被告人李某的合同诈骗行为，李某使用祥某公司名义与某棉花交易市场进行相关交易行为，仅系其实施犯罪的手段之一。在无充分证据证明存在祥某公司对于损害发生存在过错、孙某系祥某公司实际出资人及存在人格混同的情况下，某棉花交易市场以孙某作为共同被告提起诉讼，并申请对孙某名下银行账户采取保全措施有欠妥当。

第四，从是否存在怠于申请解除保全看，在案证据显示，北京市西城区人民法院于2020年12月8日作出（2019）京0102民初41910号民事判决书，驳回某棉花交易市场的诉讼请求。某棉花交易市场不服该判决提出上诉，北京市第二中级人民法院于2021年5月31日作出（2021）京02民终7452号民事判决书，终审判决驳回上诉，维持原判。祥某公司、孙某于2021年6月10日向法院申请解除案涉保全措施。2021年7月29日，法院作出（2019）京0102民初41910号民事裁定书，裁定解除对祥某公司、孙某名下财产的冻结、查封。2021年9月7日，孙某的案涉账户被解除冻结。某棉花交易市场在该案终审判决作出后，并未按照《最高人民法院关于人民法院办理财产保全案件若干问题的规定》第二十三条的相关规定，及时向人民法院申请解除案涉保全措施。

第五，从申请人在诉讼中所提诉讼请求是否得到判决支持看，前案合同纠纷诉讼中，一审、二审人民法院均未支持某棉花交易市场关于孙某承担连带责任的诉讼请求。虽然申请人的诉讼请求是否得到法院支持并非评判申请人主观过错的唯一充分条件，但相关案件诉讼结果，亦能从另一方面说明某棉花交易市场错误发起了针对孙某的诉讼，错误启动了针对孙某名下财产的保全。

综上所述，法院认定某棉花交易市场在前案诉讼前申请保全孙某的财产存在主观过错，构成申请错误。根据民事诉讼法第一百零八条的规定，某棉花交易市场依法应承担相应赔偿责任。

根据查明的事实，某保险公司在某棉花交易市场申请案涉保全过程中，向法院出具保单，根据保单及诉讼财产保全责任保险条款的内容，某保险公司承诺在申请错误致使被申请人因保全遭受损失的情况下，在申请人应当承担的赔偿责任范围内承担连带赔偿责任。因某棉花交易市场对案涉保全存在申请错误，法院认定，某保险公司应就某棉花交易市场因保全错误导致孙某的损失承担赔偿责任。

【裁判结果】

北京市西城区人民法院于 2023 年 1 月 6 日作出（2022）京 0102 民初 11398 号民事判决，判决某棉花交易市场、某保险公司于判决生效之日起十日内向孙某赔偿损失 445638.57 万元。

宣判后，某保险公司提出上诉。

北京市第二中级人民法院于 2023 年 8 月 31 日作出（2023）京 02 民终 9624 号民事判决：驳回上诉，维持原判。

【案件解析】

本案中，2019 年 9 月 29 日，北京市西城区人民法院依据某棉花交易市场的申请，作出（2019）京 0102 财保 730 号民事裁定书，对被申请人祥某公司、孙某银行账户采取了保全措施。某保险公司为某棉花交易市场出具保单，承诺如因申请人诉讼保全申请错误致使被申请人遭受损失，被保险人依法应当承担的责任，保险人在赔偿限额内不可抗辩地进行赔偿。之后，某棉花交易市场起诉孙某、祥某公司等合同纠纷，一审、二审法院均驳回某棉花交易市场的诉讼请求。案件判决后，孙某、祥某公司申请解除上述保全措施。现孙某提起本案诉讼，主张某棉花交易市场、某保险公司赔偿孙某因申请诉前财产保全错误造成的损失。某棉花交易市场、某保险公司均不同意承担损害赔偿责任。本案上诉争议焦点之一为某棉花交易市场申请对案涉账户进行诉前保全是否存在错误、应否承担相应赔偿责任。

根据民事诉讼法第一百零四条第一款、第一百零八条的规定，利害关系人因情况紧急，不立即申请保全将会使其合法权益受到难以弥补的损害的，可以在提起诉讼或者申请仲裁前向被保全财产所在地、被申请人住所地或者对案件有管辖权的人民法院申请采取保全措施。申请有错误的，申请人应当赔偿被申请人因保全所遭受的损失。

申请诉讼保全是当事人的一项诉讼权利，因当事人受限于自身法律知识、举证能力及对事实的认知等，其对自身权利的衡量往往与人民法院的裁判结果存在差异，如果仅以申请人的诉讼请求未能得到全部支持作为判断申请保全是否错误的充分条件，势必会妨碍善意当事人通过诉讼保全行使自身正当权利，不利于诉讼保全制度的功能发挥，故不能仅以当事人诉讼请求最终未得到支持，或者申请保全的数额高于裁判支持的金额，即认定申请保全错误。只有申请人存在滥用权利的情形，或者对错误保全存在故意或重大过失，才可以认定申请保全人存在主观过错。

评价申请人是否存在主观过错，可以综合考虑以下因素：第一，申请人提起诉讼、申请财产保全的行为，是否符合民事诉讼法第十三条所规定的民事诉讼诚信原则。申请人存在民事诉讼法及相关司法解释规定的恶意、虚假诉讼行为的，即应认定其存在主观过错。第二，申请人的起诉是否明显不存在诉之利益，即当事人实体权利主张有无司法救济之必要，是否存在滥用诉权的行为。需要指出的是，根据民事诉讼法第一百零四条第三款的规定，“申请人在人民法院采取保全措施后三十日内不依法提起诉讼或者申请仲裁的，人民法院应当解除保全”。申请人申请财产保全被准许后，未在法律规定的期限内行使诉权或者申请仲裁权，如果保全行为给被申请人造成损失，也应认定申请人存在主观过错。第三，申请人在诉讼中所提诉讼请求是否明显缺乏相应事实及法律依据，其实体请求是否得到判决支持。此虽非唯一充分判断标准，但也是评价申请人是否存在过错的重要考量因素。第四，是否存在以不正当方法或者手段骗取有利于己方的诉讼状态，以不正当手段或者不正当理由获得财产保全。第五，申请人申请财产保全是否存在必要性，即是否存在“可能因当事人一方的行为或者其他原因，使判决难以执行或者造成当事人其他损害”或“情况紧急，不立即申请保全将会使其合法权益受到难以弥补的损害”的情形。第六，是否不当扩大申请保全对象范围，将与纠纷诉讼无实质性关联的主体作为被申请人，对其财产实施保全，致使与案件无关的第三人遭受损失。第七，是否不当扩大申请保全的财产范围，申请对明显超过诉讼标的价值的财产采取保全措施，即是否存在“少诉多保”的情形。第八，对被保全财产申请采取的保全措施是否适当，是否有违民法典规定的节约资源等原则。第九，申请人是否存在怠于履行申请解除保全义务之行为。根据《最高人民法院关于人民法院办理财产保全案件若干问题的规定》第二十三条的相关规定，申请保全人未及时申请人民法院解除保全，应当赔偿被保全人因财产保全所遭受的损失。

在诉前或者诉讼中申请财产保全，是民事诉讼法赋予利害关系人或者当事人的诉讼权利，目的在于在诉讼过程中防止将来判决不能执行或者难以执行；但同时，如果该项权利被滥用或者权利行使超越了合理边界，极可能对被申请人造成损害，因此，民事诉讼法在赋予利害关系人或者当事人申请诉前或者诉讼中财产保全程序权利的同时，也规定了申请错误的，申请人应当赔偿被申请人因保全所遭受的损失。财产保全申请错误赔偿责任，本质上系申请人因错误行为而应向被申请人承担的赔偿责任，属于侵权责任范畴，在法律无其他特殊规定的情况下，应满足一般侵权的构成要件并适用一般侵权的归责原则，即满足侵权行为、主观过错、损害后果及因果关系四个要件。

# 借款人抗辩借款系另案结算款组成部分的证明责任

## ——罗某诉四川省星某房地产开发有限责任公司、董某芳、周某安、李某梅民间借贷纠纷案

李　珊[*]　郝绍彬[**]

## 【法理提示】

1. 出借人作为原告就借款关系成立并实际出借款项的行为承担本证举证证明责任。

2. 借款人主张基础法律关系非民间借贷法律关系，需要举示证据加以证明，借款人举示了基础法律关系即案涉工程结算款项包括约定借款的反证证据，让借款的事实处于真伪不明状态，即完成了反证举证责任。

3. 借款人完成反证举证后出借人仍应就案涉借款系独立借款并实际发生承担结果证明责任，无法进一步举证案涉借贷关系成立，应承担举证不能的法律后果。

## 【案件索引】

一审：重庆市江津区人民法院（2022）渝0116民初11558号（2023年3月3日）

---

* 作者单位：西南政法大学。
** 作者单位：重庆市第五中级人民法院。

二审：重庆市第五中级人民法院（2023）渝05民终4073号（2023年5月25日）

## 【基本案情】

罗某诉称，四川省星某房地产开发有限责任公司（以下简称星某公司）全权委托人董某芳、周某安、李某梅等人于2020年1月多次向罗某要求借款，罗某于2020年1月7日同意借款给星某公司75万元，罗某委托妻子杨某向李某梅转款60万元，委托儿子罗某龙向李某梅转款15万元。星某公司收款后书写《借条》一份，同时，董某芳、周某安、李某梅向罗某出具两份《委托收款书》，委托罗某将借款支付到李某梅的个人账户。周某安在两份《委托收款书》上均加盖了星某公司公章。罗某认为，星某公司、董某芳、周某安是借款人，同时，董某芳、周某安、李某梅是担保人，星某公司、董某芳、周某安、李某梅均应承担责任。现已经超过口头约定的还款期限，罗某多次要求星某公司、董某芳、周某安、李某梅还款，但其均仍不予归还。罗某遂向一审法院起诉请求：（1）请求判令星某公司、董某芳、周某安、李某梅立即归还借款本金75万元整，并支付利息，以本金75万元为基数从2020年1月8日起按照《借条》约定年利息24%计算至付清止；（2）本案的诉讼费、律师费由星某公司、董某芳、周某安、李某梅承担。一审庭审中，罗某自愿撤回第二项中对律师费的诉讼请求。

被告星某公司、董某芳、周某安、李某梅未参加一审诉讼，也没有提供书面答辩意见。一审法院判决星某公司归还罗某借款本金75万元及逾期利息，星某公司收到一审判决后提起上诉。星某公司法定代表人胡某儒及董某芳、周某安、李某梅二审到庭参加诉讼。

星某公司上诉请求：（1）撤销原审判决；（2）诉讼费用由罗某承担。事实和理由：2019年8月10日签署《星某公司某项目建设合同解除及结算协议》（以下简称《合同解除及结算协议》）约定结算款250万元属实，但约定提供借款50万元一直没有汇款。2019年11月28日，董某芳代表公司与罗某协商《偿债协议》时提到75万元包含在其中，即325万元工程垫资款包括之前解除协议时达成的250万元及之后需要借款的75万元，2020年1月7日、9日，罗某实际支付了60万元、15万元，四川省通江县人民法院（以下简称通江县法院）调解的325万元及利息已经以物抵债，星某公司出具的《借条》属实，但与之前的《偿债协议》重复，且《偿债协议》已经履行，星某公司不应再向罗某支付该75万元借款。

罗某辩称，星某公司所谓"《偿债协议》中的325万元的工程垫资款包括了本案案涉75万元借款"缺乏事实依据，本案75万元借款发生在《偿债协议》签署一个多月后，星某公司就该75万元借款还专门出具了《借条》《委托收款书》，该借款与《偿债协议》中的325万元工程垫资款无关。星某公司上诉的真实目的是双方在通江县法院执行案件中将21套房屋以2000元/平方米价格抵偿给罗某，其法定代表人认为抵偿价格过低想要反悔，希望按照2600元/平方米的价格重新计算，罗某对此明确拒绝。星某公司采取上诉方式故意拖延时间，增加谈判筹码。

法院经审理查明：星某公司、罗某于2019年8月10日签署《合同解除及结算协议》，约定结算款为250万元，同日，星某公司向罗某出具250万元欠条。该协议同时约定罗某于2019年9月30日前向星某公司支付借款50万元，星某公司按照300万元以2600元/平方米计价，总计为1154平方米抵押给罗某。《合同解除及结算协议》约定，一号楼封顶后两个月内（如三个月不开工，视为星某公司违约）星某公司向罗某支付150万元，2020年7月30日前支付150万元，从2019年9月1日起按月利率1%支付利息，利随本清。之后，星某公司没有办理上述抵押登记，罗某也没有支付约定的50万元借款给星某公司。

2019年11月28日，星某公司、罗某签署《偿债协议》，双方确认罗某的工程垫资款为325万元，并对星某公司欠款偿还时间及提供房屋担保等作出了约定。同日，星某公司向罗某出具330万元欠条，罗某认可实为325万元。《偿债协议》约定，2019年12月30日前，星某公司向罗某支付200万元，2020年7月1日前，支付125万元及利息，若星某公司未按时向罗某支付以上款项，星某公司以325万元为基数，按月利率1%从2019年9月1日支付利息，利随本清。星某公司违背以上任何一期义务，垫资款325万元全部到期。2020年9月1日前，若星某公司未偿还罗某垫资款，罗某有权优先以2000元/平方米计价处理抵押担保的17套房屋。

2020年1月7日，星某公司向罗某出具《借条》一份，载明："今借到罗某现金75万元整，以转款为准。(年息为24%)。"下部载明借款单位为星某公司。星某公司下部有董某芳、周某安签名纵向排列。董某芳、周某安签名左侧有一大括号，括号前有"担保人"字样，担保人字样左侧有"借款本金和利息无期限的担保，三年内偿还"。该《借条》中明显存在不同笔迹，庭审中罗某陈述"年息为24%""担保人""借款本金和利息无期限的担保，三年内偿还"系罗某事后征得董某芳同意后，由罗某自行添加书写。

2020年1月7日，星某公司向罗某出具《委托收款书》，载明"罗某：星某公司在你处有人民币15万元借款，请你将此款（15万元）打入李某梅的个人中国工商银行通江县支行账户……"星某公司盖章处左侧有董某芳、周某安签名（两签名系纵向排列)。在董某芳签名的左边有"借款担保人"字样，在周某安签名的左边有"三年内无期限的偿还"字样。"借款担保人""三年内无期限的偿还"与签名字迹明显不一致，罗某在庭审中陈述上述字迹系其2022年3月在征得董某芳同意后，由罗某自行添加书写。

2020年1月7日，星某公司向罗某出具《委托收款书》，载明"罗某：星某公司在你处有人民币60万元借款，请你将此款（60万元）打入李某梅的个人中国工商银行通江县支行账户……"受委托人处有李某梅签名，签名后面有"担保人"字样。但"担保人"字迹与签名笔迹明显不一致。委托人处有星某公司盖章，公章右侧有董某芳、周某安签名(两签名系纵向排列)。在签名右侧有"担保人 无限的义务 三年内偿还"

字样，该字迹与签名字迹明显不一致。罗某在庭审中认可上述明显不一致字迹均系其在2022年3月征得董某芳同意后，由罗某自行添加书写。罗某自行添加的内容上没有加盖公章、签名或者捺印。

2020年1月7日，罗某委托案外人杨某向李某梅上述账户转款60万元，2020年1月9日，罗某委托案外人罗某龙向李某梅上述账户转款15万元。

罗某向通江县法院起诉星某公司325万元案的起诉日期为2020年1月8日。2020年1月15日，星某公司、罗某在通江县法院达成（2020）川1921民初277号民事调解书，确认星某公司2020年7月30日前一次性归还325万元及利息；利息以325万元为基数，从2019年9月1日起按照月利率1%计算；星某公司未按期归还，则罗某对星某公司提供的某房地产项目的17套房屋享有优先受偿权。

2020年12月22日，星某公司、罗某在通江县法院达成执行和解协议，协议主要内容为：截至2020年12月20日，星某公司尚欠罗某执行款项4408475元，其中，垫资本金325万元，利息71.5万元，迟延履行期间利息375375元，诉讼费1.64万元，执行费5.17万元；双方同意星某公司将其开发的位于四川省通江县诺江镇某房地产项目中的一号楼（具体略）的21套房屋（总建筑面积2194.76平方米）冲抵上述款项，该部分房屋按照双方于2019年11月28日签订的《偿债协议》约定以2000元/平方米的价格抵偿给罗某，该部分房屋抵偿总价为：2000元/平方米×2194.76平方米=4389520元。和解协议还约定了网签备案、质量交付标准、逾期交房违约金以及任一方违约承担50万元违约金、诉讼管辖等。和解协议明确了双方到通江县法院办理相关执行裁定手续。

2020年12月22日，通江县法院作出（2020）川1921执行2129号执行裁定书，裁定星某公司开发建设的某房地产项目中的12套房屋归罗某所有，上述房产的所有权自裁定送达罗某之日起转移，条件成就时罗某可持裁定书到登记机关办理相关产权变更登记手续。

2020年12月23日，通江县法院终结对（2020）川1921执行2129

号案件的执行。

2022 年 12 月 17 日至 18 日，星某公司工作人员李某梅与罗某的聊天记录中，李某梅称 75 万元已纳入通江县法院调解协议，当时罗某在聊天记录中并未对此反驳，仅表示让李某梅放心，不会影响李某梅。

罗某陈述借款用途系用于公司项目，并陈述星某公司法定代表人授权董某芳处理公司所有项目事宜，周某安系项目负责人。全部借款至诉讼时分文未还。

董某芳陈述称，协商《偿债协议》时谈及 325 万元包括之前解除协议时达成的 250 万元结算款及之后需要借款的 75 万元，罗某支付了 75 万元，按照 325 万元以物抵债后双方就两清了。

星某公司陈述称，2019 年 8 月 10 日签署《合同解除及结算协议》约定结算款为 250 万元属实，约定提供借款 50 万元用于项目，但罗某未支付，并称 2019 年 11 月 28 日董某芳代表公司与罗某协商签订《偿债协议》中的 325 万元，包括之前解除协议时达成的 250 万元及之后需要借款的 75 万元。星某公司认可收到了案涉 75 万元并出具了《借条》，陈述称《借条》与《偿债协议》确认的 325 万元重复，且双方在通江法院达成调解协议及申请强制执行，对 325 万元及其利息已经以物抵债，星某公司不应再向罗某支付 75 万元借款。

## 【裁判理由】

法院生效裁判认为，罗某、星某公司对案涉《偿债协议》中的 325 万元本金及利息已经执行完毕均无异议。星某公司辩称作为借款人实际收到案涉 75 万元，并向罗某出具《借条》，该款项系《偿债协议》垫资工程款 325 万元中约定的借款 75 万元，应当举示证据对垫资工程款 325 万元包含本案借款 75 万元承担举证证明责任。

经审查，星某公司举示了基础法律关系即案涉工程结算款项包括约定借款的反证证据，让借款的事实达到真伪不明状态，即完成了反证举证责任。首先，罗某垫款施工确认欠款后继续借款给星某公司系当事人真实意思。星某公司举示的《合同解除及结算协议》能够证实案涉结算款为250万元，且星某公司并无现金支付能力，协议签订时，有向罗某借款50万元的意思表示，并在协议中约定结算款、借款均由星某公司所有的房屋抵顶，借款用于支付案涉项目相关费用，以便于用星某公司名下房产抵顶欠罗某的工程款，故罗某为星某公司垫款施工，确认欠款后又继续借款给星某公司系当事人真实意思，符合常理。其次，星某公司证实案涉75万元系《偿债协议》确认的325万元垫付工程款组成部分的证据综合形成了较为完整的证据锁链。2019年11月28日，星某公司、罗某签署《偿债协议》，双方确认罗某的工程垫资款为325万元，并对星某公司欠款偿还时间及提供房屋担保等作出了约定。结合董某芳作为《偿债协议》签订经办人在二审中的陈述，协商《偿债协议》时提到325万元包括之前解除协议时达成的250万元结算款及之后需要借款的75万元，罗某支付了75万元，按照325万元以物抵债后双方就两清了，且2022年12月17日至18日，李某梅与罗某的聊天记录中，李某梅称75万元已纳入通江县法院调解协议，当时罗某在聊天记录中并未对此反驳，仅表示让李某梅放心，不会影响李某梅。星某公司举示的《合同解除及结算协议》《偿债协议》及李某梅与罗某的聊天记录、董某芳二审陈述等证据，能够证实其无现金支付能力，向罗某借款具有连续性、客观性，《偿债协议》确认的325万元垫付工程款系由《合同解除及结算协议》确认的结算款250万元及实际协商借款75万元组成，综合形成了较完整的证据锁链，符合本案实际。最后，调解案涉325万元而另行诉讼解决本案借款75万元不符合诉讼经济原则。罗某向通江县法院起诉星某公司325万元案的起诉日期为2020年1月8日，（2020）川1921民初277号案件受理通知时间为2020年1月15日。即案涉325万元本金及利息调解时间为2020年1月15日，系本案2020年1月7日、1月9日实际支付借款75万元之后，根据本案查明的《合同解除及结算协议》《偿债协议》对借款及以物抵债的协商，罗某在明知星某公司仅有以物偿债的情况下，如果仅调解案涉325万元而另行诉讼解决本案借款75万元，既不符合诉讼经济原则，也不符合常识常情常理。

星某公司完成反证的举证后，罗某仍应就案涉借款系独立借款并实际发生承担结果证明责任。双方《合同解除及结算协议》约定的结算款为 250 万元。罗某举示的《索赔报告》《要求恢复施工的报告》《要求承担材料费的函》，不足以证实案涉工程结算款在 250 万元之外还存在 75 万元未结工程款或者损失赔偿金。星某公司主张 325 万元由 250 万元工程结算款和案涉 75 万元“借款”组成，全部纠纷均已在另案解决并已执行完毕，且提供相应证据证明其主张。罗某对《偿债协议》确认的工程垫资款 325 万元由 250 万元结算款变更为 325 万元垫资款缺乏合理解释，亦不能进一步举证证明案涉 75 万元“借款”不包含在 325 万元垫资款中，应当承担举证不能的法律后果。

**【裁判结果】**

重庆市江津区人民法院于 2023 年 3 月 3 日作出（2022）渝 0116 民初 11558 号民事判决：一、星某公司于判决生效后十日内归还罗某借款本金 75 万元；二、星某公司于判决生效后十日内支付罗某逾期利息，以 75 万元本金为基数，从 2022 年 8 月 15 日起，按照当日适用的全国银行间同业拆借中心公布的一年期贷款市场报价利率计算至付清时止；三、驳回罗某的其他诉讼请求。

宣判后，星某公司不服一审法院判决，提起上诉。

重庆市第五中级人民法院于 2023 年 5 月 25 日作出（2023）渝 05 民终 4073 号民事判决：一、撤销重庆市江津区人民法院（2022）渝 0116 民初 11558 号民事判决；二、驳回罗某的一审全部诉讼请求。

**【案件解析】**

本案当事人对借款实际发生无异议，争议焦点为案涉借款 75 万元是否包含在之前双方签订的《偿债协议》中载明的 325 万元工程结算款之中。本案审查结论为：罗某就借款关系成立并实际出借款项的行为承担本证举证证明责任，举示相应证据后行为证明责任转移到星某公司；星某公司主张基础法律关系非民间借贷法律关系，需要举示证据加以证明，承担反证责任让原告主张的基础法律关系即民间借贷事实达到真伪不明状态，即完成了反证责任；星某公司进行反证后，罗某仍应就案涉借款系独立借款并实际发生承担结果证明责任，无法进一步举证案涉借贷关系成立，应承担举证不能的法律后果。本案借款人抗辩案涉“借款”系另案结算款组成部分，实为对本证反证证明标准的区分、举证责任的分配及司法审查，对于查明案件基本事实并分清责任至关重要。

## 一、确定基础法律关系是本案裁判的前提

民事诉讼法第七条规定：“人民法院审理民事案件，必须以事实为根据，以法律为准绳。”正确认定当事人所实施行为的法律关系的性质是法院审理案件的基本任务和作出裁判结果的前提。因此，对法律关系的性质作出判断，要以客观事实为前提，而非仅根据当事人请求所依据的事实和理由。

民事法律关系是基于一定民事法律事实，由民事法律规范调整而形成的存在于平等民事主体之间的以权利、义务为核心，并包括权限、取得期望、拘束、不真正义务和负担等内容的社会关系，[①] 是民事法律规范调整平等主体之间的财产关系和人身关系在法律上的表现。民事法律关系由主体、客体、内容构成，主体为法律关系之所属，客体为法律关系之所附，而在此主体与他主体间，凭借客体使彼此牵涉，这里的牵涉者就是法律关系的内容。具体而言，主体是指参加民事法律关系、享有民事权利和承担民事义务的人；客体是指民事法律关系主体的民事权利和民事义务所指向的对象，一般包括物、给付、智力成果和人身利益；内容是指民法所调整的社会关系的内容在法律上的反映，是基于某一法律关系所产生的权利、义务、负担、不真正义务等构成的“有机体”，其中

① 参见崔建远等：《民法总论》，清华大学出版社2019年版，第50页。

权利与义务是民事法律关系的核心内容。① 民事法律关系是指导民事审判工作的基本思维模式与思考方法，人民法院在处理民事纠纷时，都需要将当事人置放在具体的民事法律关系中，分析该具体民事法律关系的主体、客体以及当事人的权利义务关系，把握权利的产生、变更、消灭，以便正确地解决各种民事纠纷。因此，正确确定民事法律关系的性质，可以对民事诉讼法律关系中当事人的权利与义务进行正确的认定，明确谁与谁之间通过何种法律事实产生何种法律关系，在此基础上判断谁享有什么权利及承担什么义务，这样才能对案件作出公正的裁判，实现裁判纠纷的最佳效果。

《最高人民法院关于审理民间借贷案件适用法律若干问题的规定》第十四条第一款规定："原告以借据、收据、欠条等债权凭证为依据提起民间借贷诉讼，被告依据基础法律关系提出抗辩或者反诉，并提供证据证明债权纠纷非民间借贷行为引起的，人民法院应当依据查明的案件事实，按照基础法律关系审理。"该条明确规定原告以债权凭证为依据提起民间借贷诉讼，被告举示证据证明本案基础法律关系非单纯的民间借贷纠纷，人民法院应当按照真实的基础法律关系进行审理。

确定基础法律关系是本案裁判的前提。本案中，星某公司作为被告抗辩称，工程结算款 325 万元包括案涉借款 75 万元，本案基础法律关系并非单纯的案涉借款 75 万元的民间借贷纠纷，人民法院应当依法查明本案的基础法律关系。经双方当事人确认工程结算款 325 万元已执结，当事人双方并无争议。如果查明案涉借款包括于工程结算款 325 万元中，则在本案中再行主张其中的 75 万元显然无事实和法律依据。反之，案涉借款 75 万元并不包括在工程结算款 325 万元中，则罗某的诉讼请求应予支持。

## 二、应区分主客观证明责任分别举证

我国民事诉讼法领域对举证责任分配占据主导地位的是民事诉讼法

① Helmut Köhler, BGB Allgemenier Teil, München, 2008, S. 227.

第六十七条所确立的"谁主张，谁举证"原则。实际上，举证责任包含双重含义。

一是主观上的举证责任，也称行为意义上的举证责任、证据提出责任，是指为防止败诉，当事人通过自己的诉讼活动对争议事实进行证明的一种责任。其主要解决当双方都未向法院提供证据时，哪方当事人首先承担不利后果的问题。[①] 通常情况下，在诉讼进行过程中，并不会涉及结果意义上证明责任的分配，主要是对当事人行为意义上的证明责任即提出证据的责任的分配。根据《最高人民法院关于适用〈中华人民共和国民事诉讼法〉的解释》第九十条第一款的规定，当事人对自己提出的诉讼请求所依据的事实或者反驳对方诉讼请求所依据的事实，应当提供证据加以证明。在诉讼伊始，行为举证责任与结果举证责任指向一致，由承担结果责任的一方当事人负担提出证据的责任，若其举证充分，此时的行为举证责任则转移给对方当事人。在对方当事人提出较充分的证据时，行为举证责任又转移回原来的当事人。因此，在诉讼过程中，行为举证责任会在当事人之间来回往复移转。[②] 人民法院应根据双方当事人举证对于内心确信的影响情况行使释明权，对提出证据的责任进行说明，使得当事人明确其若不提出证据，则可能面临败诉风险，而尽可能在这种压力之下充分提交、补充证据，实现攻击防御手段的全方位运用。

本案中，诉讼伊始，证明借款关系成立并实际出借款项的行为举证责任由罗某承担，在罗某举示了《借条》和转账凭据后，行为举证责任转移到星某公司。星某公司称案涉75万元借款包含在325万元工程结算款中，据此举示了2019年8月10日签署的《合同解除及结算协议》等系列证据，以证明《偿债协议》确认的325万元垫付工程款系由《合同解除及结算协议》确认的结算款250万元，以及后来实际协商借款75万元共同组成的。若2020年9月1日前星某公司未偿还罗某垫资款，罗某

---

① 参见张卫平：《民事证据法》，法律出版社2017年版，第21页。

② 参见汤维建：《证明责任的内涵构造——兼论履行证明责任的程序保障》，载王利明等主编：《中国民事证据的立法研究与应用》，人民法院出版社2000年版，第430~436页；段文波：《规范出发型民事判决构造论》，法律出版社2012年版，第167~168页。

有权优先折价处理抵押担保的17套房屋，即星某公司对《合同解除及结算协议》《偿债协议》的解读具有连续性，整体性，符合常情常理。此时，行为举证责任又回转到罗某，而罗某未能进一步进行举证，在这种情况下，要根据案件整体情况判断是否需要运用结果证明责任。

二是客观上的举证责任，也称结果意义上的举证责任。所谓结果意义上的证明责任，是指在事实未被证明或者没有得到充分证明时由承担结果证明责任的当事人所承担的一种责任，而非当事人没有提出相应证据所要承担的责任。在事实存在与否十分确定、不存在真伪不明的情况下，即使当事人未举证，当事人也无须承担败诉后果。结果证明责任的实质是一种承担不利后果的负担，是实体法上的风险分配。结果证明责任在诉讼开始之前就已经被法律设立好，因此，其一般是抽象的，不会因为个案的不同而有所转化。结果证明责任仅适用于主要事实真伪不明的情形，对于间接事实或辅助事实则不适用结果证明责任，而且结果证明责任只能由一方当事人承担，其责任承担形态是固定的，不会如同行为举证责任一样在当事人之间发生移转。①

本案中，星某公司提供证据证实案涉借款非独立借款，而为包含在工程结算款325万元中的借款，已经使得事实真相变得真伪不明，此时结果证明责任登上舞台。对于借款为独立借款实际发生并实际出借的结果证明责任应由出借方罗某承担，罗某无法进一步举证证明新的借贷关系成立，应承担举证不能的法律后果。

## 三、本证、反证的证明标准不同

在此基础上更进一步，双方在实际举证时需要达到什么程度，才可判断其应当承担何种责任呢？此时，需要诉诸证明标准。证明标准，也称证明要求、证明度，是指在诉讼证明活动中，对于当事人之间争议的事实，人民法院根据证明的情况对该事实作出肯定或者否定性评价的最

---

① 参见张卫平：《民事证据法》，法律出版社2017年版，第274~275页。

低要求。[1] 对裁判者而言，证明标准是裁判者对待证事实是否存在的内心确信程度。

证明标准具有法定性，是一种法律规定的评价尺度，当事人对待证事实证明到何种程度才能解除证明责任、裁判者基于何种尺度才能认定待证事实存在，必须严格按照法律规定进行。《最高人民法院关于适用〈中华人民共和国民事诉讼法〉的解释》第一百零八条明确规定："对负有举证证明责任的当事人提供的证据，人民法院经审查并结合相关事实，确信待证事实的存在具有高度可能性的，应当认定该事实存在。对一方当事人为反驳负有举证证明责任的当事人所主张事实而提供的证据，人民法院经审查并结合相关事实，认为待证事实真伪不明的，应当认定该事实不存在……"该条阐述了本证和反证分别需要达到的证明标准。对于承担本证责任的当事人而言，其所举证据的证明标准要达到高度盖然性标准，而对于承担反证责任的当事人而言，其所举证据的证明标准为真伪不明即可。

具体而言，所谓本证是指在民事诉讼中负有客观证明责任的一方当事人提出的用于证明自己所主张事实的证据。[2] 本证当事人所举证据要达到高度盖然性的标准。所谓高度盖然性，即根据事物发展的高度概率进行判断的一种认识方法，是人们在对事物的认识达不到逻辑必然性条件时不得不采用的一种认识手段。在证据无法达到确实充分的情况下，如果一方当事人提出的证据已经证明事实的发生具有高度盖然性，人民法院即可予以确认。本案中，罗某作为出借人，对于借款关系真实成立并实际出借承担本证责任，且证明标准需达到高度盖然性，在星某公司举示了双方的工程结算款协议等证据后，已动摇了法官的内心确信，案涉75万元借款独立发生这一事实的成立已不具有高度盖然性。

所谓反证，是指不负客观证明责任的一方当事人提出的为证明对方

① 参见张卫平：《民事证据法》，法律出版社2017年版，第78页。

② 参见张卫平：《民事证据法》，法律出版社2017年版，第21页。

主张事实不真实的证据。[①] 反证当事人提出的证据只要让事实真伪不明即可。在《最高人民法院关于审理民间借贷案件适用法律若干问题的规定》第十四条第一款的规定中，被告主张基础法律关系非民间借贷法律关系，需要举示证据加以证明，但这里只需承担反证责任，即让事实真伪不明即可。本案中，星某公司为证明 75 万元借款非独立成立的借款，而系 325 万元工程结算款的一部分，举示了《合同解除及结算协议》《偿债协议》等证据，这些证据已经使得待证事实真伪不明，其证明标准已经达到。罗某举示的《索赔报告》《要求恢复施工的报告》《要求承担材料费的函》等证据，尚不足以证实案涉工程结算款由 250 万元变更为 325 万元，推翻原结算款缺乏必要的证据及合理的理由，无法承担本证责任，理应承担举证不能的不利后果。

## 四、结语

正确区分案件的基础法律关系，根据本证、反证合理分配主客观证明责任，是精细化审理案件、快速查明法律事实的关键。实务中，证明责任的分配一直困扰实务法官，究其原因实质系未能区分行为证明责任和结果证明责任，这是导致证明责任分配混乱的根源。本案根据要件事实理论，先确定结果证明责任，继而分配行为证明责任，再根据当事人举示证据动摇法官内心确信的情况使行为证明责任在原告、被告之间移转，最后在案件事实真伪不明时，由承担结果证明责任的当事人承担不利后果。整个审查逻辑清晰有序，法律事实在此过程中渐渐清晰可辨，即使客观事实真伪不明，依然不妨碍人民法院作出符合法律真实的裁判。

① 参见张卫平：《民事证据法》，法律出版社 2017 年版，第 21 页。

# 【热点问题调研】

## 上海市长宁区人民法院<br>涉未成年人民事审判数据变化及原因分析

未成年人的健康成长，关乎家庭幸福安宁，关乎社会和谐稳定，关乎国家长远发展。习近平总书记指出："青少年是祖国的未来、民族的希望。"① 加强新时代未成年人审判工作、维护未成年人合法权益，是人民法院的重要职责。1984年，我国未成年人审判探索从上海市长宁区人民法院（以下简称上海长宁法院）出发，四十年来，上海长宁法院始终坚持以习近平新时代中国特色社会主义思想为指导，深入贯彻习近平总书记关于未成年人保护工作的重要指示批示精神，立足审判实践、延伸司法职能，参与社会治理，密织保护网络，促推六大保护融合发力，做实未成年人保护工作，打造具有长宁特色的未成年人审判之路。

为更加清晰呈现上海长宁法院未成年人审判工作，深化对未成年人审判工作发展规律的认识，将未成年人审判融入社会治理工作，切实担负起人民法院在未成年人保护大格局中的特殊职责和重要任务，特对涉未成年人民事审判数据变化及原因分析如下。

---

① 习近平：《思政课是落实立德树人根本任务的关键课程》，载《求是》2020年第17期。

## 一、涉未成年人民事案件数据情况

### （一）涉未成年人民事案件数量变化情况

1. 涉未成年人民事案件数量总体呈下降趋势

2014—2024年，上海长宁法院共审结涉未成年人民事案件3718件，2014年为472件，2015年为411件，2016年为420件，2017年为454件，2018年为444件，2019年为330件，2020年为243件，2021年为205件，2022年为157件，2023年为231件，2024年为351件，案件数量总体呈波动下降趋势。

2. 不同案由的涉未成年人民事案件数量占比变化较小

根据案由分类，2014—2023年排名前五位的案由分别为离婚纠纷，抚养费纠纷，法定继承纠纷，变更抚养关系纠纷，以及生命权、身体权、健康权纠纷，分别为2502件、298件、160件、112件及83件，分别占比为74.3%、8.9%、4.8%、3.3%及2.5%。2024年排名前五位的案由分别为离婚纠纷，抚养费纠纷，变更抚养关系纠纷，生命权、身体权、健康权纠纷，以及探望权纠纷，分别为253件、34件、12件、10件、6件。可以看出，涉未成年人民事案件中，离婚纠纷、抚养费纠纷案件占绝大部分。

### （二）涉未成年人民事案件审理周期情况

从审理程序看，2022年，涉未成年人民事案件中适用简易程序审理的为117件，简易程序适用率高达74.5%，适用普通程序审理的为40件。2023年，涉未成年人民事案件中适用简易程序审理的为172件，简易程序适用率高达74.4%，适用普通程序审理的为59件。秉持对未成年人特殊、优先保护原则，人民法院在审理涉未成年人案件时持更加审慎态度，故较一般案件审理期限较长。

### （三）涉未成年人民事案件处理结果分析

从结案方式看，2022 年，涉未成年人民事案件以判决方式结案的共计 28 件，占总数的 17.8%；以调解和撤诉方式结案的分别为 65 件和 23 件，分别占比 41.4%和 14.6%。2023 年，涉未成年人民事案件以判决方式结案的共计 53 件，占总数的 22.9%；以调解和撤诉方式结案的分别为 98 件和 46 件，分别占比 42.4%和 19.9%。2024 年，涉未成年人民事案件以判决方式结案的共计 84 件，占总数的 23.9%；以调解和撤诉方式结案的分别为 174 件和 54 件，分别占比 49.6%和 15.4%。上述数据显示，在处理涉未成年人民事案件时，调解和撤诉是主要的结案方式，其中，调解更是占据半数左右。这也充分体现了调解在涉未成年人民事案件中的调和作用。

### （四）涉未成年人民事案件具体案由类型变化分析

1. 涉未成年人离婚案件数据变化

以 2022—2024 年涉未成年人离婚案件数据为例，2022 年离婚纠纷为 112 件，2023 年离婚纠纷为 156 件，2024 年离婚纠纷为 253 件。

（1）离婚案件诉中纠纷化解率较高。

在涉未成年人民事案件中，人民法院坚持以最有利于未成年人原则为出发点和落脚点，避免纠纷对未成年人造成二次伤害，故多在和解和调解层面上下功夫，尤其在离婚案件中，原、被告双方作为未成年人的父母，也大多愿意配合开展和解、调解工作。2022 年离婚案件中，以判决结案的为 42 件，以调解结案的为 46 件，当事人申请撤诉及按撤诉处理结案的为 9 件。2023 年离婚案件中，以判决结案的为 53 件，以调解结案的为 98 件，当事人申请撤诉及按撤诉处理结案的为 46 件。2024 年离婚案件中，以判决结案的为 65 件，以调解结案的为 132 件，当事人申请撤诉及按撤诉处理结案的为 32 件。

（2）未成年子女八周岁以下离婚率偏高。

2022 年离婚案件中，夫妻在未成年子女八周岁以下选择离婚的为 55

件，占离婚案件总数的 49.1%，涉及“二孩”的离婚案件为 10 件，占离婚案件总数的 8.9%。2023 年离婚案件中，夫妻在未成年子女八周岁以下选择离婚的为 71 件，占离婚案件总数的 45.5%，涉及“二孩”的离婚案件为 28 件，占离婚案件总数的 17.9%。2024 年离婚案件中，夫妻在未成年子女八周岁以下选择离婚的为 118 件，占离婚案件总数的 46.6%，涉及“二孩”的离婚案件为 50 件，占离婚案件总数的 19.8%。

（3）“感情基础弱，价值观差异大，性格不合”成离婚主要理由。

2022 年涉未成年人离婚案件中，离婚原因为“感情基础弱，价值观差异大，性格不合”有 83 件，占 74.1%；“长期分居”有 10 件，占 8.9%；“家庭暴力”有 9 件，占 8.0%；“出轨、有第三者”有 6 件，占 5.4%；“被判处长期徒刑”有 3 件，占 2.7%。2023 年涉未成年人离婚案件中，离婚原因为“感情基础弱，价值观差异大，性格不合”有 102 件，占 65.4%；“长期分居”有 18 件，占 11.5%；“家庭暴力”有 19 件，占 11.2%；“出轨、有第三者”有 11 件，占 7.1%；“被判处长期徒刑”有 5 件，占 3.2%。2024 年涉未成年人离婚案件中，离婚原因为“感情基础弱，价值观差异大，性格不合”有 162 件，占 64.0%；“长期分居”有 14 件，占 5.6%；“家庭暴力”有 13 件，占 5.1%，“出轨、有第三者”有 9 件，占 3.6%。“感情基础薄弱，价值观差异大，性格不合”已成涉未成年人离婚诉讼主要理由。

2. 涉未成年人其他民事案件数据变化

（1）涉抚养纠纷案件。

一是探望权未实现及拒付抚养费是抚养纠纷发生的主要原因。2014—2023 年，涉抚养费纠纷为 298 件，涉抚养关系变更纠纷为 112 件，分别占涉未成年人民事案件的 8.9%及 3.3%。2024 年，涉抚养费纠纷为 34 件，涉抚养关系变更纠纷为 12 件，分别占涉未成年人民事案件的 9.7%及 3.4%。实践中，因抚养产生的涉未成年人纠纷较少，未成年人在父母离婚时随父随母生活总体上具有一定稳定性。在涉抚养纠纷中，46.6%的案件为离婚后拥有探视权的一方因另一方阻挠、不配合故无法探视未成年子女而要求变更抚养关系，8.6%的案件为主动提出变更抚养关系，36.8%的案件为拒付抚养费或所支付抚养费无法满足子女实际需要产生诉讼。例如，上海长宁法院在2022年审结的一起抚养费纠纷案件中，原、被告协议离婚，被告在自己购买豪车、长期在外游玩的情况下，却屡次以经济困难为由，拒绝按照协议支付抚养费，原告遂诉至法院。

二是平均抚养费金额处于合理范围。2014—2023年，上海长宁法院审理的涉及抚养费纠纷中，审理结果中需要支付抚养费案件为222件，支付抚养费数额为月均2373.3元，与2014—2023年上海市职工月平均工资十年均值8959.5元相比，抚养费占月收入的26.5%，大致处于法律规定的20%至30%比例区间的中偏上范围。

（2）涉继承类案件。

一是法定继承占比较高。2014—2023年，上海长宁法院审结涉未成年人的继承类纠纷案件为210件，其中，涉法定继承纠纷为160件，占比达76%。此外，涉遗嘱继承纠纷为30件，涉被继承人债务清偿纠纷为16件，涉遗赠纠纷为4件。2024年，上海长宁法院审结涉未成年人的继承类纠纷案件为7件，其中，涉法定继承纠纷为4件，占比达57%。此外，涉遗嘱继承纠纷为1件，涉被继承人债务清偿纠纷为2件。

二是适用普通程序审结的继承案件审理周期普遍较长。从审理程序看，2014—2023年，适用简易程序审理的案件有155件，简易程序适用率为73.8%，平均审理天数为49.6天；适用普通程序审理的有55件，平均审理天数为189天。2024年，适用简易程序审理的案件有3件，适用普通程序审理的案件有4件。继承案件的平均审理天数高于其他涉未成年人民事案件适用普通程序的审理天数。其原因在于：转为普通程序的继承案件，大多在事实查明方面存在复杂性，其中包括当事人要求在案件中一并处理被继承人其他遗产、遗产种类较多、遗产涉及银行存款需查询多家银行的情况等。

（3）涉生命权、身体权、健康权纠纷案件。

一是侵权所涉主体多样。2014—2023年，在83件涉生命权、身体权、健康权纠纷案件中，涉个人侵权的为30件，占比36.1%；涉校园的为23件，占比27.7%；涉校外培训机构的为8件，占比9.7%；涉体育馆、游泳馆的为6件，占比7.2%；涉物业公司、家政公司的为4件，占比4.8%；涉宾馆、商场的为4件，占比4.8%。2024年，在10件涉生命权、身体权、健康权纠纷案件中，涉个人侵权的为4件，涉校园的为1件，涉校外培训机构的为3件，涉物业公司的为1件，涉游乐场的为1件。

二是监督不到位和管理工作不完善是导致侵权多发的主要原因。在2014—2023年涉生命权、身体权、健康权案件纠纷中，58件案件与监督、管理工作不完善相关。例如，在23件涉校园侵权案件中，部分案件为学校未尽合理管理义务，导致在校未成年人权利受到损害，有7件案件为在校期间，未成年人在课间于走廊或者教室内奔跑、嬉戏导致他人损害；在14件涉校外培训机构及体育馆、游泳馆侵权案件中，部分案件为机构对所聘教师监管不足、机构设施不完善导致未成年人权益受到损害，有8件案件为校外培训机构教师猥亵、强奸刑事犯罪后，未成年被害人要求民事赔偿。可见，特殊职业、场所安全保障工作仍需加强。此外，道路交通安全亟须引起重视，有7件案件为未成年人在马路上玩耍或骑自行车、玩具车受损或致人损害。例如，在2023年上海长宁法院审结的一起生命权、身体权、健康权纠纷案件中，原告驾驶电动自行车行驶，适遇被告（未成年人）在该处人行道内玩皮球，皮球滚落至非机动车道与原告所驾驶的电动自行车发生碰擦，致使电动自行车失控倒地，原告受伤。

三是未成年人故意侵权案件仍时有发生。2014—2023年涉生命权、身体权、健康权纠纷案件中，未成年人存在主观故意的案件有7件，其中，有4件案件因先发生口角，后动手推搡导致损害，3件案件存在故意殴打行为。例如，在2023年上海长宁法院审结的一起生命权、身体权、健康权纠纷案件中，原、被告因对文具袋和笔的摆放样式、其他同学的起哄而产生矛盾，被告在体育课上对原告实施故意报复行为，导致原告鼻骨骨折。

## 二、涉未成年人民事案件变化的原因分析

2014—2024年，上海长宁法院涉未成年人民事案件波动性下降，案件调撤率近65%，且案件审理周期较短，主要有以下三方面原因。

### （一）党中央、最高人民法院对未成年人审判工作的高度重视

党的十八大以来，以习近平同志为核心的党中央更加关心少年儿童的健康成长，多次对关心关爱少年儿童作出重要指示批示。习近平总书记指出，“全社会都要关心少年儿童成长，支持少年儿童工作。对损害少年儿童权益、破坏少年儿童身心健康的言行，要坚决防止和依法打击。”① 最高人民法院历来高度重视少年审判工作，张军院长指出，“要高度重视未成年人司法保护工作，推动少年审判理念现代化，久久为功抓实抓好少年审判的各项工作。”2023年，最高人民法院明确提出未成年人司法首先是保护性司法的理念，要求将最有利于未成年人原则和特殊、优先、双向、全面保护的理念贯彻到所有的涉少案件审判中、贯穿在每一个涉少案件办理的全过程，在各审判领域全面保护好未成年人。这些都为新时代人民法院加强少年司法工作提供了遵循、指明了方向。2024年，最高人民法院张军院长和李勇副院长来上海长宁法院调研少年审判工作，实地参观了青少年法治教育基地。此外，上海市高级人民法院成立未成年人与家事案件综合审判庭，这些对上海长宁法院下一步开展少年审判工作意义重大。有了中央的指示、最高人民法院和上级法院的指导，上海长宁法院的少年审判工作受到了鼓舞，纠纷化解“抓前端”工作有了更明确的发展方向。

### （二）上海长宁法院多举措促推“司法+”融合体系显现成效

“司法+”是司法积极满足社会发展需要的重要体现。当今社会环境

① 习近平：《论党的青年工作》，中央文献出版社2022年版，第26页。

深刻变化，社会关系更加多元复杂，社会诱惑更加多变多样，这就对司法保护未成年人发展提出了更高的要求，2024 年修正的未成年人保护法也提到了未成年人的六大保护。张军院长对人民法院的少年审判工作也提出了很多新的要求。例如，他强调，要做实民事、行政审判中的未成年人保护，抓前端、治未病，从源头上减少涉未成年人违法犯罪问题；要加强诉源治理，把工作做在未成年人犯罪甚至犯错之前；要积极联动作为，把未成年人司法保护融入其他六大保护。这些都给我们以启发，只有将司法保护融入家庭保护、学校保护、社会保护、网络保护和政府保护，以司法保护助推六大保护融通发力，走向综合司法保护，才能真正实现未成年人利益最大化。前文提到，上海长宁法院培育出了“司法一条龙、社会一条龙”的综合治理理念，这给“司法+”未成年人融合保护体系的构建提供了坚实的实践基础。

上海长宁法院总结成功经验，强化“司法+”对未成年人保护的赋能作用，打造新时代背景下的“司法+”未成年人融合保护体系。

“司法+政府”，与相关职能部门紧密合作，促推形成未成年人保护合力。在区委、区政法委的坚强领导和大力支持下，与政府相关职能部门紧密合作，以双方或多方合作协议促推形成未成年人保护合力。会签《长宁区关于加强专门教育工作的实施方案（试行）》，确保行为偏差未成年人“一个都不掉队”地接受高质量矫治教育，帮助他们重启人生；会签《关于加强游泳场所未成年人保护实施意见（试行）》，协同加强校外体育培训监管；召开长宁区公职监护队伍组建调研会、长宁区公职监护制度构建研讨会，邀请市民政局、区各有关方面及相关领域学者，共商制度构建相关构想；与有关部门共同签署《长宁区公职监护联动机制实施细则（试行）》，以联动机制为源动力，激活公职监护人制度，填补困境儿童和老年人的监护空白；以本市首次“法院+公证+民政”“党建+业务”融合模式达成合作机制，共建全周期家事法律服务链，共同深入开展婚姻登记、收养等民生服务。

“司法+家庭”，抓实家庭教育指导和个案宣教工作，助力发挥家庭保护基础作用。打造长宁区家庭教育促进“1+3+1”综合网络，以“为孩子父母学校”为主体、以“心畅宁”心理咨询师和家庭教育云端培训平台为重要抓手，以街道社区法官工作室、未成年人保护工作站以及妇联家庭教育指导室为基层触点。“为孩子父母学校”自1989年起至今已经开办64期，逾7500人次参与，接受咨询8800余人次。上海长宁法院与区妇联联合制作了家庭教育指导短视频，以上海长宁法院审理的上海市首例适用家庭教育指导令案件为原型，展示了上海长宁法院依法开展家庭教育指导、促使失职监护人“依法带娃”的过程及成果。设置“青梓荟”探望监督场所，组建三支探望监督人队伍，助力发挥家庭保护基础作用。

“司法+学校”，持续开展法治夏令营、法院公众开放日青少年专场、模拟法庭、校园法治巡回讲座、开学第一课等系列活动，至今已开展青少年法治宣讲600余场次，惠及2万余人次。2021年，首次实现青少年法治宣传进国际学校，实现法治副校长履职全覆盖。发挥院领导班子带头作用，从院长到法官助理，组建梯队化法治副校长、法治辅导员队伍，覆盖辖区19所中小学，积极参与学校的法治教育、学生保护、安全管理、预防犯罪等工作。组建“苏河小宁”法治观察团，开展“菁菁议事厅”法治观察行动，对涉及未成年人权益的2部法律、4部上海市地方法规提出115条立法建议，指导中学生参与的未成年人保护法立法建议被全国人大常委会采纳，辖区青少年积极投身法治建设蔚然成风。

“司法+社会”，强化与未成年人保护群团组织的合作，善用司法建议，将个案办理成果转化为社会治理效果，实现“办理一案、治理一片”，为未成年人健康成长营造良好的社会环境。设置社区法官工作室，联合辖区10个街镇妇联与社区家庭文明教育指导服务中心，开展更具针对性的涉未成年人家事普法宣传、家庭教育指导、法律咨询等工作，帮助提升社区工作人员化解家庭纠纷的能力，将家庭矛盾化解在前端。至今已开展涉未成年人家事巡回审判130余次，法官普法进社区500余次，累计对近400名涉诉困境儿童开展跟踪关护。

“司法+网络”，通过司法统计白皮书、司法建议和警示案例，推动净化未成年人所处的网络环境。针对数字时代下未成年人保护的新情况、新问题，制发司法建议、延伸前端保护，督促互联网企业加强未成年人保护合规经营；发布典型案例、制作未成年人网络安全提示手册，并在微信公众号不定期推送；发布《未成年人涉网络案件审判白皮书（2018—2022 年）》，坚持社会共治，延伸少年审判职能并提出综合治理建议，为未成年人营造安全、绿色、健康的网络环境。

### （三）司法宣传手段不断创新，成效愈加显著

上海长宁法院历来重视未成年人审判宣传工作，从选树典型案例到微信普法，从送法进校园到公众开放日，不断加大未成年人审判宣传的力度和广度。2024 年，在少年审判四十周年之际，上海长宁法院启用“中国特色现代少年司法制度发源地”青少年法治教育基地。该基地是上海长宁法院以新时代少年司法理念为指导，打造集审判、宣传、服务、教育于一体的少年审判“一站式”集合区域，包括了少年审判工作陈列室、少年圆桌法庭、家事法庭、心理咨询室、宣传长廊等，全方位展现并呵护少年儿童健康成长。截至目前，已经接待了华东政法大学附属中学以及延安实验中学、新虹桥中学等 8 所学校近 1000 名学生参观学习。此外，还通过拍摄《离婚了，我们依然是爱你的爸爸妈妈》微电影，编写出版《预防未成年人犯罪法律知识百问百答》《未成年人保护法律知识百问百答》《未成年人司法保护的探索和实践》等书籍，提高社会公众保护未成年人意识，提升未成年人的法治意识和法治素养。例如，上海长宁法院在涉未成年人离婚案件开庭前播放微电影《离婚了，我们依然是爱你的爸爸妈妈》，引导涉未成年人离婚案件当事人树立正确的婚姻观和家庭观，变“威严审判”为“柔和审判”，让父母更重视无辜未成年子女的身心健康，最大限度降低婚姻破裂对未成年子女的不利影响。至今已有 1000 余对涉诉离婚夫妻参加了庭前教育。该庭前教育短片在最高人民法院少年审判工作办公室指导下进行剪辑精编，于最高人民法院抖音账号播放，目前播放量超 1000 万次。在一起离婚案件中，原、被告观看了庭前教育视频，最终在法官积极劝导下重归于好，原告撤诉。

# 深入践行习近平法治思想<br>在家事审判中充分运用心理疏导和咨询<br>奋力推进家事审判工作创新发展

四川省高级人民法院少年审判庭课题组

党的十八大以来，以习近平同志为核心的党中央对保护妇女儿童权益进行重要部署，党的二十届三中全会形成多项针对妇女儿童权益保护的措施。权益保护离不开法治力量，家事审判是人民法院保护未成年人、妇女和老年人的合法权益，保障婚姻家庭秩序，维护社会和谐稳定的重要领域。“家”是孕育情感的地方，又可能成为矛盾纠纷的交汇点。当事人不仅有定分止争的法律诉求，还有修复情感与关系的心理诉求，如果这些诉求得不到满足，就可能引爆家庭中长期郁结的矛盾纠纷，甚至导致恶性案件。四川省积极探索在家事审判中开展心理疏导和咨询，满足双方当事人情感修复的实质需求，有效提升家事审判质效，最高人民法院张军院长来川调研时予以充分肯定，并指出“每一名法官都应该是心理咨询师”。在厘清概念的基础上，本文从三个方面分享家事审判中运用心理疏导和心理咨询的四川经验。

实践中往往不加区分地使用心理疏导、心理咨询等概念，泛指法官在审判中运用心理学技巧，以及专业心理咨询师开展心理咨询的行为。但这两种实践在内容、方式和目的上存在显著差异，为示区分，本文中用心理疏导和心理咨询分别指称这两种实践。心理疏导是指司法工作人员利用心理学原理和技术与当事人进行沟通，以消除他们的对抗情绪，促进审判顺利进行。其核心是通过有效的沟通技巧，化解当事人的不利情绪，增强对司法程序的信任和满意度。心理咨询则是指法官发现当事人可能面临较为严重的心理问题，需要专业心理健康支持时，由具有相应资格的心理咨询师进行的专业性工作。其核心是通过专业的心理咨询，帮助当事人解决深层次的心理问题，恢复心理健康。

## 一、坚持守正创新，在家事审判中运用心理疏导和心理咨询把习近平法治思想落到实处

在家事案件中开展心理疏导和心理咨询有利于以柔性司法深层次化解婚姻家事纠纷，加大对特殊群体的保护力度，从源头上预防和化解极端案件，维护社会大局稳定，把现代家事审判工作不断推向深入。

### （一）有利于回应“隐性诉讼请求”，深层次化解家事纠纷

习近平总书记指出：“法律不应该是冷冰冰的，司法工作也是做群众工作。一纸判决，或许能够给当事人正义，却不一定能解开当事人的‘心结’。‘心结’没有解开，案件也就没有真正了结。”① 许多纠纷既存在法律层面的争议，也存在心理层面的矛盾根源。家庭成员之间存在深厚的情感联系和复杂的伦理因素，家事案件必须以实质正义为旨归。维护亲情、弥合情感伤害等情感诉求，是家事正义的目标。② 当事人在长期家庭矛盾中积累了情感冲突和负面情绪，消解这些情绪可以视为一种“隐性诉讼请求”。③ 无独有偶，西方国家近年来兴起了“治疗法学”，强调司法不仅要关注权利义务的确定，还要关注当事人的心理需求和情感修复。美国的“问题解决型法院”、加拿大的家庭群体会议，都是通过心

① 习近平：《论坚持全面依法治国》，中央文献出版社 2020 年版，第 23 页。

② 参见最高人民法院民事审判第一庭：《党的十八大以来全国法院家事审判工作情况报告》，载最高人民法院民事审判第一庭编：《民事审判指导与参考》总第 91 辑，人民法院出版社 2022 年版，第 95 页。

③ 参见熊浩：《认真对待情绪：论纠纷化解的感性向度》，载《政治与法律》2023 年第 5 期。

理咨询、家庭会议等方式，修复当事人心理健康，化解家事纠纷。运用心理疏导和咨询，回应当事人的情感需求，是贯彻“如我在诉”，把服判息诉工作做到极致的必然要求，更是司法裁判符合包括当事人在内的人民群众感受的“内心法”，贯彻以人民为中心的必然要求。

### （二）有利于加大对“一老一小一弱”等特殊群体保护力度

保障未成年人、老年人、残疾人等特殊群体合法权益，维护婚姻家庭和谐稳定是家事审判的重要任务。据统计，一半以上的家事案件关涉未成年人利益，家庭保护的缺失是未成年人犯罪的主要原因。未成年子女身心脆弱，面对父母破裂的婚姻易产生不安全感、自我归因等问题。父母的过激行为可能对孩子进一步造成伤害。心理疏导和心理咨询能够为未成年人提供心理支持，帮助其走出阴影，同时调节父母心态，预防未成年子女受到二次伤害。老年人、残疾人等群体在纠纷中往往存在沟通障碍，难以有效保护自身权益，存在固执己见、走极端等心理问题，易形成矛盾堵点，甚至引发民转刑案件。心理疏导和心理咨询能够化解其心结，避免弱势群体转化为社会不稳定因素。

### （三）有利于维护社会大局稳定，预防极端案件

中央政法委书记陈文清指出，政法机关要坚持惩防并举，加强风险源头防控，实质化解矛盾纠纷。婚姻家庭纠纷蕴含长期积蓄的负面情绪和矛盾，容易成为违法犯罪导火索，有的当事人扬言要杀人、报复社会，处理不好极易导致恶性事件，有的当事人因为长期遭受家庭暴力情绪不稳定，可能自伤自杀，引发社会舆情。近三年来，四川省因家庭琐事引发故意伤害、故意杀人等刑事案件达 141 件，拉某案、余某故意杀人案、贺某某家暴案等民转刑案件牵动社会神经。在家事案件中开展心理疏导和心理咨询，能够尽早掌握当事人心理问题，从而做好风险排查和防控，及时化解当事人负面情绪，把矛盾解决在萌芽状态，从源头上预防极端案件。

### （四）有利于把现代家事审判工作不断推向深入

党的十八大以来，家事审判理念发生深刻转变，符合家事审判规律和特点的审判理念逐步确立。一是注重追求实质正义，强调弱势群体差异性保护；二是注重人身权益保护，从偏重裁判职能向兼顾裁判和服务职能转变、由偏重财产分割向重情感心理和修复关系转变；三是注重修复家庭关系，通过适当放宽审限、优化考核指标等方式，为彻底化解家庭纠纷和修复心理创伤提供有利条件。理念革新促推实践变革。2018年，最高人民法院印发《关于进一步深化家事审判方式和工作机制改革的意见（试行）》，针对心理疏导的适用情形、开展过程、协作机制、隐私保障等方面作出专章规定。各地法院积极选任具有心理学知识的法官担任家事法官，配置家事调解室、沙盘分析室、单面镜观察室、心理辅导室等设施，探索开展心理疏导与咨询。四川省各级法院已建立各类心理咨询室145个。年均开展心理疏导逾千次。在家事审判中开展心理疏导和咨询，有利于贯彻新时代家事审判理念，把现代家事审判工作不断推向深入。

## 二、推动建章立制，形成在家事审判中运用心理疏导和心理咨询的制度体系、运行体系和保障体系

引入心理疏导和心理咨询既是家事审判现代化的关键一步，又是一项贯穿家事审判全过程的专业性工作，需要形成配套的制度体系、运行体系和保障体系。

### （一）形成完备的制度体系

心理疏导和咨询在家事审判中的有机融入，是一项系统性工程，其顶层设计必须站在国家治理体系和治理能力现代化的高度进行谋划。要规定好心理疏导和心理咨询的目的和适用范围，明确自愿性、保密性等基本原则。在家事审判的立案阶段增设相关选项，纳入法官释明内容，

使心理疏导和咨询贯穿家事审判全流程各阶段。在诉前调解阶段，通过心理疏导缓解当事人的对立情绪，促进调解协议的达成。在立案审理阶段，帮助当事人更好地表达自己的诉求和情感，为人民法院查明事实、公正裁判提供支持。在判后回访阶段，对当事人进行心理安抚和跟踪辅导，防止矛盾再次激化，确保判决的有效执行。在审限、案件在院天数、办案数量等方面做好专门支持，在家事审判考核中体现心理疏导和心理咨询相关内容。定期发布指导性案例、加强宣传，让当事人把心理疏导和咨询当作家事诉讼的基本选项。

### （二）构建运行体系

打造心理疏导和咨询阵地。法庭空间的严肃性和对抗性会使案件当事人感到防御和对立，必须建立专门的心理咨询场所。关于心理咨询室的建设，要注意三个问题：第一，遵循心理学原理，精心装修布置。以四川省成都市武侯区法院心理咨询室为例，室内装修采用温暖、柔和的色调，搭配以自然光与柔和的照明，营造出温馨而不失庄重的氛围。第二，配备专门心理咨询工具，如沙盘、测评玩具、绘画材料、音乐播放器等。第三，建立保密制度，维护当事人隐私。心理咨询具有专业性，需要形成专兼结合的心理咨询师人才库。人才库以三种途径选任：聘请、特邀具有心理咨询师资格的人员；外部合作，与政府机构、社会组织、院校等开展心理咨询合作；选任具备心理咨询师资格的法院干警。

明确心理疏导和心理咨询适用条件。心理疏导和心理咨询的适用条件可以从有效性、必要性、自愿性三个方面概括。心理疏导和心理咨询必须以案件堵点是当事人心理问题为前提；必要性是指当事人的心理问题必须相对严重，对解决纠纷具有关键意义；而且，心理咨询必须以当事人自愿为前提。

完善心理疏导和心理咨询的联动机制。一是做好左右联动。家事案件、未成年人犯罪、涉诉信访等各类纠纷中均存在心理疏导和心理咨询需求，且可能互相转化，必须统筹规划，实现信息互通和资源共享。二是做好上下联动。由于家事案件的特点，各级法院易产生需求与资源错配。要打通上下渠道，整合各级法院的资源，提高心理疏导和心理咨询的整体效能。三是做好前后联动。一个家庭矛盾可能导致多个家事诉讼，当事人的心理问题是持续的、相互关联的，要在同一当事人的不同案件中做好信息互通，巩固心理疏导和咨询成果。四是做好内外联动。要积极融入综治中心规范化建设，对心理问题严重、可能引发“民转刑”案件的当事人，联动综治中心应做好风险预警和防控。

做好心理疏导和心理咨询的事后评估。心理咨询的直接背景是案件审理，当事人案结事了、息诉罢访在很大程度上表明心理咨询有效。法官也可以从当事人的现场接受度、情绪平静度、回访稳定度等层面衡量心理咨询的效果，例如，拒绝沟通的人开口表达，实施暴力的人愿意道歉，心理受伤的人露出笑容，都体现了心理疏导和咨询的效果。法官还可以通过回访进行评估，例如，夫妻关系趋向和好，当事人言行平和理性，情绪可控，对对方当事人的态度好转，睡眠、焦虑状况好转，学习、工作、社会活动可以正常参与，都显示心理疏导和心理咨询效果显著。

### （三）完善保障体系

提升法官心理疏导能力。司法需要的不只是法律方面的知识，更要有能够融法理情于一体、让社会公众认同的能力和智慧。应当不断提升家事法官的心理疏导能力。一是系统培训。实施系统化的培训计划，定期举办心理学基础知识和高效沟通技巧的专题培训，特邀心理咨询师、心理专家和高校老师等授课。二是鼓励自学。鼓励法官利用业余时间自主学习，不断拓宽视野。运用心理疏导、心理咨询的过程中，在条件允许、保证当事人隐私的情况下，法官可以参与或旁听，通过学习和观摩掌握心理学技巧和知识。三是注重实践。强调在实践中锻炼法官的心理学应用能力，鼓励法官在调解、审判等各个环节中，主动运用所学心理学知识。

完善制度指引与激励。受传统审判方式定势思维影响，部分法官不愿意进行心理疏导和心理咨询。对此，应当完善制度指引与激励，化解难点堵点。结合典型案例形成心理疏导的指南，提示心理疏导的流程、策略和技术方案等，协助法官开展心理疏导；制定和完善关于在家事审判中开展心理咨询的制度规范，为心理咨询服务的开展提供统一标准。同时加强对心理咨询服务的监督、管理和保障，确保服务的质量和效果，并将心理咨询费用纳入年度财政预算，以实报实销方式予以解决，确保资金支持。形成考核激励机制。在家事案件考核中纳入心理疏导和咨询因素，为其赋予特定分数，鼓励法官运用心理疏导、及时转介心理咨询；鼓励法官积极总结相关经验和经典案例，撰写调研报告，并在考核中予以体现。

加强正面宣传与引导。当事人对心理咨询视为畏途的主要原因是缺乏了解。法院应当积极向公众宣传心理疏导和心理咨询的效果，并将心理疏导和心理咨询融入普法，打消公众的错误认知，将之视为家事诉讼的正常环节，增加当事人对诉讼中心理疏导和心理咨询的接受度。针对司法活动中发现的普遍性心理问题，或心理疏导和咨询过程中遇到的一般性障碍，应当及时向有关部门制发司法建议，加强心理健康宣传教育，使公众充分认识心理健康的重要性。通过多种形式的宣传教育，引导公众树立“每个人都是自己心理健康第一责任人”的意识，做到早发现、早干预，自觉正视和应对自己的心理问题，为家事案件的妥善解决创造良好的社会氛围。

注重保障干警心理健康。保持健康的心理，对法院干警同样重要。干警是司法公正的重要守护者，其身心健康不仅关乎个人福祉，更直接关系家事审判工作的质量和效率，对于推进家事审判工作现代化具有至关重要的意义。必须高度重视家事审判干警的身心健康问题，为广大干警提供心理咨询服务，帮助干警化解不良情绪、保持阳光心态，让他们身心愉悦地投入工作。

## 三、分类分步分级，抓实家事审判中运用心理疏导和咨询

识别当事人心理问题是高效开展心理疏导和咨询的基础。法官应根

据案件类型和当事人特征等因素综合辨别当事人是否存在心理问题。如发现心理问题，法官可以通过心理疏导消除当事人不利情绪，推进审判；如果当事人存在严重心理问题，法官可以将其转介心理咨询，由专家开展咨询，根据咨询效果分流处理案件。

### （一）分类识别当事人心理问题

法官是识别当事人心理问题的主体，从案件类型和当事人心理问题特征入手，可以将当事人心理问题大致分为以下类别。

1. 夫妻关系类纠纷中的心理问题

此类纠纷的主要矛盾是夫妻矛盾，比较容易出现心理问题的因素一般包括婚约财产、婚外情、家庭暴力、双方家庭冲突、严重观念分歧等。

在婚约财产纠纷中，当事人并未建立起稳定的共同生活关系，感情基础薄弱，且存在财产冲突。此类纠纷情感与财产交织，可能让一方家庭产生“人财两空”的失落感，更容易引发家族式整体冲动，介入心理疏导和心理咨询显得尤为重要。

涉婚外情和家庭暴力纠纷中，极有可能导致婚姻另一方罹患创伤后应激障碍、抑郁症、焦虑症、社交隔离等心理疾病，表现为情绪激动、沟通障碍、逃避行为、自伤自杀倾向等，需要心理修复。对于家庭暴力中的施暴方，其也可能存在愤怒管理障碍、反社会人格障碍等心理问题，表现为易怒、冲动、偏执、对抗审判、扬言伤害对方等，需要心理咨询甚至医疗介入。

涉家庭冲突和严重观念分歧纠纷中，双方通常争吵不断，可能互有轻微家庭暴力，伴随不同程度的心理问题，双方均可能表现出情绪激动、难以沟通、过度关注细节、拒绝合作等。法官要巧用心理疏导打通堵点，促进审判顺利进行。

2. 亲子关系类纠纷中的心理问题

抚养权、监护权、探望权等纠纷以亲子代际关系为主轴，情形更为复杂，父母和孩子都可能存在心理问题，既要加强对未成年人的心理疏导和心理咨询，恢复其心理健康，又要解决父母心理问题，消除影响未成年人健康成长的不利因素。以下三种情形易出现心理问题：一是双方争夺孩子抚养权，二是一方或双方拒绝履行抚养责任，三是一方或双方教育手段失当或存在家庭暴力。

在双方争夺抚养权、监护权或探视权纠纷中，双方当事人对未成年子女的爱毋庸置疑，但认为对方不能为子女提供良好的成长环境，经常出现严重争执，存在焦虑、愤怒、偏执等心理问题，表现为情绪波动、对抗审判、不愿妥协等。从未成年子女的角度看，父母婚姻破裂可能导致子女产生不安全感，其感受到自己可能失去一方父母的爱，出现分离焦虑、情绪低落等问题；也可能自我归因，认为自己是家庭破裂和父母争执的原因，自我价值感下降；如果双方在争夺抚养权过程中存在跟踪、隐匿、抢夺等行为，还可能直接导致未成年子女陷入抑郁、焦虑、恐惧中。

在拒绝履行抚养责任纠纷中，父母双方拒绝履行监护人职责，甚至将未成年子女遗弃于法院。这会给未成年子女带来严重心理问题，包括极度不安全感、恐惧、焦虑和抑郁，丧失自我价值感，出现社交障碍、品行障碍、攻击性行为、退行性行为等，需要对未成年子女开展紧急心理咨询，同时督促父母履行职责。

在涉子女抚养失当或家庭暴力纠纷中，未成年子女可能因自尊心受损，出现自卑和自我怀疑，呈现抑郁、焦虑情绪，甚至产生创伤后应激障碍，还可能习得不当行为，出现暴力和攻击性行为或自伤自杀倾向，需要在对父母进行家庭教育指导的基础上，对未成年子女进行心理咨询。

3. 继承和析产类纠纷中的心理问题

继承、析产等纠纷中，易出现双方矛盾长期积压导致的心理问题，表现为双方为了争一口气各不相让，在共同生活中积怨已久，因陈年旧事反目成仇等。

## （二）法官心理疏导机制

法官识别出当事人心理问题后，要巧用心理疏导，消除当事人阻抗，促进审判，注意做好前期准备，在调解和判决中区分处理。

心理疏导前期要掌握当事人信息和性格特点，预判阻抗，使当事人建立起对法官的信任，为调解打好基础。法官可以从案件卷宗、电话联系、观察询问等途径收集当事人信息。例如，如果被告存在家庭暴力，原告会提交报警就医记录、受伤照片等证据，提交起诉状时会出现恐惧、气愤、哭泣等情绪。在接触中判断当事人的行为模式、沟通风格和决策倾向，确定可能的沟通方式、节奏和深度，在此基础上预判阻抗，例如不信任法官、感到被否定等。针对当事人阻抗，法官可以通过情感支持、情感反应、倾听、共情等心理学技巧，使用亲和的语言和眼神交流、微笑、点头等身体语言，引导当事人表达真实想法，建立起较为稳固的调解信任关系。

在前期充分了解，建立信任的基础上，法官要区分当事人的调解意愿，在调解和判决程序中采取不同的心理疏导方式，促进纠纷有效解决。

如果案件具备调解基础，法官可以通过言语交流、沙盘游戏、房树人测验等方法确认或修正前期预判的问题症结，把握不同类型矛盾的特点、难点、突破点。当事人心理问题往往源于认知偏差和情绪堵点，转变认知与释放情绪同等重要。转变认知的方法，包括知情利三元调解、认知行为疗法等，旨在寻求双方的共同利益、价值、情感、认知的平衡点。情绪释放的方法，主要包括情感宣泄、暴露疗法和冷静期等。其中，暴露疗法是在控制下将当事人暴露于其所恐惧的事物，使其逐步脱敏；冷静期是隔离双方一段时间以平复情绪。在完成认知转变与情绪释放后，法官可以回到纠纷焦点，引导当事人双方产生合理调解方案，在沟通中评估修正，鼓励双方从大局出发，考虑各自的长远利益，适时作出合理的妥协与让步，为和解创造空间，最终成功实现调解。

如果案件不具备调解基础，法官亦可以利用上述技巧，把握矛盾焦点，转变当事人认知，促进情绪释放。此外，法官还可以利用心理学技巧为当事人“打预防针”，向当事人说明类似案例，阐述裁判思路，指出法律后果和可能的现实影响，帮助当事人建立实际的心理预期。在裁判后，法官可以通过情绪处理、利弊分析、榜样示范等方式抚慰当事人，使其消解委屈、化解敌意、接纳判决，也可以采取“法官心语”“裁判后语”等方式进行心理抚慰。部分当事人在案件审结后仍然存在心理问题，法官可将其转介至专门心理机构进行治疗。

在四川省广安市的一起抚养权变更案中，法官巧用心理疏导，实现案结事了，胜败皆服。许某与顾某婚后育有一儿一女，协议离婚时约定子女均由许某抚养，顾某不承担抚养费用。一年多后，顾某起诉要求变更为女儿由其抚养。经过调查得知，女儿愿意跟随顾某生活，且顾某经济条件更好，但许某非常抵触，扬言绝不变更抚养权，否则会让对方再也见不到孩子，案件处理难度非常大。此外，顾某只要求变更女儿抚养权，可能导致儿子感到被再次忽视和抛弃。因此，本案在法律上相对明晰，但触及多方面情感和心理因素，需要法官进行心理疏导。首先，法官基于前期信息分析许某性格特征，发现他是一个固执、有责任心、吃苦耐劳的父亲，真心为孩子好，预判许某的主要阻抗是固执己见，不愿意变更抚养权。接着，法官肯定许某照顾子女不易，提供情感支持，使其逐步建立对法官的信任。在调解中，法官确认许某不愿变更抚养权的原因是担心女儿被“夺走”，认为这是对自己抚养孩子能力和所耗费精力的否定。法官在沟通中逐步转变许某认知，使他认识到诉讼是为了给女儿提供更好的成长环境。同时，法官通过暴露疗法，邀请女儿到场表达意见，女儿表达了对母亲的思念和对更好成长环境的期望，法官进一步引导许某，让他明白女儿无论身在何处，都会与他保持联系，逐步消解其担忧。通过努力，许某虽然不愿调解，但愿意接受判决，他说：“我舍不得女儿，我还是不同意变更。但我接受法庭的判决。”在裁判中，法官依托前期调解调整许某预期，通过情绪处理和利弊分析，帮助许某接受判决结果。法官还开展了心理抚慰，帮助许某逐步释怀，接受女儿由母亲抚养的事实，并建议双方在变更抚养权时注意维护两名子女的心理健康。案件最终得到圆满解决。

### （三）专家心理咨询机制

法官不是专业的心理咨询师，因此心理咨询的主体是心理咨询师，法官需要做好前端准备、中端协助、后端衔接。

1. 法官转介咨询

法官在案件办理过程中发现当事人存在严重心理问题，或有接受心理咨询的切实需求时，应及时转介心理咨询。实践中，部分当事人担心遭受歧视或泄露隐私，或对心理咨询效果持怀疑态度。因此，在自愿性前提下，往往需要法官“推一把”，建议和鼓励当事人接受心理咨询。

法官要引导当事人关注自身心理健康问题，并介绍心理咨询的意义和规范，给当事人讲述既有成功案例，还可以表明心理咨询是一项由法院付费的附加服务，不需要当事人付出额外成本，以打消当事人顾虑。对于涉及未成年子女的案件，从有利于子女健康成长的角度劝说当事人接受咨询。法官还可告知当事人关于心理咨询的保密规范，明确当事人有权随时终止咨询，且其咨询内容将受到严格保密，如无特殊情况，即使是法官也无权获知其内容，从而打消当事人疑虑。

当事人对法官往往存在一定的不信任和抵触情绪，因此，法官应避免直接评价当事人心理问题，从而加剧当事人的对抗情绪。如果法官明确意识到当事人存在严重心理问题，可能伤害自己或他人，但当事人拒绝接受心理咨询，则可以通过联动机制做好风险防控。

2. 专家开展咨询

心理咨询是一项专业性活动，法官可以将其视作一个“黑箱”。法官要在不干预专家咨询的基础上，做好中端辅助，使心理咨询无缝嵌入诉讼程序。

平衡咨询效果与审判效果的冲突。心理咨询时间较长的，中途尽量不要更换心理咨询师，因为，在前期心理咨询中，咨询师对当事人情况和咨询进展更了解，且已形成信任关系，更换心理咨询师易影响心理咨询效果。法官还应遵守心理咨询保密性原则，即使心理咨询中当事人的一些陈述对于查明案件事实有利，但在没有当事人明确同意或法律强制要求的情况下，法官亦不能获取当事人在心理咨询期间的陈述，否则会影响咨询质量。

平衡咨询质量与案件保密性的冲突。查阅案卷资料、访谈当事人亲属和相关人员能够最大限度提升咨询质量，但可能违反案件保密规定，且使当事人感到隐私被泄露。乐山中院采取有条件查阅和访谈制度，心理咨询师可以在法官允许下查阅除依法不能公开之外的案卷材料，与咨询对象的亲属，学校、村委会、居委会和社区人员进行访谈，效果较好。

平衡咨询过程与审限的冲突。对于需要心理咨询的案件，应在审限范围内合理安排部分程序，为开展心理咨询留出时间和空间；适当安排证据交换、材料递交等程序的时间节点，使其与心理咨询安排同步。例如，尽量使当事人每次来院心理咨询时都可以进行一个法律程序，既减少当事人诉累，也能促使其接受心理咨询。部分当事人问题的实质解决可能有赖于其家庭成员的意见或协助，法官可以协助联系其家庭成员，促使当事人参与心理咨询或表达意见，辅助心理咨询进行。

3. 分流处理案件

心理咨询完成后，法官应根据咨询结果分流处理案件。经过心理咨询，当事人可能解开心结，愿意接受法院裁判；也可能虽然愿意接受裁判，但仍然存在一定程度的心理问题；还可能仍然存在严重的心理问题，需要医疗介入。

实践表明，大部分当事人经过数次心理咨询，其心理问题得到缓解，情绪相对平和，愿意接受裁判，此时法官可以专注解决法律问题。还有一部分当事人的心理问题仍然存在，或者虽然得到缓解但仍然可能复发，虽然情绪比较平和，愿意配合和接受裁判，但其心理问题仍然不可小觑。对于此类当事人，可以采取判后回访等方式，巩固咨询成果，维护当事人心理健康。例如，对于离婚案件中的未成年人，咨询能够化解父母过激行为给其带来的极度不安全感，但仍然需要更多判后关注。在极小比例案件中，当事人存在精神分裂症、双向情感障碍等严重心理疾病，难以控制自己的行为，具有较高的危险性，难以通过心理咨询解决，心理咨询师会建议其到医院就诊，医疗介入解决其心理问题。法官此时应高度关注当事人的心理健康状况，避免其作出过激行为，伤害自己或他人，积极与心理咨询师和医生合作，促进案件的有效解决，同时与有关部门联动做好预警，避免发生极端案件。

习近平总书记指出，家庭是社会的细胞。家庭的前途命运同国家和民族的前途命运紧密相连。千家万户都好，国家才能好，民族才能好。[①]下一步，四川法院将围绕在家事纠纷中开展心理疏导和心理咨询持续探索，开拓创新，以新的“川法特色”不断将现代家事审判工作推向深入。

① 习近平：《在会见第一届全国文明家庭代表时的讲话》，载《人民日报》2016年12月16日。

# 【民一庭法官会议纪要专题】

## 多次分包、转包情况下农民工有权请求施工总承包单位支付工资

（最高人民法院民事审判第一庭2024年第18次专业法官会议）

### 【法律问题】

《保障农民工工资支付条例》第三十条第三款和第四款规定：“分包单位拖欠农民工工资的，由施工总承包单位先行清偿，再依法进行追偿。工程建设项目转包，拖欠农民工工资的，由施工总承包单位先行清偿，再依法进行追偿。”审判实践中，对于多次分包、转包情况下农民工是否有权请求施工总承包单位支付工资的问题，存在不同认识。

### 【法官会议意见】

最高人民法院民一庭2024年第18次专业法官会议讨论认为：《保障农民工工资支付条例》第三十条第三款和第四款规定适用于多次分包、转包的情形，理由如下。

第一，从文义看，《保障农民工工资支付条例》第三十条没有规定不能适用于多次分包、转包的情形。

第二，从立法目的看，本条规定的目的是在施工总承包单位分包、转包工程的情况下保障农民工的工资权益。为实现本条立法目的，多次分包、转包的情形下，农民工工资权益亦应予以优先保护，不宜将本条规定的分包单位限定为与施工总承包单位有直接合同关系的分包单位。

第三，从实践角度看，同一工程多次分包或者转包在建筑市场客观存在，在多次分包或者转包的情况下，从总承包单位到农民工之间相隔的合同主体更多，法律关系更为复杂，农民工工资权益更难获得保障，更需要依照《保障农民工工资支付条例》第三十条规定予以特别保护。

第四，从政策导向看，这有利于督促总承包单位落实《保障农民工工资支付条例》规定的农民工实名制管理、施工总承包单位代发工资等制度。

# 约稿函

《民事审判指导与参考》由最高人民法院民事审判第一庭编。自2000年创办以来，本书以传播最高人民法院民事审判政策和指导意见、介绍最高人民法院和全国地方各级人民法院的优秀审判工作经验以及审判实践中疑难问题的解决思路为己任，对全国法院民事审判工作起到了重要的指导与参考作用，并为全国民事审判工作人员及其他关注、研究民事审判工作的法律工作者提供了一个广阔、互动的交流平台。为了能够有更多优秀稿件更好地反映各地民事审判研究成果，特在此向全国法院系统人员征集与民事审判相关的稿件：

**【业务文章】**主要收录民事审判实体法律适用以及裁判方法、审判理念等方面的文章，文章应立足审判实践，言之有物、论证有据、观点明确，切忌拖沓，每篇6000字左右为宜。

**【地方法院案件解析】**主要收录各地法院审结具有典型性和一定指导意义的案件，主要包括基本案情、审判情况及对涉及的法律问题的评析。每篇文章不超过5000字。

**【热点问题调研】**主要收录各地法院针对民事审判实践中的新情况、新问题进行调研形成的调研成果，调研文章应当数据翔实、分析论证透彻，并提出相应的意见和建议。每篇文章以1万字左右为宜。

**【地方法院传真】**主要收录各地法院有关民事审判工作的规范性意见和文件等，为各地法院提供一个信息共享、经验交流的平台。

来稿请发送到以下电子邮箱，并注明联系人电话等联系方式，写作规范及体例请参照已出版图书相应栏目的文章。

联 系 人：张一宸

电　　话：010-67556755

电子邮箱：zuigaofaminyiting@163.com

最高人民法院民事审判第一庭

《民事审判指导与参考》编辑部

# 中国审判指导丛书

## ——各级人民法院审判工作权威参考指导用书

《中国审判指导丛书》由最高人民法院各有关业务庭室组织编写，丛书收录最高人民法院各业务条线工作的司法解释及其理解与适用、指导意见和最新政策精神及其解读、审判会议纪要、典型案例评析、示范性裁判文书、实务研讨、理论研究、各地方法院经验交流等内容，旨在传播最高人民法院和地方各级人民法院的优秀审判执行工作经验，对最新疑难经典案例进行探讨与解析，提供审判实践中解决疑难问题的思路，是最高人民法院各业务条线履行对下监督指导职责的重要工作平台。

最高人民法院高度重视该丛书的订阅工作，《最高人民法院办公厅关于加强人民法院出版工作推动优质法治文化资源直达基层的通知》（法办〔2024〕629号）对该丛书的订阅提出明确要求。丛书目前共10种，分别是《刑事审判参考》《民事审判指导与参考》《商事审判指导》《知识产权审判指导》《涉外商事海事审判指导》《立案工作指导》《审判监督指导》《国家赔偿与司法救助办案指导》《执行工作指导》《中国少年司法》。

二十余年来，丛书充分发挥总结审判经验、强化审判指导、教学科研参考、释法说理引领、服务统筹发展和安全等作用，为助推人民法院队伍政治素质、业务素质、职业道德素质一体提升，促进严格公正司法、矛盾纠纷源头预防实质化解，服务加快推进审判工作现代化作出了积极贡献，也是社会各界了解人民法院审判执行工作的重要参考文献。

**《刑事审判参考》：最高人民法院刑事审判第一庭、第二庭、第三庭、第四庭、第五庭共同主办。**自1999年4月创办以来，秉承立足实践、突出实用、重在指导、体现权威的编辑宗旨，在编辑委员会成员、作者和读者的共同努力下，密切联系刑事司法实践，为刑事司法人员提供了有针对性和权威性的业务指导和参考，受到刑事司法工作人员和刑事法律教学、研究人员的广泛欢迎。丛书主要收录指导案例、刑事司法规范及其理解与适用、刑事政策及其解读、理论前沿、实务探讨、编辑部答疑、经验交流、疑案争鸣等内容。2021年，作者将对丛书的体例、栏目设置及相关内容等进行完善和提升，力求以全新的面貌将更权威、实用的内容展现给读者。全年6辑，每辑68.00元，共

408.00元。

**《民事审判指导与参考》：最高人民法院民事审判第一庭编。**丛书收录最高人民法院关于民事审判工作的司法解释及其理解与适用、指导意见和最新政策精神及其解读、民事审判会议纪要、最高人民法院典型案例评析、示范性裁判文书、实务研讨、理论研究、各地方法院经验交流等内容，旨在传播最高人民法院和地方各级人民法院的优秀民事审判工作经验，对最新疑难经典案例进行探讨与解析，提供审判实践中解决疑难问题的思路，是最高人民法院民事审判第一庭履行对下指导职责的工作平台。全年4辑，每辑68.00元，共272.00元。

**《商事审判指导》：最高人民法院民事审判第二庭编。**丛书刊登最高人民法院关于商事审判工作的指导意见、司法解释及其理解与适用、典型案例评析文章、示范性裁判文书、地方实务调研成果、理论研究文章等。丛书对各级人民法院商事审判工作具有重要指导作用和参考价值。全年2辑，每辑68.00元，共136.00元。

**《知识产权审判指导》：最高人民法院民事审判第三庭编。**丛书主要内容包括知识产权审判政策与精神、司法解释理解与适用、调研报告和案例评析，以及反映知识产权审判动态的专题论述和优秀裁判文书等。丛书对各级人民法院知识产权审判工作具有重要指导作用和参考价值。全年2辑，每辑68.00元，共136.00元。

**《涉外商事海事审判指导》：最高人民法院民事审判第四庭编。**丛书收录当年出台的司法解释、司法指导性文件以及涉外商事案件相关问题的批复和案例评析，重点收录最高人民法院对高级人民法院有关国际商事仲裁裁决司法审查法律问题请示的复函，并附有高级人民法院的请示。丛书对各级人民法院涉外商事海事审判工作具有重要指导作用和参考价值。全年2辑，每辑68.00元，共136.00元。

**《立案工作指导》：最高人民法院立案庭编。**丛书主要收录有关立案的司法解释理解与适用、各级人民法院立案工作的实践经验、调研报告和案例评析等。丛书对各级人民法院立案工作具有重要指导作用和参考价值。全年2辑，每辑68.00元，共136.00元。

**《审判监督指导》：最高人民法院审判监督庭编。**丛书主要收录关于审判监督工作的司法解释及其理解与适用、最新的政策与精神及其解读、最高人民法院案例评注、典型案例、会议纪要、优秀裁判文书、业务交流等内容。另外，还设置了审监信箱，回应全国法院审判监督工作中的疑难问题。丛书对各级人民法院审判监督工作具有重要指导作用和参考价值。全年2辑，每辑68.00元，共136.00元。

**《中国少年司法》：最高人民法院少年法庭工作办公室编。**丛书设置了有关少年司法工作的政策与精神、法官论坛、改革与探索、理论与实务研究、典型案例、裁判文书以及规范性文件等栏目。丛书的出版，旨在切实加强对少年司法工作相关问题的研究、加强对全国少年法庭工作的指导、强化相关方面的调查研究和理论探讨。丛书对各级人民法院少年审判工作、相关政法部门少年司法执法工作和有关社会组织的未成年人权益保护工作，都有重要的指导作用。全年4辑，每辑68.00元，共272.00元。

**《执行工作指导》：最高人民法院执行局编。**丛书对我国目前执行工作中的重点、热点和难点问题，从不同角度进行理论研究和实践经验的提炼与总结；同时，丛书紧紧围绕最高人民法院执行工作大局，紧密结合执行工作理论与实践，为全国广大法官以及其他法律职业者提供及时、权威的执行工作业务指导和参考，对正确理解相关规定、统一执法标准和破解执行难问题具有重要指导作用。全年4辑，每辑68.00元，共272.00元。

**《国家赔偿与司法救助办案指导》：最高人民法院赔偿委员会办公室编。**编委会成员分别由全国人大法工委国家法室、最高人民法院赔偿委员会办公室、最高人民检察院刑事申诉检察厅、公安部法制局、司法部法制司、财政部条法司等部委工作人员组成，收录了国家赔偿与司法救助相关的政策、法律法规、司法解释及其理解与适用，有普遍指导意义的请示案件及其答复，重大新型疑难案例评析，国家赔偿理论与实务研究，国家赔偿工作调研报告，地方国家赔偿工作动态等内容，集中反映最高人民法院、最高人民检察院等单位对于国家赔偿工作重要政策、观点、理论研究和实践指导的意见，对国家赔偿与司法救助工作具有重要的指导作用和参考价值。全年2辑，每辑68.00元，共136.00元。

# 2025年中国审判指导丛书征订单

**银行汇款方式：**

开户银行：工行王府井金街支行

账号：0200000709004606170

开户名称：人民法院出版社有限公司

行号：102100000072

邮箱：fysgzzz@163.com

**邮局汇款方式：**

邮编：100745

地址：北京市东城区东交民巷27号人民法院出版社

联系人：王玺佳 010-67550536/18601031761

靖存锴 010-67550595/18601032892

传真：010-67550541

| 订购单位 | | | 联系人 | | | |
|---|---|---|---|---|---|---|
| 联系电话 | | | 邮编 | | | |
| 详细地址 | | | | | | |
| 电子邮箱 | | 纳税人识别号 | | | | |
| 代号 | 书名 | 全年辑数 | 定价 | 邮费 | 合计 | 订购份数 |
| 202510 | 《刑事审判参考》 | 六辑 | 408.00 | 61.20 | 469.20 | |
| 202511 | 《民事审判指导与参考》 | 四辑 | 272.00 | 40.80 | 312.80 | |
| 202512 | 《商事审判指导》 | 两辑 | 136.00 | 20.40 | 156.40 | |
| 202513 | 《立案工作指导》 | 两辑 | 136.00 | 20.40 | 156.40 | |
| 202514 | 《审判监督指导》 | 两辑 | 136.00 | 20.40 | 156.40 | |
| 202515 | 《知识产权审判指导》 | 两辑 | 136.00 | 20.40 | 156.40 | |
| 202516 | 《涉外商事海事审判指导》 | 两辑 | 136.00 | 20.40 | 156.40 | |
| 202517 | 《中国少年司法》 | 四辑 | 272.00 | 40.80 | 312.80 | |
| 202518 | 《执行工作指导》 | 四辑 | 272.00 | 40.80 | 312.80 | |
| 202519 | 《国家赔偿与司法救助办案指导》 | 两辑 | 136.00 | 20.40 | 156.40 | |